ESSAY SUR L'HISTOIRE GÉNÉRALE,

ET SUR
LES MOEURS ET L'ESPRIT
DES NATIONS,
DEPUIS CHARLEMAGNE
JUSQU'A NOS JOURS.

Nouvelle Edition, revuë, corrigée, & considérablement augmentée.

TOME SEPTIEME.
OU
SUITE TOME SECOND.

MDCCLXI.

SUITE
DE
L'ESSAY
SUR
L'HISTOIRE
GENERALE,

ET SUR LES MOEURS ET L'ESPRIT DES NATIONS, DEPUIS CHARLEMAGNE JUSQU'A NOS JOURS.

CHAPITRE VINGT-DEUXIEME.

LOUIS XIV. *continue à demander la paix & à se défendre. Le Duc de Vendôme affermit le Roi d'Espagne sur le Trône.*

ON-seulement les ennemis avançaient ainsi pié à pié, & faisaient tomber de ce côté toutes les barriéres de la France; mais ils prétendaient, aidés du Duc

H. G. Tom. VII. Suite Tom. II.   A

Ch.XXII Duc de Savoie, aller furprendre la Franche-Comté, & pénétrer par les deux bouts dans le cœur du Royaume. Le Général *Merci*, chargé de faciliter cette entreprife, en entrant dans la haute-Alface par Bâle, fut heureufement arrêté près de l'Ifle de Neubourg fur le Rhin, par le Comte, depuis Maréchal *du Bourg*. Je ne fai par quelle fatalité ceux qui ont porté le nom de *Merci*, ont toûjours été auffi malheureux qu'eftimés. Celui-ci fut vaincu de la maniére la plus complette. Rien ne fut entrepris du côté de la Savoie : mais on n'en craignait pas moins du côté de la Flandre; & l'intérieur du Royaume était dans un état fi languiffant, que le Roi demanda encor la paix en fuppliant. Il offrait de reconnaître l'Archiduc pour Roi d'Efpagne, de ne donner aucun fecours à fon petit-fils, & de l'abandonner à fa fortune; de donner quatre Places en ôtage; de rendre Strasbourg & Brifac; de renoncer à la Souveraineté de l'Alface, & de n'en garder que la Préfecture; de rafer toutes fes Places depuis Bâle jufqu'à Philisbourg; de combler le port fi longtems redoutable de Dunkerque, & d'en rafer les fortifications; de laiffer aux Etats-Généraux Lille, Tournai, Ypres, Menin, Furnes, Condé, Maubeuge. Voilà les points principaux qui devaient fervir de fondemens à la paix qu'il implorait.

Victoire du Maréchal du Bourg. 26 Août 1709.

Offres de Louïs XIV.

Les Alliés voulurent encor avoir le triomphe de difcuter les foumiffions de *Louïs XIV*. On permit a fes Plénipotentiaires de venir, au commen-

mencement de 1710. porter dans la petite ville Ch. XXII
de Gertrudenberg, les priéres de ce Monar-
que : il choisit le Maréchal d'*Uxelles*, homme Congrès
froid, taciturne, d'un esprit plus sage qu'é- de Ger-
levé & hardi ; & l'Abbé, depuis Cardinal de truden-
Polignac, l'un des plus beaux esprits & des berg.
plus éloquens de son siécle, qui imposait par
sa figure & par ses graces. L'esprit, la sagesse,
l'éloquence, ne font rien dans des Ministres,
lorsque le Prince n'est pas heureux : ce sont
les victoires qui font les Traités. Les Ambassadeurs de *Louïs XIV.* furent plutôt confinés
qu'admis à Gertrudenberg. Les Députés venaient entendre leurs offres, & les rapportaient
à la Haie au Prince *Eugéne*, au Duc de *Marlboroug*, au Comte de *Zinzendorf* Ambassadeur
de l'Empereur ; & ces offres étaient toûjours
reçues avec mépris. On leur insultait par des
libelles outrageans, tous composés par des Réfugiés Français, devenus plus ennemis de la
gloire de *Louïs XIV.* que *Marlboroug* & *Eugéne*.

   Les Plénipotentiaires de France poussèrent
l'humiliation jusqu'à promettre que le Roi donnerait de l'argent pour détrôner *Philippe V.*
& ne furent point écoutés. On exigea que
Louïs XIV. pour préliminaires, s'engageât seul
à chasser d'Espagne son petit-fils dans deux
mois par la voye des armes. Cette inhumanité
absurde, beaucoup plus outrageante qu'un refus, était inspirée par de nouveaux succès.

   Tandis que les Alliés parlaient ainsi en Maî-

Ch. XXII tres irrités contre la grandeur & la fierté de Louïs XIV. ils prenaient la ville de Douai. Ils s'emparèrent bientôt après de Béthune, d'Aire, de Saint-Venant; & le Lord *Stairs* propofa d'envoyer des partis jufqu'à Paris.

<small>Bataille de Saragoffe. 20. Août 1710.</small>

Prefque dans le même tems, l'armée de l'Archiduc commandée par *Gui de Staremberg*, le Général Allemand qui avait le plus de réputation après le Prince *Eugéne*, remporta près de Saragoffe une victoire complette fur l'armée en qui le parti de *Philippe V.* avait mis fon efpérance, à la tête de laquelle était le Marquis de *Bay*, Général malheureux. On remarqua encore, que les deux Princes qui fe difputaient l'Efpagne, & qui étaient l'un & l'autre à portée de leur armée, ne fe trouvèrent pas à cette bataille. De tous les Princes, pour qui on combattait en Europe, il n'y avait alors que le Duc de Savoie qui fit la guerre par lui-même. Il était trifte, qu'il n'acquit cette gloire qu'en combattant contre fes deux filles, dont il voulait détrôner l'une, pour acquérir en Lombardie un peu de terrain, fur lequel l'Empereur *Jofeph* lui faifait déja des difficultés, & dont on l'aurait dépouillé à la prémiére occafion.

Cet Empereur était heureux par-tout, & n'était nulle-part modéré dans fon bonheur. Il démembrait de fa feule autorité la Baviére; il en donnait les fiefs à fes parens & à fes créatures. Il dépouillait le jeune Duc de la Mirandole en Italie; & les Princes de l'Empire lui

lui entretenaient une armée vers le Rhin, sans penser qu'ils travaillaient à cimenter un pouvoir qu'ils craignaient ; tant était encor dominante dans les esprits la vieille haine contre le nom de *Louis XIV*. qui semblait le prémier des intérêts. La fortune de *Joseph* le fit encor triompher des mécontens de Hongrie. La France avait suscité contre lui le Prince *Ragotski*, armé pour ses prétentions & pour celles de son pays. *Ragotski* fut battu, ses villes prises, son parti ruiné. Ainsi *Louis XIV*. était également malheureux au-dehors, au-dedans, sur Mer & sur Terre, dans les négociations publiques, & dans les intrigues secrettes.

CH. XXII
L'Empereur Joseph heureux & puissant.

Toute l'Europe croyait alors, que l'Archiduc *Charles*, frére de l'heureux *Joseph*, régnerait sans concurrent en Espagne. L'Europe était menacée d'une Puissance plus terrible que celle de *Charles-Quint* ; & c'était l'Angleterre longtems ennemie de la branche d'Autriche-Espagnole, & la Hollande son esclave révoltée, qui s'épuisaient pour l'établir. *Philippe V*. refugié à Madrid, en sortit encor, & se retira à Valladolid ; tandis que l'Archiduc *Charles* fit son entrée en vainqueur dans la capitale.

Philippe V. obligé de fuir encore.

Le Roi de France ne pouvait plus secourir son petit-fils ; il avait été obligé de faire en partie ce que ses ennemis exigeaient à Gertrudenberg ; d'abandonner la cause de *Philippe*, en faisant revenir, pour sa propre défense, quelques troupes demeurées en Espagne. Lui-même à peine pouvait résister vers la Savoie,

A 3

Ch. XXII vers le Rhin, & surtout en Flandre, où se portaient les plus grands coups.

L'Espagne désolée.

L'Espagne était encor bien plus à plaindre que la France. Presque toutes ses Provinces avaient été ravagées par leurs ennemis & par leurs défenseurs. Elle était attaquée par le Portugal. Son Commerce périssait. La disette était générale : mais cette disette fut plus funeste aux vainqueurs qu'aux vaincus, parce que dans une grande étenduë de pays l'affection des Peuples refusait tout aux Autrichiens, & donnait tout à *Philippe*. Ce Monarque n'avait plus ni troupes, ni Général de la part de la France. Le Duc d'Orléans, par qui s'était un peu rétablie sa fortune chancelante, loin de continuer de commander ses armées, était regardé alors comme son ennemi. Il est certain, que malgré l'affection de la ville de Madrid pour *Philippe*, malgré la fidélité de beaucoup de Grands & de toute la Castille, il y avait contre *Philippe V.* un grand parti en Espagne. Tous les Catalans, nation belliqueuse & opiniâtre, tenaient obstinément pour son concurrent. La moitié de l'Arragon était aussi gagnée. Une partie des Peuples attendait alors l'événement : une autre haïssait plus l'Archiduc qu'elle n'aimait *Philippe*. Le Duc d'Orléans, du même nom de *Philippe*, mécontent d'ailleurs des Ministres Espagnols, & mécontent de la Princesse des *Ursins* qui gouvernait, crut entrevoir qu'il pouvait gagner pour lui le pays qu'il était venu défendre ; & lorsque

Louïs

Louis XIV. avait proposé lui même d'abandon- Cʜ.XXII
ner son petit-fils, & qu'on parlait déja en Espagne d'une abdication, le Duc d'Orléans se Philippe
crut digne de remplir la place, que *Philippe V.* V. pres-
semblait devoir quitter. Il avait à cette Cou- donné.
ronne des droits, que le testament du feu Roi
d'Espagne avait négligés, & que son pére avait
maintenus par une protestation.

Il fit par ses Agens une ligue avec quelques Grands d'Espagne, par laquelle ils s'engageaient à le mettre sur le Trône, en cas que *Philippe V.* en descendit. Il aurait en ce cas trouvé beaucoup d'Espagnols empressés à se ranger sous les drapeaux d'un Prince qui savait combattre. Cette entreprise, si elle eût réussi, pouvait ne pas déplaire aux Puissances maritimes, qui auraient moins redouté alors de voir l'Espagne & la France réunies dans une même main; & elle aurait apporté moins d'obstacles à la paix. Le projet fut découvert à Madrid, vers le commencement de 1709. tandis que le Duc d'Orléans était à Versailles. Ses Agens furent emprisonnés en Espagne. *Philippe V.* ne pardonna pas à son parent, d'avoir cru qu'il pouvait abdiquer, & d'avoir eu la pensée de lui succéder. La France cria contre le Duc d'Orléans. Monseigneur, pére de *Philippe V.* opina dans le Conseil, qu'on fît le procès à celui qu'il regardait comme coupable: mais le Roi aima mieux ensevelir dans le silence un projet informe & excusable, que de punir son

A 4   neveu

Ch. XXII neveu dans le tems qu'il voyait son petit-fils toucher à sa ruine.

Enfin, vers le tems de la bataille de Saragosse, le Conseil du Roi d'Espagne, & la plûpart des Grands, voyant qu'ils n'avaient aucun Capitaine à opposer à *Staremberg*, qu'on regardait comme un autre *Eugéne*, écrivirent en corps à *Louïs XIV.* pour lui demander le Duc de *Vendôme*. Ce Prince, retiré dans Anet, partit alors; & sa présence valut une armée. La grande réputation qu'il s'était faite en Italie, & que la malheureuse campagne de Lille n'avait pû lui faire perdre, frappait les Espagnols. Sa popularité, sa libéralité qui allait jusqu'à la profusion, sa franchise, son amour pour les soldats, lui gagnaient les cœurs. Dès qu'il mit les pieds en Espagne, il lui arriva ce qui était arrivé autrefois à *Bertrand du Guesclin*. Son nom seul attira une foule de volontaires. Il n'avait point d'argent: les Communautés des Villes, des Villages & des Religieux, en donnèrent. Un esprit d'entousiasme saisit la Nation. Les débris de la bataille de Saragosse se rejoignirent sous lui à Valladolid. Tout s'empressa de fournir des recruës. Le Duc de *Vendôme*, sans laisser rallentir un moment cette nouvelle ardeur, poursuit les vainqueurs, ramène le Roi à Madrid, oblige l'ennemi de se retirer vers le Portugal, le suit, passe le Tage à la nage, fait prisonnier dans Brihuega *Stanhope* avec cinq mille Anglais; atteint le Général *Staremberg*, & le lendemain

Août 1710.

Bataille de Villaviciosa. 9. Dec. 1710.

main lui livre la bataille de Villaviciofa. *Phi-* Ch.XXII
lippe V. qui n'avait point encor combattu avec
fes autres Généraux, animé de l'efprit du Duc Philippe
de *Vendôme*, fe met à la tête de l'aîle droite. V. folidement
Le Général prend la gauche. Il remporte une établi.
victoire entiére; de forte qu'en quatre mois
de tems, ce Prince, qui était arrivé quand
tout était défefpéré, rétablit tout, & affermit
pour jamais la Couronne d'Efpagne fur la tête
de *Philippe.* *

Tandis que cette révolution éclatante étonnait les Alliés, une autre plus fourde & non moins décifive fe préparait en Angleterre. Une Allemande avait par fa mauvaife conduite fait perdre à la Maifon d'Autriche toute la fucceffion de *Charles - Quint*, & avait été ainfi le prémier mobile de la guerre; une Anglaife par fes imprudences procura la paix. *Sara Jennings*, Ducheffe de *Marlboroug*, gouvernait la Reine *Anne*; & le Duc gouvernait l'Etat. Il avait en fes mains les finances, par le grand Tréforier *Godolphin*, beau-pére d'une de fes filles. *Sunderland* Secretaire d'Etat, fon gendre, lui foûmettait le Cabinet. Toute la maifon de la Reine, où commandait fa femme, était à fes ordres. Il était maître de l'armée,

---

* On prétend qu'après la bataille, *Philippe V.* n'ayant point de lit, le Duc de *Vendôme* lui dit: Je vai vous faire donner le plus beau lit fur lequel jamais Roi ait couché, & il fit faire un matelas des étendarts & des drapeaux pris fur les ennemis.

Cн.XXII mée, dont il donnait tous les emplois. Si deux partis, les *Whigs* & les *Toris*, divifaient l'Angleterre, les *Whigs*, à la tête defquels il était, faifaient tout pour fa grandeur; & les *Toris* avaient été forcés à l'admirer & à fe taire. Il n'eft pas indigne de l'Hiftoire, d'ajoûter que le Duc & la Duchefſe étaient les plus belles perfonnes de leur tems; & que cet avantage féduit encor la multitude, quand il eft joint aux Dignités & à la gloire.

Il avait plus de crédit à la Haye que le grand Penfionnaire, & il influait beaucoup en Allemagne. Négociateur & Général toûjours heureux, nul particulier n'eut jamais une puiſſance & une gloire fi étendues. Il pouvait encor affermir fon pouvoir par fes richeffes immenfes, acquifes dans le Commandement. J'ai entendu dire à fa veuve, qu'après les partages faits à quatre enfans, il lui reſtait, fans aucune grace de la Cour, foixante & dix mille piéces de revenu, qui font plus de 1550. mille livres de notre monnoye d'aujourd'hui. S'il n'avait pas eu autant d'œconomie que de grandeur, il pouvait fe faire un parti, que la Reine *Anne* n'aurait pù détruire; & fi fa femme avait eu plus de complaifance, jamais la Reine n'eût brifé fes liens. Mais le Duc ne put jamais triompher de fon goût pour les richeffes, ni la Duchefſe de fon humeur. La Reine l'avait aimée avec une tendreffe qui allait jufqu'à la foumiffion & à l'abandonnement de toute volonté.

Dans

Dans de pareilles liaisons, c'est d'ordinaire du côté des Souverains que vient le dégoût, le caprice, la hauteur, l'abus de la supériorité ; ce sont eux qui font sentir le joug, & c'était la Duchesse de *Marlboroug* qui l'appesantissait. Il fallait une Favorite à la Reine *Anne* ; elle se tourna du côté de Myladi *Masham*, sa Dame d'atour. Les jalousies de la Duchesse éclatèrent. Quelques paires de gants d'une façon singuliére qu'elle refusa à la Reine, une jatte d'eau qu'elle laissa tomber en sa présence, par une méprise affectée, sur la robe de Madame *Masham*, changèrent la face de l'Europe. Les esprits s'aigrirent. Le frére de la nouvelle Favorite demanda au Duc un Régiment ; le Duc le refusa, & la Reine le donna. Les *Toris* saisirent cette conjoncture, pour tirer la Reine de cet esclavage domestique, pour abaisser la puissance du Duc de *Marlboroug*, changer le Ministère, faire la paix, & rappeller, s'il se pouvait, la Maison de *Stuart* sur le Trône d'Angleterre. Si le caractère de la Duchesse eût pû admettre quelque souplesse, elle eût régné encore. La Reine & elle étaient dans l'habitude de s'écrire tous les jours sous des noms empruntés. Ce mystère & cette familiarité laissaient toûjours la voie ouverte à la réconciliation ; mais la Duchesse n'employa cette ressource, que pour tout gâter. Elle écrivit impérieusement. Elle disait dans sa lettre : *Rendez-moi justice, & ne me faites point de réponse.* Elle s'en repentit ensuite : elle vint demander pardon ;

Cʜ. XXII

Une petite cause produit de très grands changemens.

Ch. XXII

Changemens à la Cour de Londres, mais non encor dans le Royaume.

pardon; elle pleura: & la Reine ne lui répondit autre chose, sinon: *Vous m'avez ordonné de ne vous point répondre, & je ne vous répondrai pas.* Alors la rupture fut sans retour. La Duchesse ne parut plus à la Cour; & quelque tems après, on commença par ôter le Ministère au gendre de *Marlboroug*, *Sunderland*, pour déposséder ensuite *Godolphin*, & le Duc lui-même. Dans d'autres Etats, cela s'appelle une disgrace: en Angleterre, c'est une révolution dans les affaires; & la révolution était encor très-difficile à opérer.

Les *Toris*, maîtres alors de la Reine, ne l'étaient pas du Royaume. Ils furent obligés d'avoir recours à la Religion. Il n'y en a guère aujourd'hui dans la Grande-Bretagne, que le peu qu'il en faut pour distinguer les Factions. Les *Whigs* panchaient pour le Presbitérianisme. C'était la faction qui avait détrôné *Jacques II.*, persécuté *Charles II.* & immolé *Charles I.* Les *Toris* étaient pour les Episcopaux, qui favorisaient la Maison de *Stuart*, & qui voulaient établir l'obéissance passive envers les Rois, parce que les Evêques en espéraient plus d'obéissance pour eux-mêmes. Ils excitèrent un Prédicateur à prêcher dans la Cathédrale de *St. Paul* cette doctrine, & à désigner d'une manière odieuse l'administration de *Marlboroug*, & le parti qui avait donné la Couronne au Roi *Guillaume*. Mais la Reine, qui favorisait ce Prêtre, ne fut pas assez puissante pour empêcher qu'il ne fût interdit pour trois ans

MORT DE L'EMPEREUR JOSEPH. 13

ans par les deux Chambres dans la falle de Veftminfter, & que fon fermon ne fût brûlé. Elle fentit encor plus fa faibleffe, en n'ofant jamais, malgré fes fecrettes inclinations pour fon fang, rouvrir le chemin du Trône, fermé à fon frére par le parti des *Whigs*. Les Ecrivains, qui difent que *Marlboroug* & fon parti tombèrent, quand la faveur de la Reine ne les foutint plus, ne connaiffent pas l'Angleterre. La Reine, qui dès-lors voulait la paix, n'ofait pas même ôter à *Marlboroug* le commandement des armées; & au Printems de 1711. *Marlboroug* preffait encor la France, tandis qu'il était difgracié dans fa Cour. Un Agent fecret de la France propofait fous main des conditions de paix à Londres; mais le Miniftère nouveau de la Reine n'ofait encor les accepter.

Un nouvel événement, auffi imprévu que les autres, acheva ce grand ouvrage. L'Empereur *Jofeph* mourut, & laiffa les Etats de la Maifon d'*Autriche*, l'Empire d'Allemagne, & les prétentions fur l'Efpagne & fur l'Amérique, à fon frére *Charles*, qui fut élu Empereur quelques mois après. *

CH. XXII

17. Avril 1711.

Au

* Le Lord *Bolingbroke* raporte dans fes lettres, qu'alors il y avait de grandes cabales à la Cour de France ; il ne doute pas, Tom. II. pag. 244., *qu'il ne fe formât dans fa Cour d'étranges projets d'ambition particuliére* : il en juge par un difcours que lui tinrent depuis à fouper les Ducs de *la Feuillade* & de

Morte-

Ch.XXII Au prémier bruit de cette mort, les préjugés, qui armaient tant de Nations, commencèrent à se diffiper en Angleterre, par les soins du nouveau Ministère. On avait voulu empêcher que *Louïs XIV*. ne gouvernât l'Espagne, l'Amérique, la Lombardie, le Royaume de Naples & la Sicile sous le nom de son petit-fils. Pourquoi vouloir réunir tant d'Etats dans la main de *Charles VI.?* Pourquoi la Nation Anglaise aurait-elle épuisé ses trésors? Elle payait plus que l'Allemagne & la Hollande ensemble. Les frais de la présente année allaient à sept millions de livres sterling. Fallait-il qu'elle se ruinât, pour une cause qui lui était étrangére, & pour donner une partie de la Flandre aux Provinces-Unies rivales de son commerce? Toutes ces raisons, qui enhardiffaient la Reine, ouvrirent les yeux à une grande partie de la Nation ; & un nouveau Parlement étant convoqué, la Reine eut la liberté de préparer la paix de l'Europe.

Mais, en la préparant en secret, elle ne
pou-

___

Mortemar : *Vous auriez pû nous écraser, pourquoi ne l'avez-vous pas fait ?* Bolingbroke, malgré ses lumières & sa philosophie, tombe ici dans le défaut de quelques Ministres, qui croyent que tous les mots qu'on leur dit signifient quelque chose. On connait assez l'état de la Cour de France, & celui de ces deux Ducs, pour savoir qu'il n'y avait, du tems de la paix d'Utrecht, ni desseins, ni factions, ni aucun homme en situation de rien entreprendre.

pouvait pas encor se séparer publiquement de Ch. XXII
ses Alliés ; & quand le Cabinet négociait,
Marlboroug était en campagne. Il avançait toûjours en Flandre ; il forçait les lignes, que
le Maréchal de *Villars* avait tirées de Mon- Septemb.
treul jusqu'à Valenciennes ; il prenait Bou- 1711.
chain ; il s'avançait au Quênoi, & de là vers
Paris il y avait à peine un rempart à lui opposer.

Ce fut dans ce tems malheureux, que le Prise de
célèbre *du Gué-Trouin*, aidé de son courage & Rio-
de l'argent de quelques Marchands, n'ayant Janéiro.
encor aucun grade dans la Marine & devant Sept. &
tout à lui-même, équipa une petite flotte, & Octob.
alla prendre une des principales villes du Bré- 1711.
sil, St. Sebastien de Rio-Janéiro. Son équipage revint chargé de richesses ; & les Portugais perdirent beaucoup plus qu'il ne gagna.
Mais le mal qu'on faisait au Bresil, ne soulageait pas les maux de la France.

CHA-

CHAPITRE VINGT-TROISIEME.

Victoire du Maréchal de Villars à Dénain. Rétablissement des affaires. Paix générale.

LEs négociations, qu'on entama enfin ouvertement à Londres, furent plus salutaires. La Reine envoya le Comte de *Strafford*, Ambassadeur en Hollande, communiquer les propositions de *Louis XIV*. Ce n'était plus alors à *Marlboroug* qu'on demandait grace. Le Comte de *Strafford* obligea les Hollandais à nommer des Plénipotentiaires, & à recevoir ceux de la France.

Les affaires changent en Angleterre.
Trois particuliers s'opposaient toûjours à cette paix. *Marlboroug*, le Prince *Eugéne* & *Heinsius*, persistaient à vouloir accabler *Louis XIV*. Mais quand le Général Anglais retourna dans Londres à la fin de 1711. on lui ôta tous ses emplois. Il trouva une nouvelle Chambre-basse, & n'eut pas pour lui la pluralité de la haute. La Reine, en créant de nouveaux Pairs, avait affaibli le parti du Duc, & fortifié celui de la Couronne. Il fut accusé, comme *Scipion*, d'avoir malversé : mais il se tira d'affaire, à-peu-près de même, par sa gloire & par la retraite. Il était encor puissant dans sa disgrace. Le Prince *Eugéne* n'hésita pas à passer à Londres pour seconder sa faction. Ce Prince reçut l'accueil qu'on devait à son nom

&

& à fa renommée, & les refus qu'on devait à fes propofitions. La Cour prévalut; le Prince Eugéne retourna feul achever la guerre; & c'était encor un nouvel aiguillon pour lui, d'efpérer de nouvelles victoires, fans compagnon qui en partageât l'honneur.

CH. XXIII.

Tandis qu'on s'affemble à Utrecht, tandis que les Miniftres de France, tant maltraités à Gertrudenberg, viennent négocier avec plus d'égalité; le Maréchàl de *Villars*, retiré derriére des lignes, couvrait encor Arras & Cambrai. Le Prince *Eugéne* prenait la ville du Quênoi, & il étendait dans le pays une armée d'environ cent mille combattans. Les Hollandais avaient fait un effort; & n'ayant jamais encor fourni à toutes les dépenfes qu'ils étaient obligés de faire pour la guerre, ils avaient été au-delà de leur contingent cette année. La Reine *Anne* ne pouvait encor fe dégager ouvertement; elle avait envoyé à l'armée du Prince *Eugéne* le Duc d'*Ormond* avec douze mille Anglais, & payait encor beaucoup de troupes Allemandes. Le Prince *Eugéne*, ayant brûlé le fauxbourg d'Arras, s'avançait fur l'armée Françaife. Il propofa au Duc d'*Ormond* de livrer bataille. Le Général Anglais avait été envoyé pour ne point combattre. Les négociations particuliéres entre l'Angleterre & la France avançaient. Une fufpenfion d'armes fut publiée entre les deux Couronnes. *Louïs XIV.* fit remettre aux Anglais la ville de Dunkerque, pour fureté de fes engagemens. Le Duc d'Or-

4. Juillet 1712.

Sufpenfion d'armes entre la France & l'Angleterre. 19. Juill. 1712.

Ch.
XXIII.

Etat désastreux de la France.

d'*Ormond* se retira vers Gand. Il voulut emmener avec les troupes de sa nation, celles qui étaient à la solde de sa Reine; mais il ne put se faire suivre que de quatre escadrons de Holstein & d'un Régiment Liégeois. Les troupes du Brandebourg, du Palatinat, de Saxe, de Hesse, de Danemarck, restèrent sous les drapeaux du Prince *Eugéne*, & furent payées par les Hollandais. L'Electeur de Hanovre même, qui devait succéder à la Reine *Anne*, laissa malgré elle ses troupes aux Alliés, & fit voir que si sa famille attendait la Couronne d'Angleterre, ce n'était pas sur la faveur de la Reine *Anne* qu'elle comptait.

Le Prince *Eugéne*, privé des Anglais, était encor supérieur de vingt mille hommes à l'armée Française; il l'était par sa position, par l'abondance de ses magasins, & par neuf ans de victoires.

Le Maréchal de *Villars* ne put l'empêcher de faire le siége de Landrecy. La France, épuisée d'hommes & d'argent, était dans la consternation. Les esprits ne se rassuraient point par les Conférences d'Utrecht, que les succès du Prince *Eugéne* pouvaient rendre infructueuses. Déja même des détachemens considérables avaient ravagé une partie de la Champagne, & pénétré jusqu'aux portes de Reims.

Déja l'allarme était à Versailles, comme dans le reste du Royaume. La mort du fils unique du Roi, arrivée depuis un an; le Duc de Bourgogne, la Duchesse de Bourgogne,

leur

leur fils ainé, enlevés rapidement depuis quel- Cʜ.
ques mois, & portés dans le même tombeau ; XXIII.
le dernier de leurs enfans moribond ; toutes
ces infortunes domeſtiques, jointes aux étran- Fevrier
géres & à la miſére publique, faiſaient regar- 1712.
der la fin du régne de *Louïs XIV.* comme un
tems marqué pour la calamité ; & l'on s'attendait à plus de déſaſtres, que l'on n'avait vû
auparavant de grandeur & de gloire.

Préciſément dans ce tems-là, mourut en Mort du
Eſpagne le Duc de *Vendôme*. L'eſprit de décou- Duc de
ragement, généralement répandu en France, Vendô-
& que je me ſouviens d'avoir vu, faiſait en- me.
cor redouter que l'Eſpagne, ſoûtenuë par le 11. Juin
Duc de *Vendôme*, ne retombât par ſa perte. 1712.

Landrecy ne pouvait pas tenir longtems.
Il fut agité dans Verſailles, ſi le Roi ſe reti-
rerait à Chambort ſur la Loire. Il dit au Maréchal d'*Harcourt*, qu'en cas d'un nouveau
malheur, il convoquerait toute la Nobleſſe de
ſon Royaume, qu'il la conduirait à l'ennemi
malgré ſon âge de ſoixante & quatorze ans, &
qu'il périrait à la tête.

Une faute, que fit le Prince *Eugéne*, délivra Le Ma-
le Roi & la France de tant d'inquiétudes. On réchal de
prétend que ſes lignes étaient trop étenduës ; Villars
que le dépôt de ſes magaſins dans Marchien- ſauve la
nes était trop éloigné ; que le Général *Alber-* France.
marle, poſté à Dénain entre Marchiennes &
le camp du Prince, n'était pas à portée d'être
ſecouru aſſez tôt, s'il était attaqué. On m'a
aſſuré qu'une Italienne fort belle, que je vis

B 2 quel-

CH. XXIII.

quelque tems après à la Haye, & qui était alors entretenue par le Prince *Eugène*, était dans Marchiennes, & qu'elle avait été caufe qu'on avait choifi ce lieu pour fervir d'entrepôt. Ce n'était pas rendre juftice au Prince *Eugène*, de penfer qu'une femme pût avoir part à fes arrangemens de guerre.

Combat de Dénain, & profpérités.

Ceux qui favent qu'un Curé, & un Confeiller de Douai nommé *le Févre d'Orval*, fe promenant enfemble vers ces quartiers, imaginèrent les prémiers qu'on pouvait aifément attaquer Dénain & Marchiennes, ferviront mieux à prouver, par quels fecrets & faibles refforts les grandes affaires de ce Monde font fouvent dirigées. *Le Févre* donna fon avis à l'Intendant de la Province ; celui-ci, au Maréchal de *Montefquiou*, qui commandait fous le Maréchal de *Villars* ; le Général l'approuva, & l'exécuta. Cette action fut en effet le falut de la France, plus encor que la paix avec l'Angleterre. Le Maréchal de *Villars* donna le change au Prince *Eugène*. Un corps de dragons s'avança à la vue du camp ennemi, comme fi on fe préparait à l'attaquer ; & tandis que ces dragons fe retirent enfuite vers Guife,

24. Juill. 1712.

le Maréchal marche à Dénain avec fon armée fur cinq colonnes. On force les retranchemens du Général *Albermarle*, défendus par dix-fept bataillons ; tout eft tué, ou pris. Le Général fe rend prifonnier avec deux Princes de *Naffau*, un Prince de Holftein, un Prince d'Anhalt, & tous les Officiers. Le Prince *Eugène*
arrive

arrive à la hâte, mais à la fin de l'action, avec ce qu'il peut amener de troupes ; il veut attaquer un pont qui conduifait à Dénain, & dont les Français étaient maîtres ; il y perd du monde, & retourne à fon camp, après avoir été témoin de cette défaite.

 Tous les poftes, vers Marchiennes le long de la Scarpe, font emportés l'un après l'autre avec rapidité. On pouffe à Marchiennes défendue par quatre mille hommes ; on en preffe le fiége avec tant de vivacité, qu'au bout de trois jours on les fait prifonniers, & qu'on fe rend maître de toutes les munitions de guerre & de bouche, amaffées par les ennemis pour la campagne. Alors toute la fupériorité eft du côté du Maréchal de *Villars*. L'ennemi déconcerté léve le fiége de Landrecy, & voit reprendre Douai, le Quênoi, Bouchain. Les frontiéres font en fûreté. L'armée du Prince *Eugéne* fe retire, diminuée de près de cinquante bataillons, dont quarante furent pris, depuis le combat de Dénain jufqu'à la fin de la campagne. La victoire la plus fignalée n'aurait pas produit de plus grands avantages.

 Si le Maréchal de *Villars* avait eu cette faveur populaire qu'ont eu quelques autres Généraux, on l'eût appellé à haute voix le Reftaurateur de la France ; mais on avouait à peine les obligations qu'on lui avait ; & dans la joie publique d'un fuccès inefpéré, l'envie prédominait encor. *

Ch. XXIII.

30. Juill. 1712.

Sept. & Octob. 1712.

 * Le Maréchal de *Villars* eut à Verfailles une partie

Ch. XXIII.
Chaque progrès du Maréchal de *Villars* hâtait la paix d'Utrecht. Le Ministère de la Reine *Anne*, responsable à sa patrie & à l'Europe, ne négligea ni les intérêts de l'Angleterre, ni ceux des Alliés, ni la sûreté publique. Il exigea d'abord, que *Philippe V.* affermi en Espagne, renonçât à ses droits sur la Couronne de France, qu'il avait toûjours conservés ; & que le Duc de Berri son frère, héritier présomptif de la France après l'unique arriére-petit-fils qui restait à *Louïs XIV.* renonçât aussi à la Couronne d'Espagne, en cas qu'il devint Roi de

tie de l'apartement qu'avait occupé *Monseigneur*, & le Roi vint l'y voir. L'Auteur des Mémoires de *Maintenon*, qui confond tous les tems, dit *Tom. V. p. 119.* de ces Mémoires, que le Maréchal de *Villars* arriva dans les jardins de Marli, & que le Roi lui ayant dit qu'il était *très content de lui*, le Maréchal *se tournant vers les Courtisans*, leur dit, *Messieurs, au moins vous l'entendez.* Ce conte raporté dans cette occasion ferait tort à un homme qui venait de rendre de si grands services. Ce n'est pas dans ces momens de gloire qu'on fait ainsi remarquer aux Courtisans que le Roi est content. Cette anecdote défigurée est de l'année 1711. Le Roi lui avait ordonné de ne point attaquer le Duc de *Marlboroug*. Les Anglais prirent Bouchain. On murmurait contre le Maréchal de *Villars*. Ce fut après cette campagne de 1711. que le Roi lui dit qu'il était content, & c'est alors qu'il pouvait convenir à un Général d'imposer silence aux reproches des Courtisans, en leur disant que son Souverain était satisfait de sa conduite, quoique malheureuse.

Ce fait est très peu important ; mais il faut de la vérité dans les plus petites choses.

de France. On voulut que le Duc d'Orléans fit la même renonciation. On venait d'éprouver, par douze ans de guerre, combien de tels actes lient peu les hommes. Il n'y a point encor de loi reconnue, qui oblige les defcendans à fe priver du droit de regner, auquel auront renoncé les péres. Ces renonciations ne font efficaces, que lorfque l'intérêt commun continuë de s'accorder avec elles. Mais enfin elles calmaient pour le moment préfent une tempête de douze années : & il était probable, qu'un jour plus d'une nation réunie foûtiendrait ces renonciations, devenues la bafe de l'équilibre & de la tranquillité de l'Europe.

On donnait par ce Traité au Duc de Savoye l'Ifle de Sicile, avec le titre de Roi ; & dans le Continent, Feneftrelles, Exilles & la Vallée de Pragelas. Ainfi on prenait, pour l'aggrandir, fur la Maifon de *Bourbon*.

On donnait aux Hollandais une barriére confidérable, qu'ils avaient toûjours défirée ; & fi l'on dépouillait la Maifon de France de quelques domaines en faveur du Duc de Savoie, on prenait en effet fur la Maifon d'*Autriche* de quoi fatisfaire les Hollandais, qui devaient devenir, à fes dépens, les Confervateurs & les Maîtres des plus fortes villes de la Flandre. On avait égard aux intérêts de la Hollande dans le Commerce. On ftipulait ceux du Portugal.

On refervait à l'Empereur la Souveraineté des huit Provinces & demie de la Flandre Efpagnole,

gnole, & le domaine utile des villes de la Barriére. On lui assûrait le Royaume de Naples & la Sardaigne, avec tout ce qu'il possédait en Lombardie, & les quatre ports sur les côtes de la Toscane. Mais le Conseil de Vienne se croyait trop lésé, & ne pouvait souscrire à ces conditions.

A l'égard de l'Angleterre, sa gloire & ses intérêts étaient en sureté. Elle faisait démolir & combler le port de Dunkerque, objet de tant de jalousies. L'Espagne la laissait en possession de Gibraltar & de l'Isle Minorque. La France lui abandonnait la Baïe d'Hudson, l'Isle de Terre-neuve & l'Acadie. Elle obtenait, pour le Commerce en Amérique, des droits qu'on ne donnait pas aux Français, qui avaient placé *Philippe V.* sur le Trône. Il faut encor compter, parmi les articles glorieux au Ministère Anglais, d'avoir fait consentir *Louis XIV.* à faire sortir de prison ceux de ses propres sujets qui étaient retenus pour leur Religion. C'était dicter des loix, mais des loix bien respectables.

Enfin la Reine *Anne*, sacrifiant à sa patrie les droits de son sang & les secrettes inclinations de son cœur, faisait assûrer & garantir sa succession à la Maison de Hanovre.

Quant aux Electeurs de Baviére & de Cologne, le Duc de Baviére devait retenir le Duché de Luxembourg & le Comté de Namur, jusqu'à ce que son frére & lui fussent rétablis dans leurs Electorats ; car l'Espagne avait cédé dé ces deux Souverainetés au Bavarois, en dédommagement de ses pertes ; & les Alliés n'avaient pris ni Namur ni Luxembourg.

Pour la France, qui démolissait Dunkerque, & qui abandonnait tant de Places en Flandre, autrefois conquises par ses armes, & assûrées par les Traités de Nimégue & de Risvick, on lui rendait Lille, Aire, Béthune, & Saint-Venant.

Ainsi il paraissait, que le Ministère Anglais rendait justice à toutes les Puissances. Mais les *Wighs* ne la lui rendirent pas ; & la moitié de la Nation persécuta bientôt la mémoire de la Reine *Anne*, pour avoir fait le plus grand bien qu'un Souverain puisse jamais faire, pour avoir donné le repos à tant de Nations. On lui reprocha d'avoir pû démembrer la France, & de ne l'avoir pas fait. *

Tous ces Traités furent signés l'un après l'autre, dans le cours de l'année 1713. Soit opiniâtreté du Prince *Eugéne*, soit mauvaise politi-

* La Reine *Anne* envoya au mois d'Août son Secretaire d'Etat le Vicomte de *Bolingbroke* consommer la négociation. Le Marquis de *Torci* fait un très-grand éloge de ce Ministre, & dit que *Louis XIV.* lui fit l'accueil qu'il lui devait. En effet il fut reçu à la Cour comme un homme qui venait donner la paix ; & lorsqu'il vint à l'Opera, tout le monde se leva pour lui faire honneur : c'est donc une grande calomnie dans les Mémoires de *Maintenon* de dire pag. 115. du Tom. V. *Le mépris que Louis XIV. témoigna pour Mylord Bolingbroke ne prouve point qu'il l'ait eu au nombre de ses pensionnaires.* Il est plaisant de voir un tel homme parler ainsi des plus grands hommes.

Ch.
XXIII.

politique du Conseil de l'Empereur, ce Monarque n'entra dans aucune de ces négociations. Il aurait eu certainement Landau, & peut-être Strasboug, s'il s'était prêté d'abord aux vuës de la Reine *Anne*. Il s'obstina à la guerre, & il n'eut rien. Le Maréchal de *Villars* ayant mis ce qui restait de la Flandre Françaife en sûreté, alla vers le Rhin, & après s'être rendu Maître de Spire, de Worms, de tous les pays d'alentour, il prend ce même Landau que l'Empereur eût pu conserver par la paix; il force les lignes que le Prince *Eugéne* avait fait tirer dans le Brifgau; défait dans ces lignes le Maréchal *Vaubonne*; affiége & prend Fribourg, la capitale de l'Autriche antérieure.

20. Août 1713.

20. Sept.

30. Oct.

Le Conseil de Vienne pressait de tous côtés les secours qu'avaient promis les Cercles de l'Empire, & ces secours ne venaient point. Il comprit alors que l'Empereur, sans l'Angleterre & la Hollande, ne pouvait prévaloir contre la France; & il se résolut trop tard à la paix.

Le Prince Eugène & le Maréchal de Villars fignent la paix, 6. Mars 1714.

Le Maréchal de *Villars*, après avoir ainsi terminé la guerre, eut encor la gloire de conclure cette paix à Radstat avec le Prince *Eugéne*. C'était peut-être la prémiére fois qu'on avait vu deux Généraux opposés, au sortir d'une campagne, traiter au nom de leurs Maîtres. Ils y portèrent tous deux la franchise de leur caractère. J'ai ouï conter au Maréchal de *Villars*, qu'un des premiers discours qu'il tint au Prince *Eugéne*, fut celui-ci : *Monsieur, nous ne sommes*

mes point ennemis ; vos ennemis font à Vienne, & les miens à Verfailles. En effet, l'un & l'autre eurent toûjours dans leurs Cours des cabales à combattre.

Il ne fut point queſtion dans ce Traité, des droits que l'Empereur réclamait toûjours fur la Monarchie d'Eſpagne, ni du vain titre de Roi Catholique que *Charles VI.* prit toûjours, tandis que le Royaume reſtait aſſûré à *Philippe V. Loüis XIV.* garda Strasbourg & Landau qu'il avait offert de céder auparavant, Huningue & le nouveau Briſac qu'il avait propoſé lui-même de raſer, la Souveraineté de l'Alſace à laquelle il avait offert de renoncer. Mais ce qu'il y eut de plus honorable, il fit rétablir dans leurs Etats & dans leurs rangs les Electeurs de Cologne & de Baviére.

C'eſt une choſe très remarquable, que la France, dans tous ſes Traités avec les Empereurs, a toûjours protégé les droits des Princes & des Etats de l'Empire. Elle poſa les fondemens de la liberté Germanique à Munſter, & fit ériger un huitiéme Electorat pour cette même Maiſon de Baviére. Le Traité de Nimégue confirma celui de Veſtphalie. Elle fit rendre par le Traité de Riſvick, tous les biens du Cardinal de *Furſtemberg.* Enfin par la paix d'Utrecht, elle rétablit deux Electeurs. Il faut avoüer, que dans toute la négociation qui termina cette longue querelle, la France reçut la loi de l'Angleterre, & la fit à l'Empire.

Les Mémoires hiſtoriques du tems, ſur leſquels

Ch. XXIII.

La France aſſure les droits des Princes d'Allemagne.

Ch. XXIII.

Terme de sujet employé mal à propos.

quels on a formé les compilations de tant d'hiſtoires de *Louïs XIV.* diſent que le Prince *Eugéne*, en finiſſant les conférences, pria le Duc de *Villars* d'embraſſer pour lui les genoux de *Louïs XIV.* & de préſenter à ce Monarque les aſſûrances du plus profond reſpect *d'un ſujet envers ſon Souverain.* Prémiérement, il n'eſt pas vrai, qu'un Prince, petit-fils d'un Souverain, demeure le ſujet d'un autre Prince, pour être né dans ſes Etats. Secondement, il eſt encor moins vrai, que le Prince *Eugéne*, Vicaire-Général de l'Empire, pût ſe dire ſujet du Roi de France.

Cependant chaque Etat ſe mit en poſſeſſion de ſes nouveaux droits. Le Duc de Savoye ſe fit reconnaitre en Sicile, ſans conſulter l'Empereur, qui s'en plaignit en vain. *Louïs XIV.* fit recevoir ſes troupes dans Lille. Les Hollandais ſe ſaiſirent des villes de leur barriére; & la Flandre leur a payé toûjours douze cent cinquante mille florins par an, pour être les Maîtres chez elle. *Louïs XIV.* fit combler le port de Dunkerque, raſer la citadelle, & démolir toutes les fortifications du côté de la mer, ſous les yeux d'un Commiſſaire Anglais. Les Dunkerquois, qui voyaient par là tout leur Commerce périr, députèrent à Londres pour implorer la clémence de la Reine *Anne.* Il était triſte pour *Louïs XIV.* que ſes ſujets allaſſent demander grace à une Reine d'Angleterre; mais il fut encor plus triſte pour eux, que la Reine *Anne* fût obligée de les refuſer.

Le

Le Roi, quelque tems après, fit élargir le canal de Mardick; & au moyen des écluses, on fit un port qu'on difait déja égaler celui de Dunkerque. Le Comte de *Stairs*, Ambaſſadeur d'Angleterre, s'en plaignit vivement à ce Monarque. Il eſt dit dans un des meilleurs livres que nous ayons, que *Louïs XIV.* répondit au Lord Stairs: *Monſieur l'Ambaſſadeur, j'ai toûjours été le Maître chez moi, quelquefois chez les autres; ne m'en faites pas ſouvenir.* Je ſai de ſcience certaine, que jamais *Louïs XIV.* ne fit une réponſe ſi peu convenable. Il n'avait jamais été le Maître chez les Anglais: il s'en fallait beaucoup. Il l'était chez lui; mais il s'agiſſait de ſavoir, s'il était le maître d'éluder un Traité, auquel il devait ſon repos, & peut-être une grande partie de ſon Royaume. *

C II. XXIII.

Réponſe ridicule attribuée mal à propos à Louïs XIV.

La clauſe du Traité qui portait la démolition du port de Dunkerquè & de ſes écluſes, ne ſtipulait pas qu'on ne ferait point de port à Mardick. On a oſé imprimer que le Lord *Bolingbroke*, qui rédigea le Traité, fit cette omiſſion, gagné par un préſent d'un million. On trouve cette lâche calomnie dans l'hiſtoire de *Louïs XIV.* ſous le nom de *la Martinière*; &

* Jamais le Lord *Stairs* ne parla au Roi qu'en préſence du Secretaire d'Etat de *Torci*, qui a dit n'avoir jamais entendu un diſcours ſi déplacé. Ce diſcours aurait été bien humiliant pour *Louïs XIV.* quand il fit ceſſer les ouvrages de Mardick.

Сн.
XXIII.

Traités accomplis.

& ce n'eſt pas la ſeule qui déshonore cet ouvrage. *Louïs XIV.* paraiſſait être en droit de profiter de la négligence des Miniſtres Anglais, & de s'en tenir à la lettre du Traité; mais il aima mieux en remplir l'eſprit, uniquement pour le bien de la paix; & loin de dire au Lord *Stair*, qu'*il ne le fit pas ſouvenir qu'il avait été autrefois le Maître chez les autres*, il voulut bien céder à ſes repréſentations, auxquelles il pouvait réſiſter. Il fit diſcontinuer les travaux de Mardick au mois d'Avril 1714. Les ouvrages furent démolis bientôt après dans la Régence, & le Traité accompli dans tous ſes points.

Après cette paix d'Utrecht & de Radſtat, *Philippe V.* ne jouït pas encor de toute l'Eſpagne; il lui reſta la Catalogne à ſoumettre, ainſi que les Iſles de Majorque & d'Ivica.

Le Roi d'Eſpagne ſoumet les Catalans.

Il faut ſavoir que l'Empereur *Charles VI.* ayant laiſſé ſa femme à Barcelone, ne pouvant ſoûtenir la guerre d'Eſpagne, & ne voulant ni céder ſes droits ni accepter la paix d'Utrecht, était cependant convenu alors avec la Reine *Anne*, que l'Impératrice & ſes troupes, devenuës inutiles en Catalogne, ſeraient tranſportées ſur des vaiſſeaux Anglais. En effet la Catalogne avait été évacuée; & *Staremberg* en partant s'était démis de ſon titre de Viceroi. Mais il laiſſa toutes les ſemences d'une guerre civile, & l'eſpérance d'un prompt ſecours de la part de l'Empereur & même de l'Angleterre. Ceux qui avaient alors le plus de crédit dans cette

cette Province, imaginèrent qu'ils pourraient former une République sous une protection étrangère, & que le Roi d'Espagne ne serait pas assez fort pour les conquérir. Ils déployèrent alors ce caractère que *Tacite* leur attribuait il y a si longtems. ,, Nation intrépide, dit-il, ,, qui compte la vie pour rien, quand ,, elle ne l'employe pas à combattre.

S'ils avaient fait pour *Philippe V.* leur Roi, autant d'efforts qu'ils en firent alors contre lui, jamais l'Archiduc n'eût disputé l'Espagne. Ils prouvèrent, par leur opiniâtre résistance, que *Philippe V.* délivré meme de son Compétiteur, ne pouvait seul les réduire. *Louïs XIV.* qui dans les derniers tems de la guerre n'avait pu fournir ni soldats ni vaisseaux à son petit-fils contre *Charles* son Concurrent, lui en envoya alors contre ses sujets révoltés. Une escadre Française bloqua le port de Barcelone, & le Maréchal de *Barwick* l'assiegea par terre.

La Reine d'Angleterre, plus fidéle à ses Traités qu'aux intérèts de son pays, ne secourut point cette ville. L'Empereur d'Allemagne promit de vains secours. Les assiégés se défendirent avec un courage fortifié par le fanatisme. Les Prêtres, les Moines, coururent aux armes & sur les bréches, comme s'il s'était agi d'une guerre de Religion. Un fantôme de liberté les rendit sourds à toutes les avances qu'ils reçurent de leur Maître. Plus de cinq cent Ecclésiastiques moururent
dans

dans ce siége les armes à la main. On peut juger, si leurs discours & leur exemple avaient animé les peuples.

Ils arborèrent sur la brèche un drapeau noir, & soûtinrent plus d'un assaut. Enfin les assiégeans ayant pénétré, les assiégés se batirent encor de ruë en ruë ; & retirés dans la ville neuve tandis que l'ancienne était prise, ils demandèrent encor en capitulant, qu'on leur conservât tous leurs privilèges. Ils n'obtinrent que la vie & leurs biens. La plûpart de leurs privilèges leur furent ôtés ; & de tous les Moines qui avaient soulevé le Peuple & combattu contre leur Roi, il n'y en eut que soixante de punis : on eut même l'indulgence de ne les condamner qu'aux galères. *Philippe V.* avait traité plus rudement la petite ville de Xativa * dans le cours de la guerre : on l'avait détruite de fond en comble, pour faire un exemple. Mais si on rase une petite ville de peu d'importance, on n'en rase point une grande, qui a un beau port de mer, & dont le maintien est utile à l'Etat.

Cette fureur des Catalans, qui ne les avait pas animés quand *Charles VI.* était parmi eux, & qui les transporta quand ils furent sans secours, fut la dernière flamme de l'incendie, qui avait ravagé si longtems la plus belle partie de l'Europe, pour le testament de *Charles II.* Roi d'Espagne.

* Cette ville de Xativa fut rasée en 1707. après la bataille d'*Almansa.* Philippe V fit bâtir sur ses ruines une autre ville qu'on nomme à présent *San Phelipe.*

CHAPITRE VINGT-QUATRIEME.

TABLEAU DE L'EUROPE,

DEPUIS LA PAIX D'UTRECHT

JUSQU'A LA MORT DE LOUIS XIV.

J'Ose appeller encor cette longue guerre, une guerre civile. Le Duc de Savoie y fut armé contre ſes deux filles. Le Prince de *Vaudemont*, qui avait pris le parti de l'Archiduc *Charles*, avait été ſur le point de faire priſonnier dans la Lombardie ſon propre pére qui tenait pour *Philippe V.* L'Eſpagne avait été réellement partagée en factions. Des Régimens entiers de Calviniſtes Françaiſ avaient ſervi contre leur patrie. C'était enfin pour une ſucceſſion entre parens, que la guerre générale avait commencé : & l'on peut ajouter, que la Reine d'Angleterre excluait du Trône ſon frére, que *Louis XIV.* protégeait, & qu'elle fut obligée de le proſcrire. *Dans la guerre de 1701., parens contre parens.*

Les eſpérances & la prudence humaine furent trompées dans cette guerre, comme elles le ſont toûjours. *Charles VI.* deux fois reconnu dans Madrid, fut chaſſé d'Eſpagne. *Louis XIV.* près de ſuccomber, ſe releva par les brouilleries imprévues de l'Angleterre. Le Conſeil d'Eſpagne, qui n'avait appellé le Duc d'Anjou au Trô-

Ch. XXIV.

Changemens en Europe opérés par la paix d'Utrecht.

Trône que dans le deſſein de ne jamais démembrer la Monarchie, en vit beaucoup de parties ſéparées. La Lombardie, la Flandre*, reſtèrent à la Maiſon d'*Autriche* : la Maiſon de *Pruſſe* eut une petite partie de cette même Flandre ; & les Hollandais dominèrent dans une autre ; une quatriéme partie demeura à la France. Ainſi l'héritage de la Maiſon de Bourgogne reſta partagé entre quatre Puiſſances ; & celle qui ſemblait y avoir le plus de droit, n'y conſerva pas une métairie. La Sardaigne, inutile à l'Empereur, lui reſta pour un tems. Il jouït quelques années de Naples, ce grand Fief de Rome, qu'on s'eſt arraché ſi ſouvent & ſi aiſément. Le Duc de Savoie eut quatre ans la Sicile, & ne l'eut que pour ſoutenir, contre le Pape, le droit ſingulier, mais ancien, d'être Pape lui-même dans cette Iſle ; c'eſt-à-dire, d'être, au Dogme près, Souverain abſolu en matiére Religion.

La Reine Anne eût voulu que ſon frére lui ſuccédât.

La vanité de la Politique parut encor plus après la paix d'Utrecht, que pendant la guerre. Il eſt indubitable, que le nouveau Miniſtère de la Reine *Anne* voulait préparer en ſecret le rétabliſſement du fils de *Jaques II.* ſur le Trône. La Reine *Anne* elle-même commençait à écouter la voix de la nature, par celle de

---

* On appelle généralement du nom de Flandre, les Provinces des Pays-Bas qui appartiennent à la Maiſon d'Autriche, comme on appelle les ſept Provinces-Unies, la Hollande.

de fes Miniftres ; & elle était dans le deffein de laiffer fa fucceffion à ce frére, dont elle avait mis la tête à prix malgré elle. Sa mort prévint tous ces deffeins. La Maifon de Hanovre, qu'elle regardait comme étrangère & qu'elle n'aimait pas, lui fuccéda ; fes Miniftres furent perfécutés ; & le parti du Prétendant ayant tenté de foutenir fes droits en 1715. ce parti fut défait ; la rébellion, qui, fi la Reine *Anne* eût vécu plus longtems, eût paffé pour une révolution légitime, fut punie par le fang qui coula fur les échafauts.

CH. XXIV.

Etat de l'Europe.

Nous verrons dans les Chapitres réfervés à la vie privée & aux anecdotes, comment mourut *Louis XIV.* au milieu des cabales odieufes de fon Confeffeur, & des plus méprifables querelles Théologiques qui ayent jamais troublé des efprits ignorans & inquiets. Mais je confidére ici l'état où il laiffa l'Europe.

La puiffance de la Ruffie s'affermiffait chaque jour dans le Nord, & cette création d'un nouveau peuple & d'un nouvel Empire était encor trop ignorée en France, en Italie & en Efpagne.

La Suéde, ancienne alliée de la France, & autrefois la terreur de la Maifon d'*Autriche*, ne pouvait plus fe défendre contre les Ruffes, & il ne reftait à *Charles XII.* que de la gloire.

Un fimple Electorat d'Allemagne commençait à devenir une Puiffance prépondérante. Le fecond Roi de Pruffe, Electeur de Brandebourg, avec de l'œconomie & une armée, jettait les fondemens d'une grandeur jufques-là inconnue.

Ch. XXIV.   La Hollande jouïssait encor de la considération qu'elle avait acquise dans la derniére guerre contre *Louïs XIV.*; mais le poids qu'elle mettait dans la balance devint depuis ce tems là toûjours moins considérable. L'Angleterre agitée de troubles dans les prémiéres années du régne d'un Electeur de Hanovre, conserva toute sa force & toute son influence. L'Allemagne, l'Empire languit sous *Charles VI.*; mais la plûpart des Princes de l'Empire firent fleurir leurs États. L'Espagne respira sous *Philippe V.* qui devait son Trône à *Louïs XIV.* L'Italie fut tranquille jusqu'à l'année 1717. Il n'y eut aucune querelle ecclésiastique en Europe qui pût donner au Pape un prétexte de faire valoir ses anciennes prétentions, ou qui pût le priver des prérogatives qu'il a conservées. Le Jansénisme seul troubla la France, mais sans faire de schisme, sans exciter de guerre civile.

CHAPITRE VINGT-CINQUIEME.

PARTICULARITÉS
ET ANECDOTES DU REGNE
DE LOUIS XIV.

LEs Anecdotes font un champ refferré où l'on glane après la vafte moiffon de l'Hiftoire ; ce font des petits détails longtems cachés, & de là vient le nom d'*Anecdotes* ; ils intéreffent le public quand ils concernent des perfonnages illuftres. *Il faut fe défier des anecdotes.*

Les vies des grands hommes dans *Plutarque* font un recueil d'Anecdotes, plus agréables que certaines : comment aurait-il eu des Mémoires fidéles de la vie privée de *Théfée* & de *Licurgue?* Il y a dans la plupart des maximes qu'il met dans la bouche de fes Héros, plus d'utilité morale que de vérité hiftorique.

L'hiftoire fecrette de *Juftinien* par *Procope* eft une fatyre dictée par la vengeance ; & quoique la vengeance puiffe dire la vérité, cette fatyre qui contredit l'hiftoire publique de *Procope*, ne parait pas toûjours vraye.

Il n'eft pas permis aujourd'hui d'imiter *Plutarque*, encor moins *Procope*. Nous n'admettons pour vérités hiftoriques que celles qui font garanties. Quand des contemporains com-

Ch.XXV me le Cardinal *de Retz* & le Duc *de la Rochefoucault*, ennemis l'un de l'autre, confirment le même fait dans leurs Mémoires, ce fait est indubitable ; quand ils se contredisent, il faut douter : ce qui n'est point vraisemblable ne doit point être crû, à moins que plusieurs comtemporains dignes de foi ne déposent unanimément.

Voyez les deux Mémoires de Louïs XIV. raportés dans ce volume.

Les Anecdotes les plus utiles & les plus précieuses sont les écrits secrets que laissent les grands Princes, quand la candeur de leur ame se manifeste dans ces monumens; tels sont ceux que je raporte de *Louïs XIV.*

Les détails domestiques amusent seulement la curiosité : les faiblesses qu'on met au grand jour ne plaisent qu'à la malignité : à moins que ces mêmes faiblesses n'instruisent, ou par les malheurs qui les ont suivies, ou par les vertus qui les ont réparées.

Les Mémoires secrets des contemporains sont suspects de partialité ; ceux qui écrivent une ou deux générations après, doivent user de la plus grande circonspection, écarter le frivole, réduire l'exagéré, & combattre la satyre.

Louïs XIV. mit dans sa Cour, comme dans son Régne, tant d'éclat & de magnificence, que les moindres détails de sa vie semblent intéresser la postérité, ainsi qu'ils étaient l'objet de la curiosité de toutes les Cours de l'Europe & de tous les contemporains. La splendeur de son Gouvernement s'est répanduë sur ses moindres

dres actions. On est plus avide, surtout en France, de savoir les particularités de sa Cour, que les révolutions de quelques autres Etats. Tel est l'effet de la grande réputation. On aime mieux apprendre ce qui se passait dans le cabinet & dans la Cour d'*Auguste*, que le détail des conquêtes d'*Attila* ou de *Tamerlan*.

Ch. XXV

Voilà pourquoi il n'y a guères d'Historiens qui n'ayent publié les prémiers goûts de *Louis XIV*. pour la Baronne de *Beauvais*, pour Mamoiselle *d'Argencourt*, pour la niéce du Cardinal *Mazarin*, qui fut mariée au Comte de *Soissons* pére du Prince *Eugéne*, surtout pour *Marie Mancini* sa sœur, qui épousa ensuite le Connétable *Colonne*.

Ses prémières amours, sujet de plusieurs méchans livres.

Il ne régnait pas encore, quand ces amusemens occupaient l'oisiveté où le Cardinal *Mazarin*, qui gouvernait despotiquement, le laissait languir. L'attachement seul pour *Marie Mancini* fut une affaire importante, parce qu'il l'aima assez pour être tenté de l'épouser, & fut assez maître de lui-même pour s'en séparer. Cette victoire qu'il remporta sur sa passion, commença à faire connaître qu'il était né avec une grande ame. Il en remporta une plus forte & plus difficile, en laissant le Cardinal *Mazarin* Maître absolu. La reconnaissance l'empêcha de secouer le joug qui commençait à lui peser. C'était une anecdote très-connuë à la Cour, qu'il avait dit après la mort du Cardinal : „ Je „ ne

Ch. XXV

Comment il se formait l'esprit & le goût.

« ne fai pas ce que j'aurais fait, s'il avait vécu
« plus longtems. » *

Il s'occupa à lire des livres d'agrément dans ce loisir ; & surtout il en lisait avec la Connétable, qui avait de l'esprit ainsi que toutes ses sœurs. Il se plaisait aux vers & aux Romans, qui, en peignant la galanterie & la grandeur flattaient en secret son caractère. Il lisait les Tragédies de *Corneille*, & se formait le goût, qui n'est que la suite d'un sens droit, & le sentiment prompt d'un esprit bien fait. La conversation de sa mère & des Dames de sa Cour ne contribuèrent pas peu à lui faire goûter cette fleur d'esprit, & à le former à cette politesse singulière, qui commençait dès-lors à caractériser la Cour. *Anne d'Autriche* y avait apporté une certaine galanterie noble & fière, qui tenait du génie Espagnol de ces tems là ; & y avait joint les graces, la douceur & une liberté décente, qui n'étaient qu'en France. Le Roi fit plus de progrès dans cette école d'agrémens depuis dix-huit ans jusqu'à vingt, qu'il n'en avait fait

dans

* Cette anecdote est accréditée par les Mémoires de *la Porte* pag. 255. & suivantes. On y voit que le Roi avait de l'aversion pour le Cardinal, que ce Ministre son parain & Surintendant de son éducation l'avait très-mal élevé, & qu'il le laissa souvent manquer du nécessaire. Il ajoute même des accusations beaucoup plus graves, & qui rendraient la mémoire du Cardinal bien infame : mais elles ne paraissent pas prouvées, & toute accusation doit l'être.

dans les Sciences, fous fon Précepteur, l'Abbé de *Beaumont*, depuis Archevêque de Paris. On ne lui avait prefque rien appris. Il eût été à defirer, qu'au moins on l'eût inftruit de l'Hiftoire, & furtout de l'Hiftoire moderne; mais ce qu'on en avait alors était trop mal écrit. Il était trifte, qu'on n'eût encor réuffi que dans des Romans inutiles, & que ce qui était néceffaire fût rebutant. On fit imprimer fous fon nom une traduction des Commentaires de *Céfar*, & une de *Florus* fous le nom de fon frére. Mais ces Princes n'y eurent d'autre part, que celle d'avoir eu inutilement pour leurs thémes quelques endroits de ces Auteurs.

Ch. XXV
———
Traductions imprimées fous fon nom.

Celui qui préfidait à l'éducation du Roi fous le prémier Maréchal de *Villeroi* fon Gouverneur, était tel qu'il le fallait, favant & aimable. Mais les guerres civiles nuifirent à cette éducation, & le Cardinal *Mazarin* fouffrait volontiers qu'on donnât au Roi peu de lumiéres. Lorfqu'il s'attacha à *Marie Mancini*, il apprit aifément l'Italien pour elle; & dans le tems de fon mariage il s'appliqua à l'Efpagnol moins heureufement. L'étude qu'il avait trop négligée avec fes Précepteurs au fortir de l'enfance, une timidité qui venait de la crainte de fe compromettre, & l'ignorance où le tenait le Cardinal *Mazarin*, firent penfer à toute la Cour, qu'il ferait toûjours gouverné comme *Louïs XIII.* fon pére.

Il n'y eut qu'une occafion, où ceux qui favent juger de loin, prévirent ce qu'il devait être;

42 PARTICULARITÉS ET ANECDOTES

Ch. XXV

Son discours au Parlement.

être; ce fut lorsqu'en 1655. après l'extinction des guerres civiles, après sa prémiére Campagne & son Sacre, le Parlement voulut encor s'assembler au sujet de quelques Edits; le Roi partit de Vincennes en habit de chasse, suivi de toute sa Cour; entra au Parlement en grosses bottes & le fouet à la main; & prononça ces propres mots : „ On sait les malheurs qu'ont „ produit vos assemblées; j'ordonne qu'on cesse „ celles qui sont commencées sur mes Edits. „ Monsieur le Prémier Président, je vous dé„ fens de souffrir des assemblées, & à pas un „ de vous de les demander. *

Sa taille déja majestueuse, la noblesse de ses traits, le ton & l'air de Maître dont il parla, imposèrent plus que l'autorité de son rang, qu'on avait jusques-là peu respectée. Mais ces prémices de sa grandeur semblèrent se perdre le moment d'après; & les fruits n'en parurent qu'après la mort du Cardinal.

La

---

* Ces paroles fidélement recueillies, sont dans tous les Mémoires autentiques de ce tems-là: il n'est permis ni de les omettre, ni d'y rien changer dans aucune Histoire de France.

L'Auteur des Mémoires de *Maintenon* s'avise de dire au hazard dans sa note : „ Son discours ne fut „ pas tout-à-fait si beau, & ses yeux en dirent plus „ que sa bouche. " Où a-t-il pris que le discours de *Louïs XIV.* ne pas tout-à-fait si beau, puisque ce furent là ses propres paroles? Il ne fut ni plus ni moins beau; il fut tel qu'on le rapporte.

La Cour, depuis le retour triomphant de *Mazarin*, s'occupait de jeu, de ballets, de la Comédie qui à peine née en France n'était pas encor un Art, & de la Tragédie qui était devenuë un Art fublime entre les mains de *Pierre Corneille*. Un Curé de St. Germain-l'Auxerrois, qui panchait vers les idées rigoureufes des Janfeniftes, avait écrit fouvent à la Reine contre ces fpectacles, dès les prémiéres années de la Régence. Il prétendit que l'on était damné pour y affifter ; il fit même figner cet anathème par fept Docteurs de Sorbonne : mais l'Abbé de *Beaumont*, Précepteur du Roi, fe munit de plus d'approbations de Docteurs, que le rigoureux Curé n'avait apporté de condamnations. Il calma ainfi les fcrupules de la Reine ; & quand il fut Archevêque de Paris, il autorifa le fentiment qu'il avait défendu étant Abbé. Vous trouverez ce fait dans les Mémoires de la fincère Mad^e. de *Motteville*.

Il faut obferver, que depuis que le Cardinal de *Richelieu* avait introduit à la Cour les fpectacles réguliers, qui ont enfin rendu Paris la rivale d'Athénes, non feulement il y eut toùjours un banc pour l'Académie, qui poffédait plufieurs Eccléfiaftiques dans fon Corps, mais qu'il y en eut un particulier pour les Evêques.

Le Cardinal *Mazarin*, en 1646. & en 1654. fit repréfenter fur le Théatre du Palais Royal & du petit Bourbon près du Louvre, des Opéra Italiens, exécutés par des voix qu'il fit venir d'Italie. Ce fpectacle nouveau était né

depuis

Ch. XXV

Un Curé a l'impertinence de vouloir abolir les fpectacles.

Ch. XXV depuis peu à Florence, contrée alors favorifée de la fortune comme de la nature, & à laquelle on doit la réproduction de plufieurs Arts anéantis pendant des fiécles, & la création de quelques-uns. C'était en France un refte de l'ancienne barbarie, de s'oppofer à l'établiffement de ces Arts.

Les Janféniftes, que les Cardinaux de *Richelieu* & de *Mazarin* voulurent réprimer, s'en vengèrent contre les plaifirs que ces deux Miniftres procuraient à la Nation. Les Luthériens & les Calviniftes en avaient ufé ainfi du tems du Pape *Léon X*. Il fuffit d'ailleurs d'être novateur, pour être auftère. Les mêmes efprits, qui bouleverferaient un Etat pour établir une opinion fouvent abfurde, anathématifent les plaifirs innocens néceffaires à une grande ville, & des Arts qui contribuent à la fplendeur d'une Nation. L'abolition des fpectacles ferait une idée plus digne du fiécle d'*Attila*, que du fiécle de *Louïs XIV*.

La danfe qu'on peut encor compter parmi les Arts, * parce qu'elle eft affervie à des régles & qu'elle donne de la grace au corps, était un

---

* Le Cardinal de *Richelieu* avait déja donné des ballets, mais ils étaient fans goût, comme tout ce qu'on avait eu de fpectacles avant lui. Les Français qui ont aujourd'hui porté la danfe à la perfection, n'avaient dans la jeuneffe de *Louïs XIV*. que des danfes Efpagnoles, comme la Sarabande, la Courante, la Pavane &c.

un des plus grands amufemens de la Cour. Ch. XXV
Louïs XIII. n'avait danfé qu'une fois dans un
ballet en 1625. ; & ce ballet était d'un goût Louïs
groffier, qui n'annonçait pas ce que les Arts XIV.
furent en France trente ans après. Louïs XIV. Louïs
excellait dans les danfes graves, qui convenaient XIII.
à la majefté de fa figure, & qui ne bleffaient danfe en
pas celle de fon rang. Les courfes de bagues, public.
qu'on faifait quelquefois, & où l'on étalait déja
une grande magnificence, faifaient paraître
avec éclat fon adreffe à tous les exercices.
Tout refpirait les plaifirs & la magnificence
qu'on connaiffait alors. C'était peu de chofe
en comparaifon de ce qu'on vit quand le Roi
régna par lui-même; mais c'était de quoi étonner, après les horreurs d'une guerre civile,
& après la trifteffe de la vie fombre & retirée
de Louïs XIII. Ce Prince, malade & chagrin,
n'avait été ni fervi, ni logé, ni meublé en
Roi. Il n'y avait pas pour cent mille écus de
pierreries appartenantes à la Couronne. Le
Cardinal *Mazarin* n'en laiffa que pour douze
cent mille ; & aujourd'hui il y en a pour plus
de vingt millions de livres.

Tout prit, au mariage de Louïs XIV. un 1660.
caractère plus grand de magnificence & de goût,
qui augmenta toûjours depuis. Quand il fit
fon entrée avec la Reine fon époufe, Paris vit
avec une admiration refpectueufe & tendre,
cette jeune Reine qui avait de la beauté, portée dans un char fuperbe d'une invention
nouvelle; le Roi à cheval à côté d'elle, paré

de

Ch. XXV de tout ce que l'art avait pû ajouter à sa beauté mâle & héroïque, qui arrêtait tous les regards.

On prépara au bout des allées de Vincennes, un arc de triomphe dont la base était de pierre; mais le tems qui pressait, ne permit pas qu'on l'achevât d'une matière durable: il ne fut élevé qu'en plâtre; & il a été depuis totalement démoli. *Claude Perrault* en avait donné le dessein. La porte St. Antoine fut rebâtie pour la même cérémonie; monument d'un goût moins noble, mais orné d'assez beaux morceaux de sculpture. Tous ceux qui avaient vu, le jour de la bataille de St. Antoine, rapporter à Paris, par cette porte alors garnie d'une herse, les corps morts ou mourans de tant de citoyens, & qui voyaient cette entrée si différente, bénissaient le Ciel, & rendaient grace d'un si heureux changement.

Opéra introduit en France. Le Cardinal *Mazarin*, pour solemniser ce mariage, fit représenter au Louvre l'Opéra Italien, intitulé *Ercole amante*. Il ne plut pas aux Français. Ils n'y virent avec plaisir que le Roi & la Reine qui y dansèrent. Le Cardinal voulut se signaler par un spectacle plus au goût de la Nation. Le Secrétaire d'Etat *de Lionne* se chargea de faire composer une espèce de Tragédie allégorique, dans le goût de celle de *l'Europe*, à laquelle le Cardinal de *Richelieu* avait travaillé. Ce fut un bonheur pour le grand *Corneille*, qu'il ne fût pas choisi pour remplir ce mauvais canevas. Le sujet était *Li-*
sis

fis & Hespérie. *Lisis* signifiait la France, & *Hespérie* l'Espagne. *Quinault* fut chargé d'y travailler. Il venait de se faire une grande réputation par la piéce du *Faux Tiberinus*, qui, quoique mauvaise, avait eu un prodigieux succès. Il n'en fut pas de même de *Lisis*. On l'exécuta au Louvre. Il n'y eut de beau que les machines. Le Marquis de *Sourdiac* du nom de *Rieux*, à qui l'on dut depuis l'établissement de l'Opera en France, fit exécuter dans ce tems-là même à ses dépens, dans son château de Neubourg, *la Toison d'or* de *Pierre Corneille*, avec des machines. *Quinault*, jeune & d'une figure agréable, avait pour lui la Cour : *Corneille* avait son nom & la France.

Ce ne fut qu'un enchainement de fêtes, de plaisirs, de galanterie depuis le mariage du Roi. Elles redoublèrent à celui de *Monsieur* frére du Roi, avec *Henriette* d'Angleterre sœur de *Charles II.*; & elles n'avaient été interrompues qu'en 1661. par la mort du Cardinal *Mazarin*.

CH. XXV

Quelques mois après la mort de ce Ministre, il arriva un événement qui n'a point d'exemple ; & ce qui est non moins étrange, c'est que tous les Historiens l'ont ignoré. On envoya dans le plus grand secret au Château de l'Isle Sainte-Marguerite dans la Mer de Provence, un prisonnier inconnu, d'une taille au-dessus de l'ordinaire, jeune & de la figure la plus belle & la plus noble. Ce prisonnier dans la route portait un masque, dont

Quel était l'homme au masque de fer ?

la

Cʜ.XXV la mentonniére avait des reſſorts d'acier, qui lui laiſſaient la liberté de manger avec le maſque ſur le viſage. On avait ordre de le tuer, s'il ſe découvrait. Il reſta dans l'Iſle, juſqu'à ce qu'un Officier de confiance nommé *Saint-Mars*, Gouverneur de Pignerol, ayant été fait Gouverneur de la Baſtille l'an 1690. l'alla prendre à l'Iſle Sainte-Marguerite, & le conduiſit à la Baſtille toûjours maſqué. Le Marquis de *Louvois* alla le voir dans cette Iſle avant la translation, & lui parla debout & avec une conſidération qui tenait du reſpect. Cet inconnu fut mené à la Baſtille, où il fut logé auſſi-bien qu'on peut l'être dans le Château. On ne lui refuſait rien de ce qu'il demandait. Son plus grand goût était pour le linge d'une fineſſe extraordinaire, & pour les dentelles. Il jouait de la guitarre. On lui faiſait la plus grande chère, & le Gouverneur s'aſſeyait rarement devant lui. Un vieux Médecin de la Baſtille, qui avait ſouvent traité cet homme ſingulier dans ſes maladies, a dit qu'il n'avait jamais vu ſon viſage, quoiqu'il eût ſouvent examiné ſa langue & le reſte de ſon corps. Il était admirablement bien fait, diſait ce Médecin; ſa peau était un peu brune; il intéreſſait par le ſeul ſon de ſa voix, ne ſe plaignant jamais de ſon état, & ne laiſſant point entrevoir ce qu'il pouvait être. *

Cet

* Un fameux Chirurgien, gendre du Médecin dont je parle, & qui a appartenu au Maréchal de *Riche-*

AU MASQUE DE FER. 49

Ch. XXV.
Le masque de fer.

Cet inconnu mourut en 1704. & fut enterré la nuit à la Paroisse St. Paul. Ce qui redouble l'étonnement, c'est que quand on l'envoya aux Iles Sainte-Marguerite, il ne disparut dans l'Europe aucun homme considérable. Ce prisonnier l'était sans doute; car voici ce qui arriva les prémiers jours qu'il était dans l'Isle. Le Gouverneur mettait lui-même les plats sur sa table, & ensuite se retirait après l'avoir enfermé. Un jour le prisonnier écrivit avec un couteau sur une assiette d'argent, & jetta l'assiette par la fenêtre vers un bateau qui était au rivage presque au pied de la Tour. Un pêcheur à qui ce bateau appartenait ramassa l'assiette & la raporta au Gouverneur. Celui-ci étonné demanda au pêcheur : ,, Avez-vous ,, lû ce qui est écrit sur cette assiette, & quel- ,, qu'un l'a-t-il vue entre vos mains ? Je ne ,, sai pas lire, répondit le pêcheur. Je viens ,, de la trouver, personne ne l'a vuë. " Ce paysan fut retenu jusqu'à-ce que le Gouverneur fût bien informé qu'il n'avait jamais lû, & que l'assiette n'avait été vue de personne. Allez, lui dit-il, vous êtes bienheureux de ne savoir pas lire. Parmi les témoins de ce fait il y en a un très-digne de foi qui vit encore. Monsieur de *Chamillard* fut le dernier Ministre
qui

Richelieu est témoin de ce que j'avance; & Mr. de *Bernaville*, successeur de *Saint-Mars*, me l'a souvent confirmé.

H. G. Tom. VII. Suite Tom. II.   D

Ch. XXV qui eut cet étrange secret. Le second Maréchal de *la Feuillade* son gendre m'a dit, qu'à la mort de son beau-pére il le conjura à genoux de lui apprendre ce que c'était que cet homme, qu'on ne connut jamais que sous le nom de *l'homme au masque de fer*. *Chamillard* lui répondit, que c'était le secret de l'Etat, & qu'il avait fait serment de ne le révéler jamais. Enfin il reste encor beaucoup de mes contemporains qui déposent de la vérité que j'avance, & je ne connais point de fait ni plus extraordinaire ni mieux constaté.

Fête de Vaux.
Louïs XIV. cependant partageait son tems, entre les plaisirs qui étaient de son âge, & les affaires qui étaient de son devoir. Il tenait Conseil tous les jours, & travaillait ensuite secrettement avec *Colbert*. Ce travail secret fut l'origine de la catastrophe du célèbre *Fouquet*, dans laquelle furent envelopés le Secrétaire d'Etat *Guénégaud*, *Pélisson*, *Gourville*, & tant d'autres. La chûte de ce Ministre, à qui on avait peut-être moins de reproches à faire qu'au Cardinal *Mazarin*, fit voir qu'il n'appartient pas à tout le monde de faire les mêmes fautes. Sa perte était déja résoluë, quand le Roi accepta la fête magnifique que ce Ministre lui donna dans sa maison de Vaux. Ce Palais & les jardins lui avaient coûté dix-huit cent mille livres, qui valent aujourd'hui plus de trois millions. * Il avait bâti le Palais

deux

* Les comptes qui le prouvent étaient à Vaux, aujour-

deux fois, & acheté trois hameaux, dont le terrain fut enfermé dans ces jardins immenſes, plantés en partie par *le Nôtre*, & regardés alors comme les plus beaux de l'Europe. Les eaux jailliſſantes de Vaux, qui parurent depuis au-deſſous du médiocre après celles de Verſailles, de Marly & de Saint-Cloud, étaient alors des prodiges. Mais, quelque belle que ſoit cette maiſon, cette dépenſe de dix-huit cent mille livres, dont les comptes exiſtent encore, prouve qu'il avait été ſervi avec auſſi peu d'œconomie qu'il ſervait le Roi. Il eſt vrai, qu'il s'en falait beaucoup que St. Germain & Fontainebleau, les ſeules maiſons de plaiſance habitées par le Roi, approchaſſent de la beauté de Vaux. *Louïs XIV.* le ſentit, & en fut irrité. On voit partout dans cette maiſon les armes & la deviſe de *Fouquet.* C'eſt un écureuil avec ces paroles : *Quò non aſcendam ? Où ne monterai-je point ?* Le Roi ſe les fit expliquer. L'ambition de cette deviſe ne ſervit pas à appaiſer le Monarque. Les Courtiſans remarquèrent, que l'écureuil était peint partout pourſuivi par une couleuvre, qui était les armes de *Colbert.* La fête fut au-deſſus de celles que le Cardinal *Mazarin* avait données, non ſeulement pour la magnificence, mais pour le goût. On y repréſenta, pour la prémiére fois, *les Fâcheux* de *Moliére. Péliſ-*

ſon

---

aujourd'hui Villars, en 1718, & doivent y être encore.

Ch. XXV *son* avait fait le prologue, qu'on admira. Les plaisirs publics cachent ou préparent si souvent à la Cour des désastres particuliers, que, sans la Reine Mére, le Surintendant & *Pélisson* auraient été arrêtés dans Vaux le jour de la fête. Ce qui augmentait le ressentiment du Maître, c'est que Mademoiselle *de la Valiére*, pour qui le Roi commençait à sentir une vraie passion, avait été un des objets des goûts passagers du Surintendant, qui ne ménageait rien pour les satisfaire. Il avait offert à Mademoiselle *de la Valiére* deux cent mille livres ; & cette offre avait été reçue avec indignation, avant qu'elle eût aucun dessein sur le cœur du Roi. Le Surintendant s'étant aperçu depuis quel puissant rival il avait, voulut être le confident de celle dont il n'avait pû être le possesseur ; & cela même irritait encore.

Le Roi, qui dans un prémier mouvement d'indignation avait été tenté de faire arrêter le Surintendant au milieu même de la fête qu'il en recevait, usa ensuite d'une dissimulation peu nécessaire. On eût dit que le Monarque déja tout-puissant eût craint le parti que *Fouquet* s'était fait.

Il était Procureur-Général du Parlement ; & cette Charge lui donnait le privilége d'être jugé par les Chambres assemblées. Mais après que tant de Princes, de Maréchaux & de Ducs avaient été jugés par des Commissaires, on eût pû traiter comme eux un Magistrat, puisqu'on voulait se servir de ces voies extraorditraordinaires, qui, fans être injuftes, laiffent toûjours un foupçon d'injuftice.

Colbert l'engagea, par un artifice peu honorable, à vendre fa Charge. Il s'en défit pour douze cent mille livres, qui reviennent aujourd'hui à plus de deux millions. Le prix exceffif des places au Parlement, fi diminué depuis, prouve quel refte de confidération ce Corps avait confervé dans fon abaiffement même. Le Duc de *Guife*, grand-Chambellan du Roi, n'avait vendu cette Charge de la Couronne au Duc de *Bouillon*, que huit cent mille livres.

C'était la Fronde, c'était la guerre de Paris qui avait mis ce prix aux Charges de Judicature. Si c'était un des grands défauts & un des grands malheurs d'un Gouvernement longtems oberé, que la France fût l'unique pays de la Terre où les places de Juges fuffent vénales; c'était une fuite du levain de la fédition, & c'était une efpéce d'infulte faite au Trône, qu'une place de Procureur du Roi coutât plus que les prémiéres Dignités de la Couronne.

Fouquet, pour avoir diffipé les finances de l'Etat, & pour en avoir ufé comme des fiennes propres, n'en avait pas moins de grandeur dans l'ame. Ses déprédations n'avaient été que des magnificences & des libéralités. Il fit porter à l'Epargne le prix de fa Charge ; & cette belle action ne le fauva pas. On attira avec adreffe à Nantes un homme, qu'un Exemt & deux Gardes pouvaient arrêter à Paris. Le Roi lui fit des careffes avant fa difgrace. Je ne fai

Ch. XXV

Belle action de Fouquet inutile.

1661.

Ch. XXV

Dissimulation de Louïs XIV. peu honorable.

pourquoi la plupart des Princes affectent d'ordinaire de tromper, par de fausses bontés, ceux de leurs sujets qu'ils veulent perdre. La dissimulation alors est l'opposé de la grandeur. Elle n'est jamais une vertu, & ne peut devenir un talent estimable, que quand elle est absolument nécessaire. *Louïs XIV.* parut sortir de son caractère ; mais on lui avait fait entendre, que *Fouquet* faisait de grandes fortifications à Bellisle, & qu'il pouvait avoir trop de liaisons au dehors & au dedans du Royaume. Il parut bien, quand il fut arrêté & conduit à la Bastille & à Vincennes, que son parti n'était autre chose que l'avidité de quelques Courtisans & de quelques femmes, qui recevaient de lui des pensions, & qui l'oublièrent dès qu'il ne fut plus en état d'en donner. Il lui resta d'autres amis ; & cela prouve bien qu'il en méritait. L'illustre Madame de *Sevigné*, *Pelisson*, *Gourville*, Mademoiselle *Scuderi*, plusieurs gens de lettres se déclarèrent hautement pour lui, & le servirent avec tant de chaleur qu'ils lui sauvèrent la vie.

Colbert persécuteur de Fouquet.

On connaît ces vers de *Hainault* le traducteur de Lucrèce, contre *Colbert* le persécuteur de *Fouquet* :

Ministre avare & lâche, esclave malheureux,
Qui gémis sous le poids des affaires publiques,
Victime dévouée aux chagrins politiques,
Fantôme révéré sous un titre onereux ;

Voi

Voi combien des grandeurs le comble est dangereux ;
Contemple de Fouquet les funestes reliques ;
Et tandis qu'à sa perte en secret tu t'appliques,
Crain qu'on ne te prépare un destin plus affreux.

Sa chûte quelque jour te peut être commune.
Crain ton poste, ton rang, la Cour & la fortune.
Nul ne tombe innocent d'où l'on te voit monté.

Cesse donc d'animer ton Prince à son suplice ,
Et prêt d'avoir besoin de toute sa bonté ,
Ne le fai pas user de toute sa justice.

Monsieur *Colbert*, à qui l'on parla de ce Sonnet injurieux, demanda si le Roi y était offensé. On lui dit que non : ,, Je ne le suis ,, donc pas, répondit le Ministre. "

Il ne faut jamais être la dupe de ces réponses méditées, de ces discours publics que souvent le cœur désavouë. *Colbert* paraissait modéré, mais il poursuivait la mort de *Fouquet* avec acharnement. On peut être bon Ministre & vindicatif. Il est triste qu'il n'ait pas sçu être aussi généreux que vigilant.

Le plus ardent, & le plus implacable de ses persécuteurs, était le Chef de ses Juges, le Chancelier *Michel Le Tellier*. Il le traita avec dureté dans la Bastille où il l'interrogeait, & fit tout ce qu'il put pour le faire condamner

Le Chancelier Le Tellier méchant.

Ch. XXV à la mort. Quand on lit l'oraiſon funébre de ce Chancelier, prononcée par *Boſſuet*, & qu'on la compare avec ſa conduite, que peut-on penſer, ſinon qu'une oraiſon funébre n'eſt qu'une déclamation ?

Mazarin beaucoup plus coupable que Fouquet.

Il eſt vrai que faire le procès au Surintendant, c'était accuſer la mémoire du Cardinal *Mazarin*. Les plus grandes déprédations dans les finances étaient ſon ouvrage. Il s'était approprié en Souverain pluſieurs branches des revenus de l'Etat. Il avait traité en ſon nom & à ſon profit des munitions des armées. „ Il „ impoſait, (dit *Fouquet* dans ſes défenſes) par „ lettres de cachet, des ſommes extraordinaires „ ſur les Généralités ; ce qui ne s'était jamais „ fait que par lui & pour lui, & ce qui eſt pu„ niſſable de mort par les Ordonnances. " C'eſt ainſi que le Cardinal avait amaſſé des biens immenſes, que lui-même ne connaiſſait plus.

J'ai entendu conter à feu Monſieur de *Caumartin* Intendant des finances, que dans ſa jeuneſſe, quelques années après la mort du Cardinal, il avait été au Palais *Mazarin*, où logeaient le Duc ſon héritier & la Ducheſſe *Hortenſe* ; qu'il y vit une grande armoire de marquetterie, fort profonde, qui tenait du haut juſqu'en-bas tout le fond d'un cabinet. Les clefs en avaient été perduës depuis longtems, & on avait négligé d'ouvrir les tiroirs. Monſieur de *Caumartin*, étonné de cette négligence, dit à la Ducheſſe de *Mazarin*, qu'on trouverait

rait peut-être des curiosités dans cette armoire. Ch.XXV
On l'ouvrit : elle était toute remplie de quadruples, de jettons d'or, & de médailles d'or.
Madame de *Mazarin* en jetta au peuple des poignées par les fenêtres, pendant plus de huit jours. *

L'abus, que le Cardinal *Mazarin* avait fait Arrêt de sa puissance despotique, ne justifiait pas le contre Surintendant ; mais l'irrégularité des procédures Fouquet. faites contre lui, la longueur de son procès, le tems qui éteint l'envie publique & qui inspire la compassion pour les malheureux, enfin les sollicitations toûjours plus vives en faveur d'un infortuné, que les manœuvres pour le perdre ne sont pressantes ; tout cela lui sauva la vie. Le procès ne fut jugé qu'au bout de trois ans en 1664. De vingt-deux Juges qui opinèrent, il n'y en eut que neuf qui conclurent à la mort ; & les treize autres, † parmi lesquels il y en avait à qui *Gourville* avait fait accepter des présens, opinèrent à un bannissement perpétuel. Le Roi commua la peine en une plus dure. Il fut enfermé au Château de Pignerol. Tous les Historiens disent, qu'il y mourut en 1680. ; mais *Gourville* assure dans ses Mémoires, qu'il sortit de prison quelque tems avant sa mort. La Comtesse de *Vaux* sa belle-fille m'avait déja confirmé ce fait ; cependant

---

* J'ai retrouvé depuis cette même particularité dans St. *Evremont*.

† Voyez les Mémoires de *Gourville*.

Ch. XXV dant on croit le contraire dans sa famille. Ainsi on ne sait pas où est mort un infortuné, dont les moindres actions avaient de l'éclat quand il était puissant.

Le Sécretaire d'Etat *Guénégaud*, qui vendit sa charge à *Colbert*, n'en fut pas moins poursuivi par la Chambre de Justice, qui lui ôta la plus grande partie de sa fortune.

St. Evremont. *St. Evremont*, attaché au Surintendant, fut envelopé dans sa disgrace. *Colbert*, qui cherchait partout des preuves contre celui qu'il voulait perdre, fit saisir des papiers confiés à Madame *du Plessis-Belliévre*; & dans ces papiers on trouva la lettre manuscrite de *St. Evremont* sur la paix des Pirénées. On lut au Roi cette plaisanterie, qu'on fit passer pour un crime d'Etat. *Colbert*, qui dédaignait de se venger de *Hainault*, homme obscur, persécuta dans *St. Evremont* l'ami de *Fouquet* qu'il haïssait, & le bel esprit qu'il craignait. Le Roi eut l'extrême sévérité de punir une raillerie innocente, faite il y avait longtems contre le Cardinal *Mazarin* qu'il ne regrettait pas, & que toute la Cour avait outragé, calomnié & proscrit impunément pendant plusieurs années. De mille écrits faits contre ce Ministre, le moins mordant fut le seul puni, & le fut après sa mort.

St. Evremont, retiré en Angleterre, vécut & mourut en homme libre & Philosophe. Le Marquis de *Miremont*, son ami, me disait autrefois à Londres, qu'il y avait une autre cause
de

de fa difgrace, & que *St. Evremont* n'avait jamais voulu s'en expliquer. Lorfque *Louïs XIV.* permit à *St. Evremont* de revenir dans fa patrie fur la fin de fes jours, ce Philofophe dédaigna de regarder cette permiffion comme une grace; il prouva que la patrie eft où l'on vit heureux, & il l'était à Londres.

CH. XXV

Le nouveau Miniftre des finances, fous le fimple titre de Contrôleur-général, juftifia la févérité de fes pourfuites, en rétabliffant l'ordre que fes prédéceffeurs avaient troublé, & en travaillant fans relâche à la grandeur de l'Etat.

La Cour devint le centre des plaifirs & le modéle des autres Cours. Le Roi fe piqua de donner des fêtes, qui fiffent oublier celle de *Vaux.*

Il femblait que la Nature prit plaifir alors à produire en France les plus grands hommes dans tous les Arts, & à raffembler à la Cour ce qu'il y avait jamais eu de plus beau & de mieux fait en hommes & en femmes. Le Roi l'emportait fur tous fes Courtifans, par la richeffe de fa taille & par la beauté majeftueufe de fes traits. Le fon de fa voix, noble & touchant, gagnait les cœurs qu'intimidait fa préfence. Il avait une démarche, qui ne pouvait convenir qu'à lui & à fon rang, & qui eût été ridicule en tout autre. L'embarras, qu'il infpirait à ceux qui lui parlaient, flattait en fecret la complaifance avec laquelle il fentait fa fupériorité. Ce vieil Officier, qui fe troublait,

Splendeur de la Cour.

Ch. XXV

Intrigues du Roi avec sa belle-sœur.

blait, qui bégueyait en lui demandant une grace, & qui ne pouvant achever son discours, lui dit, „ Sire, je ne tremble pas ainsi de-„ vant vos ennemis, " n'eut pas de peine à obtenir ce qu'il demandait.

Le goût de la société n'avait pas encor reçu toute sa perfection à la Cour. La Reine Mére, *Anne d'Autriche*, commençait à aimer la retraite. La Reine régnante savait à peine le Français, & la bonté faisait son seul mérite. La Princesse d'Angleterre, belle-sœur du Roi, apporta à la Cour les agrémens d'une conversation douce & animée, soûtenue bientôt par la lecture des bons ouvrages & par un goût sûr & délicat. Elle se perfectionna dans la connaissance de la langue, qu'elle écrivait mal encor au tems de son mariage. Elle inspira une émulation d'esprit nouvelle, & introduisit à la Cour une politesse & des graces, dont à peine le reste de l'Europe avait l'idée. Madame avait tout l'esprit de *Charles II.* son frére, embelli par les charmes de son sexe, par le don & par le désir de plaire. La Cour de *Louis XIV.* respirait une galanterie pleine de décence. Celle qui régnait à la Cour de *Charles II.* était plus hardie, & trop de grossiéreté en déshonorait les plaisirs.

Il y eut d'abord entre Madame & le Roi beaucoup de ces coquetteries d'esprit & de cette intelligence secrette, qui se remarquèrent dans de petites fêtes souvent répétées. Le Roi lui envoyait des vers ; elle y répondait. Il arriva que le même homme fut à la fois le confident du Roi & de Madame dans ce commerce ingénieux. C'était le Marquis de *Dangeau.* Le Roi le chargeait d'écrire pour lui ; & la Princeffe l'engageait à répondre au Roi. Il les fervit ainfi tous deux, fans laiffer foupçonner à l'un, qu'il fût employé par l'autre ; & ce fut une des caufes de fa fortune.

CH. XXV
———
Galanteries.

Cette intelligence jetta des allarmes dans la famille Royale. Le Roi réduifit l'éclat de ce commerce à un fonds d'eftime & d'amitié, qui ne s'altéra jamais. Lorfque Madame fit depuis travailler *Racine* & *Corneille* à la Tragédie de *Bérénice*, elle avait en vuë non-feulement la rupture du Roi avec la Connètable *Colonne*, mais le frein qu'elle-même avait mis à fon propre panchant, de peur qu'il ne devînt dangereux. *Louïs XIV.* eft affez défigné dans ces deux vers de la *Bérénice* de *Racine* :

Qu'en quelque obfcurité que le Ciel l'eût fait naître,

Le monde en le voyant eût reconnu fon Maître.

Ces amufemens firent place à la paffion plus férieufe & plus fuivie, qu'il eut pour Mademoifelle de *la Valiére*, fille d'honneur de Madame. Il goûta avec elle le bonheur rare d'être aimé uniquement pour lui-même. Elle fut deux ans l'objet caché de tous les amufemens galans, & de toutes les fêtes que le Roi donnait. Un jeune valet de chambre du Roi, nommé *Belloc*, compofa plufieurs récits, qu'on mêlait

Ch.XXV

Fêtes magnifiques.

mêlait à des danses, tantôt chez la Reine, tantôt chez Madame ; & ces récits exprimaient avec mystère le secret de leurs cœurs, qui cessa bientôt d'être un secret.

Tous les divertissemens publics, que le Roi donnait, étaient autant d'hommages à sa maîtresse. On fit en 1662. un carrousel, vis-à-vis les Tuileries, * dans une vaste enceinte, qui en a retenu le nom de la *Place du carrousel*. Il y eut cinq Quadrilles. Le Roi était à la tête des Romains ; son frère, des Persans ; le Prince de *Condé*, des Turcs ; le Duc d'*Enguien* son fils, des Indiens ; le Duc de *Guise*, des Américains. Ce Duc de *Guise* était petit-fils du *Balafré*. Il s'était rendu célèbre dans le Monde, par l'audace malheureuse avec laquelle il avait entrepris de se rendre Maître de Naples. Sa prison, ses duels, ses amours romanesques, ses profusions, ses avantures, le rendaient singulier en tout. Il semblait être d'un autre siécle. On disait de lui, en le voyant courir avec le grand *Condé* : *Voilà les Héros de l'Histoire & de la Fable.*

La Reine Mére, la Reine régnante, la Reine d'Angleterre veuve de *Charles II*. oubliant alors ses malheurs, étaient sous un dais à ce spectacle. Le Comte de *Sault*, fils du Duc de *Lesdiguiéres*, remporta le prix, & le reçut des mains de la Reine Mére. Ces fêtes ranimèrent

plus

* Non dans la Place Royale, comme le dit l'Histoire de la *Hode*, sous le nom de *la Martiniére*.

plus que jamais le goût des devises & des em- Ch. XXV.
blèmes, que les tournois avaient mis autrefois à la mode, & qui avaient subsisté après
eux.

 Un Antiquaire, nommé *d'Ouvrier*, imagina 1662.
alors pour *Louis XIV.* l'emblème d'un Soleil Devise
dardant ses rayons sur un globe, avec ces mots, du Soleil
nec pluribus impar. L'idée était un peu imitée assez ri-
d'une devise Espagnole, faite pour *Philippe II.*, dicule.
& plus convenable à ce Roi, qui possédait la
plus belle partie du Nouveau Monde & tant
d'Etats dans l'Ancien, qu'à un jeune Roi de
France qui ne donnait encor que des espérances. Cette devise eut un succès prodigieux. Les
armoiries du Roi, les meubles de la Couronne,
les tapisseries, les sculptures, en furent ornées.
Le Roi ne la porta jamais dans ses carrousels.
On a reproché injustement à *Louis XIV.* le
faîte de cette devise, comme s'il l'avait choisie
lui-même; & elle a été peut-être plus justement
critiquée pour le fond. Le corps ne représente
pas ce que la légende signifie; & cette légende
n'a pas un sens assez clair & assez déterminé.
Ce qu'on peut expliquer de plusieurs manières,
ne mérite d'être expliqué d'aucune. Les devises, ce reste de l'ancienne Chevalerie, peuvent convenir à des fêtes, & ont de l'agrément,
quand les allusions sont justes, nouvelles &
piquantes. Il vaut mieux n'en point avoir,
que d'en souffrir de mauvaises & de basses,
comme celle de *Louis XII*; c'était un porc-
épic avec ces paroles: *Qui s'y frotte, s'y pique.*

que. Les devifes font par rapport aux infcriptions, ce que font des mafcarades en comparaifon des cérémonies auguftes.

La fête de Verfailles en 1664. furpaffa celle du carroufel, par fa fingularité, par fa magnificence, & les plaifirs de l'efprit, qui fe mêlant à la fplendeur de ces divertiffemens, y ajoutaient un goût & des graces dont aucune fête n'avait encor été embellie. Verfailles commençait à être un féjour délicieux, fans approcher de la grandeur dont il fut depuis.

Le 5. Mai le Roi y vint avec une Cour compofée de fix cent perfonnes, qui furent défrayées avec leur fuite, auffi-bien que tous ceux qui fervirent aux apprèts de ces enchantemens. Il ne manqua jamais à ces fêtes que des monumens conftruits exprès pour les donner, tels qu'en élevèrent les Grecs & les Romains. Mais la promtitude avec laquelle on conftruifit des théâtres, des amphithéâtres, des portiques, ornés avec autant de magnificence que de goût, était une merveille qui ajoûtait à l'illufion, & qui diverfifiée depuis en mille manières, augmentait encor le charme de ces fpectacles.

Il y eut d'abord une efpèce de carroufel. Ceux qui devaient courir, parurent le prémier jour comme dans une revuë; ils étaient précédés de Hérauts-d'armes, de Pages, d'Ecuyers, qui portaient leurs devifes & leurs boucliers; & fur ces boucliers étaient écrits en lettres d'or des vers compofés par *Périgni* & par

par *Benserade*. Ce dernier surtout avait un talent singulier pour ces piéces galantes, dans lesquelles il faisait toûjours des allusions délicates & piquantes, aux caractères des personnes, aux personnages de l'Antiquité ou de la Fable qu'on représentait, & aux passions qui animaient la Cour. Le Roi représentait *Roger*: tous les diamans de la Couronne brillaient sur son habit & sur le cheval qu'il montait. Les Reines & trois cent Dames, sous des arcs de triomphe, voyaient cette entrée.

Le Roi, parmi tous les regards attachés sur lui, ne distinguait que ceux de Mademoiselle de *la Valière*. La fête était pour elle seule; elle en jouïssait, confondue dans la foule.

La cavalcade était suivie d'un char doré de dix-huit pieds de haut, de quinze de large, de vingt-quatre de long, représentant le char du Soleil. Les quatre âges, d'or, d'argent, d'airain & de fer, les signes célestes, les saisons, les heures, suivaient à pied ce char. Tout était caractérisé. Des bergers portaient les piéces de la barriére, qu'on ajustait au son des trompettes, auxquelles succédaient par intervalles les musettes & les violons. Quelques personnages qui suivaient le char d'*Apollon*, vinrent d'abord reciter aux Reines, des vers convenables au lieu, au tems & aux personnes. Les courses finies, & la nuit venuë, quatre mille gros flambeaux éclairèrent l'espace où se donnaient les fêtes. Des tables y furent servies par deux cent personnages, qui repré-

Cн.XXV sentaient les Saisons, les *Faunes*, les *Sylvains*, les *Dryades*, avec des pasteurs, des vendangeurs, des moissonneurs. *Pan* & *Diane* avançaient sur une montagne mouvante, & en descendirent pour faire poser sur les tables ce que les campagnes & les forêts produisent de plus délicieux. Derriére les tables en demi-cercle, s'éleva tout d'un coup un théatre chargé de concertans. Les arcades, qui entouraient la table & le théatre, étaient ornées de cinq cent girandoles vertes & argent, qui portaient des bougies ; & une balustrade dorée fermait cette vaste enceinte.

Ces fêtes, si supérieures à celles qu'on invente dans les Romans, durèrent sept jours. Le Roi remporta quatre fois le prix des jeux, & laissa disputer ensuite aux autres Chevaliers, les prix qu'il avait gagnés, & qu'il leur abandonnait.

La Comédie de la *Princesse d'Elide*, quoiqu'elle ne soit pas une des meilleures de *Moliére*, fut un des plus agréables ornemens de ces jeux, par une infinité d'allégories fines sur les mœurs du tems, & par des à propos qui font l'agrément de ces fêtes, mais qui sont perdus pour la postérité. On était encor très entêté à la Cour de l'Astrologie judiciaire : plusieurs Princes pensaient, par une superstition orgueilleuse, que la Nature les distinguait jusqu'à écrire leur destinée dans les Astres. Le Duc de Savoie *Victor Amédée*, pére de la Duchesse de Bourgogne, eut un Astrologue auprès de lui,

lui, même après son abdication. *Moliére* osa attaquer cette illusion dans son ouvrage.

Ch. XXV

On y voit aussi un fou de Cour. Ces misérables étaient encor fort à la mode. C'était un reste de barbarie, qui a duré plus longtems en Allemagne qu'ailleurs. Le besoin des amusemens, l'impuissance de s'en procurer d'agréables & d'honnêtes dans les tems d'ignorance & de mauvais goût, avaient fait imaginer ce triste plaisir, qui dégrade l'esprit humain. Le fou, qui était alors auprès de *Louïs XIV.* avait appartenu au Prince de *Condé* : il s'appellait *l'Angeli*. Le Comte de *Grammont* disait, que de tous les fous qui avaient suivi Monsieur le Prince, il n'y avait que *l'Angeli* qui eût fait fortune. Ce bouffon ne manquait pas d'esprit. C'est lui qui dit, *qu'il n'allait pas au sermon, parce qu'il n'aimait pas le* brailler, *& qu'il n'entendait pas le* raisonner.

Fous de Cour, divertissement honteux.

La farce du *Mariage forcé* fut aussi jouée à cette fête. Mais ce qu'il y eut de véritablement admirable, ce fut la prémiére représentation des trois prémiers Actes du *Tartuffe*. Le Roi voulut voir ce chef-d'œuvre, avant même qu'il fût achevé. Il le protégea depuis contre les faux dévots, qui voulurent intéresser la Terre & le Ciel pour le supprimer ; & il subsistera, comme on l'a déja dit ailleurs, tant qu'il y aura en France du goût & des hypocrites.

1664.

La plupart de ces solemnités brillantes ne sont souvent que pour les yeux & les oreilles.

Ch. XXV Ce qui n'eſt que pompe & magnificence paſſe en un jour ; mais quand des chefs-d'œuvre de l'Art, comme le *Tartuffe*, font l'ornement de ces fêtes, elles laiſſent après elles une éternelle mémoire.

On ſe ſouvient encor de pluſieurs traits de ces allégories de *Benſerade*, qui ornaient les ballets de ce tems-là. Je ne citerai que ces vers pour le Roi repréſentant le Soleil.

Je doute qu'on le prenne avec vous ſur le ton
   De *Daphné* ni de *Phaëton*.
Lui trop ambitieux, elle trop inhumaine :
Il n'eſt point là de piége, où vous puiſſiez donner ;
   Le moyen de s'imaginer,
Qu'une femme vous fuie, & qu'un homme vous méne?

La principale gloire de ces amuſemens, qui perfectionnaient en France le goût, la politeſſe & les talens, venait de ce qu'ils ne dérobaient rien aux travaux aſſidus du Monarque. Sans ces travaux, il n'aurait ſû que tenir une Cour, il n'aurait pas ſû régner ; & ſi les plaiſirs magnifiques de cette Cour avaient inſulté à la miſére du peuple, ils n'euſſent été qu'odieux. Mais le même homme qui avait donné ces fêtes, avait donné du pain au peuple dans la diſette de 1662. Il avait fait venir des grains, que les riches achetèrent à vil prix, & dont il fit des dons aux pauvres familles à la porte du Louvre : il avait remis au peuple trois millions de tailles : nulle partie de l'adminiſ-
       tration

tration intérieure n'était négligée ; ſon Gou- Ch. XXV
vernement était reſpecté au dehors. Le Roi
d'Eſpagne obligé de lui céder la préféance, le
Pape forcé de lui faire ſatisfaction, Dunkerque ajouté à la France par un marché glorieux
à l'acquereur & honteux pour le vendeur ;
enfin toutes ſes démarches depuis qu'il tenait
les rênes, avaient été ou nobles ou utiles : il
était beau après cela de donner des fêtes.

 Le Légat *à latere*, *Chigi*, neveu du Pape Le Légat
Alexandre VII. venant au milieu de toutes les vient de-
rejouïſſances de Verſailles faire ſatisfaction au mander
Roi de l'attentat des Gardes du Pape, étala à pardon ;
la Cour un ſpectacle nouveau. Ces grandes fête.
cérémonies ſont des fêtes pour le public. Les 1664.
honneurs qu'on lui fit, rendaient la ſatisfaction plus éclatante. Il reçut ſous un dais les
reſpects des Cours ſupérieures, du Corps de
Ville, du Clergé. Il entra dans Paris au bruit
du canon, ayant le grand *Condé* à ſa droite &
le fils de ce Prince à ſa gauche, & vint dans
cet appareil s'humilier, lui, Rome, & le Pape, devant un Roi qui n'avoit pas encor tiré
l'épée. Il dîna avec le Roi après l'audience ; &
on ne fut occupé que de le traiter avec magnificence, & de lui procurer des plaiſirs. On
traita depuis le Doge de Gènes avec moins
d'honneurs, mais avec ce même empreſſement
de plaire, que le Roi concilia toûjours avec ſes
démarches altiéres.

 Tout cela donnait à la Cour de *Louïs XIV.*
un air de grandeur qui effaçait toutes les au-
E 3   tres

Ch. XXV tres Cours de l'Europe. Il voulait que cet éclat, attaché à fa perfonne, rejaillit fur tout ce qui l'environnait; que tous les Grands fuffent honorés, & qu'aucun ne fût puiffant, à commencer par fon frére & par Monfieur le Prince. C'eft dans cette vuë, qu'il jugea en faveur des Pairs leur ancienne querelle avec les Préfidens du Parlement. Ceux-ci prétendaient devoir opiner avant les Pairs, & s'étaient mis en poffeffion de ce droit. Il régla dans un Confeil extraordinaire, que les Pairs opineraient aux Lits de Juftice, en préfence du Roi, avant les Préfidens, comme s'ils ne devaient cette prérogative qu'à fa préfence; & il laiffa fubfifter l'ancien ufage dans les affemblées qui ne font pas des Lits de Juftice.

Habits à brevet. Pour diftinguer fes principaux Courtifans, il avait inventé des cafaques bleues, brodées d'or & d'argent. La permiffion de les porter était une grande grace pour des hommes que la vanité méne. On les demandait prefque comme le colier de l'Ordre. On peut remarquer, puifqu'il eft ici queftion de petits détails, qu'on portait alors des cafaques par-deffus un pourpoint orné de rubans, & fur cette cafaque paffait un baudrier, auquel pendait l'épée. On avait une efpèce de rabat à dentelles, & un chapeau orné de deux rangs de plumes. Cette mode, qui dura jufqu'à l'année 1684. devint celle de toute l'Europe, excepté de l'Efpagne & de la Pologne. On fe piquait déja d'imiter prefque partout la Cour de *Louïs XIV.*

Il

Il établit dans sa maison un ordre qui dure Ch. XXV
encore ; régla les rangs & les fonctions ; créa
des Charges nouvelles auprès de sa personne, Magnifi-
comme celle de Grand-Maître de sa Gardero- cence &
be. Il rétablit les tables instituées par Fran- dans sa
çois I. & les augmenta. Il y en eut douze pour Maison.
les Officiers commensaux, servies avec autant
de propreté & de profusion que celles de beaucoup de Souverains : il voulait que les étrangers y fussent tous invités : cette attention
dura pendant tout son régne. Il en eut une
autre plus recherchée & plus polie encore.
Lorsqu'il eut fait bâtir les pavillons de Marli
en 1679. toutes les Dames trouvaient dans leur
appartement une toilette complette ; rien de
ce qui appartient à un luxe commode n'était
oublié : quiconque était du voyage, pouvait
donner des repas dans son appartement : on
y était servi avec la même délicatesse que le
Maître. Ces petites choses n'acquièrent du
prix, que quand elles sont soûtenuës par les
grandes. Dans tout ce qu'il faisait, on voyait
de la splendeur & de la générosité. Il faisait
présent de deux cent mille francs aux filles de
ses Ministres à leur mariage.

Ce qui lui donna dans l'Europe le plus d'é- Présens
clat, ce fut une libéralité qui n'avait point & pen-
d'exemple. L'idée lui en vint d'un discours du sions aux
Duc de *Saint-Aignan*, qui lui conta que le gens de
Cardinal de *Richelieu* avait envoyé des présens de l'Eu-
à quelques savans étrangers, qui avaient fait rope.
son éloge. Le Roi n'attendit pas qu'il fût loué ;
mais

Ch XXV mais fûr de mériter de l'être, il recommanda à fes Miniftres, *Lionne* & *Colbert*, de choifir un nombre de Français & d'étrangers diftingués dans la Littérature, auxquels il donnerait des marques de fa générofité. *Lionne* ayant écrit dans les pays étrangers, & s'étant fait inftruire autant qu'on le peut dans cette matiére fi délicate, où il s'agit de donner des préférences aux contemporains, on fit d'abord une lifte de foixante perfonnes : les uns eurent des préfens, les autres des penfions, felon leur rang, leurs befoins, & leur mérite.

1663. Le Bibliothécaire du Vatican, *Allati*, le Comte *Graziani* Secretaire d'Etat du Duc de Modéne, le célèbre *Viviani* Mathématicien du Grand-Duc de Florence, *Voffius* l'Hiftoriographe des Provinces - Unies, l'illuftre Mathématicien *Huyghens*, un Réfident Hollandais en Suéde ; enfin jufqu'à des Profeffeurs d'Altorf & de Helmftadt, villes prefque inconnues des Français, furent étonnés de recevoir des lettres de Monfieur *Colbert*, par lefquelles il leur mandait, que fi le Roi n'était pas leur Souverain, il les priait d'agréer qu'il fût leur bienfaiteur. Les expreffions de ces lettres étaient mefurées fur la dignité des perfonnes ; & toutes étaient accompagnées, ou de gratifications confidérables, ou de penfions.

Parmi les Français, on fut diftinguer *Racine*, *Quinault*, *Fléchier* depuis Evêque de Nimes, encor fort jeunes ; ils eurent des préfens. Il eft vrai que *Chapelain* & *Cotin* eurent des pen-

pensions ; mais c'était principalement *Chape-* Cʜ.XXV
lain que le Ministre *Colbert* avait consulté. Ces
deux hommes, d'ailleurs si décriés pour la Poësie, n'étaient pas sans mérite. *Chapelain* avait
une littérature immense ; & ce qui peut surprendre, c'est qu'il avait du goût, & qu'il
était un des Critiques les plus éclairés. Il y
a une grande distance de tout cela au génie.
La science & l'esprit conduisent un Artiste,
mais ne le forment en aucun genre. Personne
en France n'eut plus de réputation de son
tems, que *Ronsard* & *Chapelain*. C'est qu'on
était barbare dans le tems de *Ronsard*, & qu'à
peine on sortait de la barbarie dans celui de
Chapelain. *Costar*, le compagnon d'étude de
Balsac & de *Voiture*, appelle *Chapelain* le prémier des Poëtes héroïques.

Boileau n'eut point de part à ces libéralités ;
il n'avait encor fait que des satyres ; & l'on
sait que ses satyres attaquaient les mêmes savans que le Ministre avait consultés. Le Roi
le distingua quelques années après, sans consulter personne.

Les présens, faits dans les pays étrangers, Maison
furent si considérables, que *Viviani* fit bâtir à bâtie à
Florence une maison, des libéralités de *Louis* Floren-
XIV. Il mit en lettres d'or sur le frontispice, ce de ses
Ædes à Deo datæ : allusion au surnom de libérali-
Dieu-donné, dont la voix publique avait nom- tés.
mé ce Prince à sa naissance.

On se figure aisément l'effet qu'eut dans
l'Europe cette magnificence extraordinaire ; &
si

Ch. XXV Si l'on considère tout ce que le Roi fit bientôt après de mémorable, les esprits les plus sévères & les plus difficiles doivent souffrir les éloges immodérés qu'on lui prodigua. Les Français ne furent pas les seuls qui le louèrent. On prononça douze Panégyriques de *Louïs XIV.* en divers villes d'Italie ; hommage qui n'était rendu ni par la crainte ni par l'espérance, & que le Marquis *Zampieri* envoya au Roi.

Il continua toûjours à répandre ses bienfaits sur les Lettres & sur les Arts. Des gratifications particuliéres d'environ quatre mille Louis d'or a *Racine*, la fortune de *Despréaux*, celle de *Quinault*, surtout celle de *Lulli*, & de tous les Artistes qui lui consacrèrent leurs travaux, en sont des preuves. Il donna même mille louïs à *Benserade*, pour faire graver les tailles-douces de ses Métamorphoses *d'Ovide* en rondeaux : libéralité mal appliquée, qui prouve seulement la générosité du Souverain. Il récompensait, dans *Benserade*, le petit mérite qu'il avait eu dans ses ballets.

Plusieurs Ecrivains ont attribué uniquement à *Colbert* cette protection donnée aux Arts, & cette magnificence de *Louïs XIV.* Mais il n'eut d'autre mérite en cela que de seconder la magnanimité & le goût de son Maître. Ce Ministre qui avait un très grand génie pour les Finances, le Commerce, la Navigation, la Police générale, n'avait pas dans l'esprit ce goût

goût & cette élévation du Roi; il s'y prêtait avec zéle, & était loin de lui inspirer ce que la Nature donne.

Ch.XXV

On ne voit pas après cela, sur quel fondement quelques Ecrivains ont reproché l'avarice à ce Monarque. Un Prince, qui a des Domaines absolument séparés des revenus de l'Etat, peut être avare comme un particulier; mais un Roi de France, qui n'est réellement que le dispensateur de l'argent de ses sujets, ne peut guère être atteint de ce vice. L'attention & la volonté de récompenser peuvent lui manquer; mais c'est ce qu'on ne peut reprocher à *Louïs XIV*.

Dans le tems même qu'il commençait à encourager les talens par tant de bienfaits, l'usage que le Comte de *Bussi* fit des siens, fut rigoureusement puni. On le mit à la Bastille en 1665. Les *Amours des Gaules* furent le prétexte de sa prison. La véritable cause était cette chanson, où le Roi était trop compromis, & dont on renouvella alors le souvenir, pour perdre *Bussi* à qui on l'imputait:

> Que Déodatus est heureux,
> De baiser ce bec amoureux,
> Qui d'une oreille à l'autre va! &c.

Ses ouvrages n'étaient pas assez bons, pour compenser le mal qu'ils lui firent. Il parlait purement sa langue: il avait du mérite, mais plus d'amour-propre encore; & il ne se servit
guères

guères de ce mérite, que pour se faire des ennemis. *Louïs XIV.* aurait agi généreusement, s'il lui avait pardonné : il vengea son injure personnelle, en paraissant céder au cri public. Cependant le Comte de *Buffi* fut relâché au bout de dix-huit mois ; mais il fut dans la disgrace tout le reste de sa vie, protestant en vain à *Louïs XIV.* une tendresse, que ni le Roi, ni personne ne croyait sincère.

CHAPITRE VINGT-SIXIEME.

SUITE

DES PARTICULARITÉS

ET ANECDOTES.

A La gloire, aux plaisirs, à la grandeur, à la galanterie, qui occupaient les prémiéres années de ce Gouvernement, *Louïs XIV.* voulut joindre les douceurs de l'amitié ; mais il est difficile à un Roi, de faire des choix heureux. De deux hommes auxquels il marqua le plus de confiance, l'un le trahit indignement, l'autre abusa de sa faveur. Le prémier était le Marquis de *Vardes*, confident du goût du Roi pour Madame de *la Valiére*. On sait que des intrigues de Cour le firent chercher à perdre Madame de *la Valiére*, qui par sa place devait avoir des jalouses, & qui par son caractère ne devait point avoir d'ennemis. On sait qu'il osa, de concert avec le Comte de *Guiche* & la Comtesse de Soissons, écrire à la Reine régnante une lettre contrefaite, au nom du Roi d'Espagne son pére. Cette lettre apprenait à la Reine ce qu'elle devait ignorer, & ce qui ne pouvait que troubler la paix de la Maison Royale. Il ajoûta à cette perfidie la méchanceté de faire tomber les soupçons sur les plus honnêtes gens de la Cour, le Duc & la Duchesse de *Navailles*. Ces deux personnes innocentes furent sacrifiées au ressentiment du Monarque trompé. L'atrocité de la conduite de *Vardes* fut trop tard connue, & *Vardes*, tout criminel qu'il était, ne fut guères plus puni que les innocens qu'il avait accusés, & qui furent obligés de se défaire de leurs Charges, & de quitter la Cour.

L'autre Favori était le Comte depuis Duc de *Lausun*, tantôt rival du Roi dans ses amours passagers, tantôt son confident, & si connu depuis par ce mariage qu'il voulut contracter trop publiquement avec Mademoiselle, & qu'il fit ensuite secrettement malgré sa parole donnée à son Maître.

Le Roi, trompé dans ses choix, dit qu'il avait cherché des amis, & qu'il n'avait trouvé que des intriguans. Cette connaissance malheureuse des hommes, qu'on acquiert trop tard, lui faisait dire aussi: *Toutes les fois que je donne une place vacante, je fais cent mécontens & un ingrat.*

Ch. XXVI.

1665.

Ch. XXVI.

Ni les plaifirs, ni les embelliffemens des maifons Royales & de Paris, ni les foins de la Police du Royaume, ne difcontinuèrent pendant la guerre de 1666.

Racine eft caufe que Louïs XIV. ne danfe plus fur le théâtre.

Le Roi danfa dans les ballets jufqu'en 1670. Il avait alors trente-deux ans. On joua devant lui à St. Germain, la Tragédie de *Britannicus*; il fut frappé de ces vers.

Pour mérite premier, pour vertu finguliére,
Il excelle à trainer un char dans la carriére,
A difputer des prix indignes de fes mains,
A fe donner lui-même en fpectacle aux Romains.

Dès-lors il ne danfa plus en public : & le Poëte réforma le Monarque. Son union avec Madame la Ducheffe de *la Valiére* fubfiftait toûjours, malgré les infidélités fréquentes qu'il lui faifait. Ces infidélités lui coûtaient peu de foins. Il ne trouvait guères de femmes qui lui réfiftaffent, & revenait toûjours à celle qui par la douceur & par la bonté de fon caractère, par un amour vrai, & même par les chaînes de l'habitude, l'avait fubjugué fans art. Mais dès l'an 1669. elle s'apperçut que Madame de *Montefpan* prenait de l'afcendant; elle combattit avec fa douceur ordinaire; elle fupporta le chagrin d'être témoin longtems du triomphe de fa rivale : & fans prefque fe plaindre, elle fe crut encor heureufe dans fa douleur, d'être confidérée du Roi qu'elle aimait toûjours, & de le voir fans en être aimée.

Enfin,

Enfin, en 1675. elle embraſſa la reſſource des ames tendres, auxquelles il faut des ſentimens profonds qui les ſubjuguent. Elle crut que Dieu ſeul pouvait ſuccéder dans ſon cœur à ſon amant. Sa converſion fut auſſi célèbre que ſa tendreſſe. Elle ſe fit Carmélite à Paris, & perſévéra. Se couvrir d'un cilice, marcher pieds nuds, jeuner rigoureuſement, chanter la nuit au Chœur dans une langue inconnuë; tout cela ne rebuta point la délicateſſe d'une femme accoûtumée à tant de gloire, de molleſſe & de plaiſirs. Elle vécut dans ces auſtérités depuis 1675. juſqu'en 1710. ſous le nom de *Sœur Louiſe de la Miſéricorde*. Un Roi, qui punirait ainſi une femme coupable, ſerait un Tyran; & c'eſt ainſi que tant de femmes ſe ſont punies d'avoir aimé. Il n'y a preſque point d'exemples de politiques qui ayent pris ce parti rigoureux. Les crimes de la politique ſembleraient cependant exiger plus d'expiations que les faibleſſes de l'amour; mais ceux qui gouvernent les ames, n'ont guères d'empire que ſur les faibles.

On ſait que quand on annonça à *Sœur Louiſe de la Miſéricorde* la mort du Duc de *Vermandois* qu'elle avait eu du Roi, elle dit; *Je dois pleurer ſa naiſſance encor plus que ſa mort*. Il lui reſta une fille, qui fut de tous les enfans du Roi la plus reſſemblante à ſon pére, & qui épouſa le Prince *Armand de Conti* couſin du grand *Condé*.

Cependant la Marquiſe de *Monteſpan* jouïſſait

Ch.
XXVI.

fait de fa faveur, avec autant d'éclat & d'empire que Madame *de la Valiére* avait eu de modeſtie.

Tandis que Madame *de la Valiére* & Madame de *Montefpan* fe difputaient encor la prémiére place dans le cœur du Roi, toute la Cour était occupée d'intrigues d'amour. *Louvois* même était fenfible. Parmi pluſieurs maîtreffes qu'eut ce Miniſtre, dont le caractére dur ſemblait ſi peu fait pour l'amour, il y eut une Madame du *Frénoi*, femme d'un de fes Commis, pour laquelle il eut depuis le crédit de faire ériger une Charge chez la Reine; on la fit Dame du lit: elle eut les grandes entrées. Le Roi, en favorifant ainfi juſqu'aux goûts de ſes Miniſtres, voulait juſtifier les ſiens.

C'eſt un grand exemple du pouvoir des préjugés & de la coûtume, qu'il fût permis à toutes les femmes mariées d'avoir des amans, & qu'il ne le fût pas à la petite-fille de *Henri IV.* d'avoir un mari. Mademoiſelle, après avoir refuſé tant de Souverains, après avoir eu l'eſpérance d'épouſer *Louïs XIV.* voulut faire à quarante-trois ans la fortune d'un Gentilhomme. Elle obtint la permiſſion d'épouſer *Péguilin*, du nom de *Caumont*, Comte de *Lauſun*, le dernier qui fut Capitaine d'une Compagnie des cent Gentilshommes au bec-de-corbin qui ne fubfiftent plus, & le prémier pour qui le Roi avait créé la Charge de Colonel-général des Dragons. Il y avait cent exemples de Princeffes, qui avaient épouſé des Gentilhommes: les Empereurs

pereurs Romains donnaient leurs filles à des Sénateurs ; les filles des Souverains de l'Asie, plus puissans & plus despotiques qu'un Roi de France, n'épousent jamais que des esclaves de leurs péres.

C**h**.
XXVI.

Mademoiselle donnait tous ses biens, estimés vingt millions, au Comte de *Lausun* ; quatre Duchés, la Souveraineté de Dombes, le Comté d'Eu, le Palais d'Orléans qu'on nomme le Luxembourg. Elle ne se réservait rien, abandonnée toute entière à l'idée flatteuse de faire à ce qu'elle aimait une plus grande fortune qu'aucun Roi n'en a fait à aucun sujet. Le contrat était dressé. *Lausun* fut un jour Duc de *Montpensier*. Il ne manquait plus que la signature. Tout était prêt, lorsque le Roi, assailli par les représentations des Princes, des Ministres, des ennemis d'un homme trop heureux, retira sa parole, & défendit cette alliance. Il avait écrit aux Cours étrangères pour annoncer le mariage ; il écrivit la rupture. On le blâma de l'avoir permis ; on le blâma de l'avoir défendu. Il pleura de rendre Mademoiselle malheureuse. Mais ce même Prince, qui s'était attendri en lui manquant de parole, fit enfermer *Lausun*, en Novembre 1670. au Château de Pignerol, pour avoir épousé en secret la Princesse, qu'il lui avait permis quelques mois auparavant d'épouser en public. Il fut enfermé dix années entières. Il y a plus d'un Royaume, où un Monarque n'a pas cette puissance : ceux qui l'ont, sont

Mariage du Comte de Lausun avec la petite fille de Henri IV.

1669.

Mis en prison pour ce mariage.

H. G. Tom. VII. Suite Tom. II.   F   plus

Cн. XXVI.

plus chéris quand ils n'en font pas d'ufage. Le citoyen, qui n'offenfe point les Loix de l'Etat, doit-il être puni fi févérement par celui qui repréfente l'Etat ? N'y a-t-il pas une très grande différence entre déplaire à fon Souverain, & trahir fon Souverain ? Un Roi doit-il traiter un homme plus durement que la Loi ne le traiterait ?

Ceux qui ont écrit * que Madame de *Montefpan*, après avoir empêché le mariage, irritée contre le Comte de *Laufun* qui éclatait en reproches violens, exigea de *Louïs XIV.* cette vengeance, ont fait bien plus de tort à ce Monarque. Il y aurait eu à la fois de la tyrannie & de la pufillanimité, à facrifier à la colére d'une femme, un brave homme, un favori, qui privé par lui de la plus grande fortune, n'aurait fait d'autre faute que de s'être trop plaint de Madame de *Montefpan*. Qu'on pardonne ces réflexions : les droits de l'humanité les arrachent. Mais en même tems l'équité veut que *Louïs XIV.* n'ayant fait dans tout fon Régne aucune action de cette nature, on ne l'accufe pas d'une injuftice fi cruelle. C'eft bien affez qu'il ait puni avec tant de févérité un mariage clandeftin, une liaifon innocente,

* L'origine de cette imputation, qu'on trouve dans tant d'Hiftoriens, vient du *Segraifiana*. C'eft un recueil pofthume de quelques converfations de *Ségrais*, prefque toutes falfifiées. Il eft plein de contradictions ; & l'on fait qu'aucun de ces *ana* ne mérite de créance.

nocente, qu'il eût mieux fait d'ignorer. Retirer sa faveur était très-juste. La prison était trop dure.

Ch. XXVI.

Ceux qui ont douté de ce mariage secret, n'ont qu'à lire attentivement les Mémoires de Mademoiselle. Ces Mémoires apprennent ce qu'elle ne dit pas. On voit que cette même Princesse, qui s'était plainte si amérement au Roi de la rupture de son mariage, n'osa se plaindre de la prison de son mari. Elle avoue qu'on la croyait mariée ; elle ne dit point qu'elle ne l'était pas : & quand il n'y aurait que ces paroles : *Je ne peux ni ne dois changer pour lui* : elles seraient décisives.

Lausun & *Fouquet* furent étonnés de se rencontrer dans la même prison ; mais *Fouquet* surtout, qui dans sa gloire & dans sa puissance avait vû de loin *Péguilin* dans la foule comme un Gentilhomme de Province sans fortune, le crut fou, quand celui-ci lui conta qu'il avait été le Favori du Roi, & qu'il avait eu la permission d'épouser la petite-fille de *Henri IV.* avec tous les biens & les titres de la Maison de *Montpensier*.

Après avoir langui dix ans en prison, il en sortit enfin ; mais ce ne fut qu'après que Madame de *Montespan* eut engagé Mademoiselle à donner la Souveraineté de Dombes & le Comté d'Eu, au Duc du Maine encor enfant, qui les posséda après la mort de cette Princesse. Elle ne fit cette donation, que dans l'espérance que Monsieur de *Lausun* serait reconnu

F 2   pour

Cʜ. XXVI.

pour son époux; elle se trompa: le Roi lui permit seulement de donner à ce mari secret & infortuné les terres de St. Fargeau & de Thiers, avec d'autres revenus considérables que *Lausun* ne trouva pas suffisans. Elle fut réduite à être secrettement sa femme, & à n'en être pas bien traitée en public. Malheureuse à la Cour, malheureuse chez elle, ordinaire effet des passions, elle mourut en 1693. *

Pour

* On a imprimé à la fin de ses Mémoires, une histoire des amours de Mademoiselle & de Monsieur de *Lausun*. C'est l'ouvrage de quelque valet de chambre. On y a joint des vers, dignes de l'histoire & de toutes les inepties qu'on était en possession d'imprimer en Hollande.

On doit mettre au même rang la plûpart des contes qui se trouvent dans les Memoires de Mad. de *Maintenon*, faits par le nommé *La Baumelle*: il y est dit qu'en 1681. un des Ministres du Duc de Lorraine vint déguisé en mendiant se présenter dans une Eglise à Mademoiselle, lui montra une paire d'Heures, sur lesquelles il était écrit: *De la part du Duc de Lorraine*: & qu'ensuite il négocia avec elle pour l'engager à déclarer le Duc son héritier. Tom. II. pag. 204. Cette fable est prise de l'avanture vraie ou fausse de la Reine *Clotilde*. Mademoiselle n'en parle point dans ses Mémoires, où elle n'omet pas les petits faits. Le Duc de Lorraine n'avait aucun droit à la succession de Mademoiselle: de plus elle avait fait en 1679. le Duc du Maine & le Comte de Toulouse ses héritiers.

L'Auteur de ces misérables Mémoires, dit pag. 207., que le Duc de *Lausun* à son retour ne vit dans Mademoiselle *qu'une fille brulante d'un amour impur*: elle était sa femme, & il l'avoue. Il est difficile d'écrire plus d'impostures dans un stile plus indécent.

Pour le Comte de *Laufun*, il paſſa enſuite en Angleterre en 1688. Toûjours deſtiné aux avantures extraordinaires, il conduiſit en France la Reine épouſe de *Jacques II.* & ſon fils au berceau. Il fut fait Duc. Il commanda en Irlande avec peu de ſuccès, & revint avec plus de réputation attachée à ſes avantures, que de conſidération perſonnelle. Nous l'avons vû mourir fort âgé, & oublié, comme il arrive à tous ceux qui n'ont eu que de grands événemens ſans avoir fait de grandes choſes.

Cependant Madame de *Monteſpan* était toute-puiſſante dès le commencement des intrigues dont on vient de parler.

Athenaïs de Mortemar femme du Marquis de *Monteſpan*, ſa ſœur aînée la Marquiſe de *Thiange*, & ſa cadette pour qui elle obtint l'Abbaïe de Fontevraud, étaient les plus belles femmes de leur tems; & toutes trois joignaient à cet avantage des agrémens ſinguliers dans l'eſprit. Le Duc de *Vivonne* leur frére, Maréchal de France, était auſſi un des hommes de la Cour qui avait le plus de goût & de lecture. C'était lui à qui le Roi diſait un jour : *Mais à quoi ſert de lire ?* Le Duc de *Vivonne*, qui avait de l'embonpoint & de belles couleurs, répondit : „ La lecture fait à l'eſprit, ce que „ vos perdrix font à mes joues. "

Ces quatre perſonnes plaiſaient univerſellement, par un tour ſingulier de converſation mêlé de plaiſanterie, de naïveté & de fineſſe, qu'on appellait l'eſprit des *Mortemar*. Elles écrivaient toutes avec une légéreté & une grace particuliére. On voit par-là, combien est ridicule ce conte que j'ai entendu encor renouveller, que Madame de *Montespan* était obligée de faire écrire ses lettres au Roi par Madame *Scarron*; & que c'est là ce qui en fit sa rivale, & sa rivale heureuse.

Madame *Scarron*, depuis Madame de *Maintenon*, avait à la vérité plus de lumiéres acquises par la lecture; sa conversation était plus douce, plus insinuante. Il y a des lettres d'elle, où l'art embellit le naturel, & dont le stile est très-élégant. Mais Madame de *Montespan* n'avait besoin d'emprunter l'esprit de personne; & elle fut longtems Favorite, avant que Madame de *Maintenon* lui fût présentée.

Le triomphe de Madame de *Montespan* éclata au voyage que le Roi fit en Flandre en 1670. La ruine des Hollandais fut préparée dans ce voyage, au milieu des plaisirs. Ce fut une fête continuelle, dans l'appareil le plus pompeux.

Le Roi, qui fit tous ses voyages de guerre à cheval, fit celui-ci pour la prémiére fois dans un carosse à glaces. Les chaises de poste n'étaient point encor inventées. La Reine, Madame sa belle-sœur, la Marquise de *Montespan*, étaient dans cet équipage superbe, suivi de beaucoup d'autres; & quand Madame de *Montespan* allait seule, elle avait quatre Gardes du Corps aux portiéres de son carosse.

fe. Le Dauphin arriva enfuite avec fa Cour, Mademoifelle avec la fienne : c'était avant la fatale avanture de fon mariage : elle partageait en paix tous ces triomphes, & voyait avec complaifance fon amant favori du Roi, à la tête de fa Compagnie des Gardes. On faifait porter dans les villes où l'on couchait, les plus beaux meubles de la Couronne. On trouvait dans chaque ville un bal mafqué ou paré, ou des feux d'artifice. Toute la maifon de guerre accompagnait le Roi, & toute la maifon de fervice précédait ou fuivait. Les tables étaient tenues comme à St. Germain. La Cour vifita dans cette pompe toutes les villes conquifes. Les principales Dames de Bruxelles, de Gand, venaient voir cette magnificence. Le Roi les invitait à fa table ; il leur faifait des préfens pleins de galanterie. Tous les Officiers des troupes en garnifon recevaient des gratifications. Il en coûta plufieurs fois quinze cent Louïs d'or par jour en libéralités.

Tous les honneurs, tous les hommages, étaient pour Madame de *Montefpan*, excepté ce que le devoir donnait à la Reine. Cependant cette Dame n'était pas du fecret. Le Roi favait diftinguer les affaires d'Etat, des plaifirs.

Madame, chargée feule de l'union des deux Rois & de la deftruction de la Hollande, s'embarqua à Dunkerque fur la flotte du Roi d'Angleterre, *Charles II.* fon frère, avec une partie de la Cour de France. Elle menait avec elle Mademoifelle de *Keroual*, depuis Ducheffe

Ch. XXVI.

Mademoiselle de Kéroual va gouverner le Roi d'Angleterre.

de Portsmouth, dont la beauté égalait celle de Madame de *Montespan*. Elle fut depuis en Angleterre, ce que Madame de *Montespan* était en France, mais avec plus de crédit. Le Roi *Charles* fut gouverné par elle, jusqu'au dernier moment de sa vie; & quoique souvent infidéle, il fut toûjours maîtrisé. Jamais femme n'a conservé plus longtems sa beauté; nous lui avons vû à l'âge de près de soixante & dix ans, une figure encor noble & agréable, que les années n'avaient point flétrie.

Madame alla voir son frére à Cantorbéri, & revint avec la gloire du succès. Elle en jouïssait, lorsqu'une mort subite & douloureuse l'enleva à l'âge de vingt-six ans, le 30. Juin 1670. La Cour fut dans une douleur & dans une consternation que le genre de mort augmentait. Cette Princesse s'était crue empoisonnée. L'Ambassadeur d'Angleterre, *Montaigu*, en était persuadé; la Cour n'en doutait pas; & toute l'Europe le disait. Un des anciens domestiques de la maison de son mari, m'a nommé celui qui (selon lui) donna le poison. ,, Cet homme, me disait-il, ,, qui n'était pas ,, riche, se retira immédiatement après en Nor- ,, mandie, où il acheta une terre dans laquelle ,, il vécut longtems avec opulence. Ce poison ,, (ajoutait-il) était de la poudre de diamant ,, mise au lieu de sucre dans des fraises. " La Cour & la ville pensèrent que Madame avait été empoisonnée dans un verre d'eau de chicorée,

corée, * après lequel elle éprouva d'horribles douleurs, & bientôt les convulsions de la mort. Mais la malignité humaine & l'amour de l'extraordinaire furent les seules raisons de cette persuasion générale. Le verre d'eau ne pouvait être empoisonné, puisque Madame de *la Fayette* & une autre personne burent le reste sans ressentir la plus légère incommodité. La poudre de diamant n'est pas plus un venin † que la poudre de corail. Il y avait longtems que Madame était malade d'un abscès qui se formait dans le foie. Elle était très-mal-saine, & même avait accouché d'un enfant absolument pourri. Son mari, trop soupçonné dans l'Europe, ne fut ni avant ni après cet événement accusé d'aucune action qui eût de la noirceur; & on trouve rarement des criminels qui n'ayent fait qu'un grand crime. Le Genre humain serait trop malheureux, s'il était aussi com-

Ch. XXVI.

On croit Madame sœur de Charles II. empoisonnée.

---

* Voyez l'Histoire de Madame *Henriette* d'Angleterre par Mad. la Comtesse de *la Fayette*, p. 171. édition de 1742.

† Des fragmens de diamant & de verre pourraient par leurs pointes percer une tunique des entrailles & la déchirer : mais aussi on ne pourrait les avaler, & on serait averti tout d'un coup du danger par l'excoriation du palais & du gosier. La poudre impalpable ne peut nuire, & serait bien plutôt un remède, comme la limaille de fer. Les Médecins qui ont rangé le diamant au nombre des poisons, auraient dû distinguer le diamant réduit en poudre impalpable du diamant grossièrement pilé.

Cʜ. XXVI.
commun de commettre des chofes atroces, que de les croire.

On prétendit, que le Chevalier de Lorraine Favori de Monfieur, pour fe venger d'un exil & d'une prifon que fa conduite coupable auprès de Madame lui avait attiré, s'était porté à cette horrible vengeance. On ne fait pas attention, que le Chevalier de Lorraine était alors à Rome, & qu'il eft bien difficile à un Chevalier de Malthe de vingt ans, qui eft à Rome, d'acheter à Paris la mort d'une grande Princeffe.

Indifcrétion de Turenne caufe des malheurs de Madame, & de tous ces bruits odieux.

Il n'eft que trop vrai, qu'une faibleffe & une indifcrétion du Vicomte de *Turenne* avaient été la prémiére caufe de toutes ces rumeurs odieufes, qu'on fe plaît encor à réveiller. Il était à foixante ans l'amant de Madame de *Coatquen* & fa dupe, comme il l'avait été de Madame de *Longueville*. Il révéla à cette Dame le fecret de l'Etat, qu'on cachait au frére du Roi. Madame de *Coatquen*, qui aimait le Chevalier de Lorraine, le dit à fon amant: celui-ci en avertit Monfieur. L'intérieur de la maifon de ce Prince fut en proie à tout ce qu'ont de plus amer les reproches & les jaloufies. Ces troubles éclatèrent avant le voyage de Madame. L'amertume redoubla à fon retour. Les emportemens de Monfieur, les querelles de fes favoris avec les amis de Madame, remplirent la maifon de confufion & de douleur. Madame quelque tems avant fa mort, reprochait avec des plaintes douces & attendrifdriffantes, à la Marquife de *Coatquen*, les malheurs dont elle était caufe. Cette Dame, à genoux auprès de fon lit, & arrofant fes mains de larmes, ne lui répondit que par ces vers de *Venceslas* :

CH. XXVI.

> J'allais... j'étais... l'amour a fur moi tant d'empire ;
> Je m'égare, Madame, & ne puis que vous dire...

Le Chevalier de Lorraine, auteur de ces diffenfions, fut d'abord envoyé par le Roi à Pierre-en-Cife ; le Comte de *Marfan* de la Maifon de Lorraine, & le Marquis depuis Maréchal de *Villeroi*, furent exilés. Enfin on regarda comme la fuite coupable de ces démêlés, la mort naturelle de cette malheureufe Princeffe.

Ce qui confirma le public dans le foupçon de poifon, c'eft que vers ce tems on commença à connaître ce crime en France. On n'avait point employé cette vengeance des lâches dans les horreurs de la guerre civile. Ce crime, par une fatalité finguliére, infecta la France dans le tems de la gloire & des plaifirs qui adouciffaient les mœurs, ainfi qu'il fe gliffa dans l'ancienne Rome aux plus beaux jours de la République.

Origine des fréquens empoifonnemens dont on fe plaignit alors.

Deux Italiens, dont l'un s'appellait *Exili*, travaillèrent longtems avec un Apoticaire Allemand nommé *Glafer*, à chercher ce qu'on appelle *la Pierre Philofophale*. Les deux Italiens y perdirent le peu qu'ils avaient, & voulurent

Ch. XXVI.

par le crime réparer le tort de leur folie. Ils vendirent secrettement des poisons. La Confession, le plus grand frein de la méchanceté humaine, mais dont on abuse en croyant pouvoir faire des crimes qu'on croit expier; la Confession, dis-je, fit connaître au Grand-Pénitencier de Paris, que quelques personnes étaient mortes empoisonnées. Il en donna avis au Gouvernement. Les deux Italiens soupçonnés furent mis à la Bastille; l'un des deux y mourut. *Exili* y resta sans être convaincu; & du fond de sa prison, il répandit dans Paris ces funestes secrets, qui coûtèrent la vie au Lieutenant-Civil *d'Aubrai* & à sa famille, & qui firent enfin ériger la Chambre des poisons, qu'on nomma *la Chambre ardente*.

L'amour fut la prémière source de ces horribles avantures. Le Marquis de *Brinvilliers*, gendre du Lieutenant-Civil *d'Aubrai*, logea chez lui *Sainte-Croix*, * Capitaine de son Régiment, d'une trop belle figure. Sa femme lui en fit craindre les conséquences. Le mari s'obstina à faire demeurer ce jeune homme avec sa femme, jeune, belle & sensible. Ce qui devait arriver, arriva : ils s'aimèrent. Le Lieutenant-Civil, père de la Marquise, fut assez sévère & assez imprudent, pour solliciter une

* L'Histoire de *Louis XIV*. sous le nom de *la Martinière*, le nomme l'*Abbé de la Croix*. Cette histoire, fautive en tout, confond les noms, les dates & les événemens.

une lettre de cachet, & pour faire envoyer à la Bastille le Capitaine, qu'il ne falait envoyer qu'à son Régiment. *Sainte Croix* fut mis malheureusement dans la chambre où était *Exili*. Cet Italien lui apprit à se venger : on en sait les suites qui font frémir. La Marquise n'attenta point à la vie de son mari, qui avait eu de l'indulgence pour un amour dont lui-même était la cause ; mais la fureur de la vengeance la porta à empoisonner son pére, ses deux fréres & sa sœur. Au milieu de tant de crimes, elle avait de la Religion : elle allait souvent à Confesse ; & même, lorsqu'on l'arrêta dans Liége, on trouva une Confession générale écrite de sa main, qui servit non pas de preuve contre elle, mais de présomption. Il est faux, qu'elle eût essayé ses poisons dans les Hôpitaux, comme le disait le peuple, & comme il est écrit dans les *Causes Célèbres*, ouvrage d'un Avocat sans cause, & fait pour le peuple. Mais il est vrai qu'elle eut, ainsi que *Sainte-Croix*, des liaisons secrettes avec des personnes accusées depuis des mêmes crimes. Elle fut brulée en 1679. après avoir eu la tête tranchée. Mais depuis 1670. qu'*Exili* avait commencé à faire des poisons, jusqu'en 1680. ce crime infecta Paris. On ne peut dissimuler, que *Pénautier* le Receveur-général du Clergé, ami de cette femme, fut accusé quelque tems après d'avoir mis ces secrets en usage, & qu'il lui en coûta la moitié de son bien pour supprimer les accusations.

La

Ch. XXVI.

Prétendus sortilèges.

La *Voisin*, la *Vigoureux*, un Prêtre nommé le *Sage*, & d'autres, trafiquèrent des secrets d'*Exili*, sous prétexte d'amuser les ames curieuses & faibles par des apparitions d'esprits. On crut le crime plus répandu qu'il n'était en effet. La Chambre Ardente fut établie à l'Arsenal, près de la Bastille en 1680. Les plus grands Seigneurs y furent cités: entre autres, deux niéces du Cardinal *Mazarin*, la Duchesse de *Bouillon*, & la Comtesse de *Soissons* mére du Prince *Eugéne*. Elles ne furent point décrétées de prise de corps, comme le dit l'Histoire de *Réboulet*. Il ne se trompe pas moins, en disant, que la Duchesse de *Bouillon* parut devant les Juges avec tant d'amis, qu'elle n'avait rien à craindre, quand même elle eût été coupable. Quels amis dans ce tems-là eussent pu soustraire quelqu'un à la Justice? La Duchesse de *Bouillon* ne fut accusée que d'avoir eu des curiosités ridicules. On imputait des choses plus sérieuses à la Comtesse de *Soissons*, qui se retira à Bruxelles. Le Maréchal de *Luxembourg* fut mis à la Bastille, & subit un long interrogatoire, après lequel il resta encor quatorze mois en prison. On peut juger quelles rumeurs affreuses toutes ces accusations excitaient dans Paris. Le supplice du feu, dont la *Voisin* & ses complices furent punis, mit fin aux recherches & aux crimes. Cette abomination ne fut que le partage de quelques particuliers, & ne corrompit point les mœurs douces de la Nation: mais elle laissa

dans

ANECDOTES. 95

dans les esprits un penchant funeste à soupçonner des morts naturelles, d'avoir été violentes.

Ce qu'on avait crû de la destinée malheureuse de Madame *Henriette* d'Angleterre, on le crut ensuite de sa fille *Marie Louise*, qu'on maria en 1679. au Roi d'Espagne *Charles II*. Cette jeune Princesse partit à regret pour Madrid. Mademoiselle avait souvent dit à Monsieur, frére du Roi: *Ne menez pas si souvent votre fille à la Cour, elle sera trop malheureuse ailleurs.* Cette jeune Princesse voulait épouser Monseigneur. *Je vous fais Reine d'Espagne*, lui dit le Roi, *que pourrais-je de plus pour ma fille ?* „ Ah ! répondit-elle, vous pourriez plus „ pour votre niéce. " Elle fut enlevée au monde en 1689. au même âge que sa mére. Il passa pour constant, que le Conseil Autrichien de *Charles II.* voulait se défaire d'elle, parce qu'elle aimait son pays, & qu'elle pouvait empêcher le Roi son mari de se déclarer pour les Alliés contre la France. On lui envoya même de Versailles de ce qu'on croit du contrepoison ; précaution très-incertaine, puisque ce qui peut guérir une espèce de mal peut envenimer l'autre, & qu'il n'y a point d'antidote général. Le contrepoison prétendu arriva après sa mort. Ceux qui ont lû les Mémoires compilés par le Marquis de *Dangeau*, trouveront que le Roi dit en soupant: „ La Reine d'Es„ pagne est morte empoisonnée dans une tourte „ d'anguille : la Comtesse de *Pernits*, les
„ Camé-

C ʜ. XXVI.

On croit la Reine d'Espagne niéce de Louis XIV. empoisonnée.

Ch.
XXVI.

„ Caméristes *Zapata* & *Nina*, qui en ont
„ mangé après elle, font mortes du même
„ poifon.

Après avoir lû cette étrange anecdote dans ces Mémoires manufcrits, qu'on dit faits avec foin par un Courtifan, qui n'avait prefque point quitté *Louïs XIV*. pendant quarante ans ; je ne laiffai pas d'être encor en doute : je m'informai à d'anciens domeftiques du Roi, s'il était vrai que ce Monarque, toûjours retenu dans fes difcours, eût jamais prononcé des paroles fi imprudentes. Ils m'affûrèrent tous, que rien n'était plus faux. Je demandai à Madame la Ducheffe de *St. Pierre* qui arrivait d'Efpagne, s'il était vrai que ces trois perfonnes fuffent mortes avec la Reine ; elle me donna des atteftations, que toutes trois avaient furvécu longtems à leur Maîtreffe. Enfin je fus que ces Mémoires du Marquis de *Dangeau*, qu'on regarde comme un monument précieux, n'étaient que *des nouvelles à la main*, écrites quelquefois par un de fes domeftiques ; & je puis répondre qu'on s'en apperçoit fouvent au ftile, aux inutilités & aux fauffetés dont ce recueil eft rempli. Après toutes ces idées funeftes, où la mort de *Henriette* d'Angleterre nous a conduits, il faut revenir aux événemens de la Cour qui fuivirent fa perte.

La Princeffe Palatine lui fucceda un an après, & fut mére du Duc d'Orléans, Régent du Royaume. Il falut qu'elle renonçât au Calvinifme pour époufer Monfieur ; mais elle con-

conserva toûjours pour son ancienne Religion, un respect secret qu'il est difficile de secouer, quand l'enfance l'a imprimé dans le cœur.

CH. XXVI.

L'avanture infortunée d'une fille d'honneur de la Reine en 1673. donna lieu à un nouvel établissement. Ce malheur est connu par le sonnet de *l'Avorton*, dont les vers ont été tant cités ;

Toi que l'amour fit par un crime,
Et que l'honneur défait par un crime à son tour,
Funeste ouvrage de l'amour,
De l'honneur funeste victime . . &c.

Les dangers attachés à l'état de fille dans une Cour galante & voluptueuse, déterminèrent à substituer aux douze filles d'honneur qui embellissaient la Cour de la Reine, douze Dames du Palais ; & depuis la maison des Reines fut ainsi composée. Cet établissement rendait la Cour plus nombreuse & plus magnifique, en y fixant les maris & les parens de ces Dames, ce qui augmentait la société & répandait plus d'opulence.

Plus de filles d'honneur chez la Reine.

La Princesse de Baviére, épouse de Monseigneur, ajoûta dans les commencemens, de l'éclat & de la vivacité à cette Cour. La Marquise de *Montespan* attirait toûjours l'attention principale : mais enfin elle cessait de plaire ; & les emportemens altiers de sa douleur ne ramenaient pas un cœur qui s'éloignait. Cependant elle tenait toûjours à la Cour par une grande

H. G. Tom. VII. Suite Tom. II.   G   Char-

Ch. XXVI.

Trois femmes disputent le cœur de Louïs XIV.

Charge, étant Surintendante de la maison de la Reine; & au Roi, par ses enfans, par l'habitude & par son ascendant.

On lui conservait tout l'extérieur de la considération & de l'amitié, qui ne la consolait pas; & le Roi, affligé de lui causer des chagrins violens, & entraîné par d'autres goûts, trouvait déja dans la conversation de Madame de *Maintenon*, une douceur qu'il ne goûtait plus auprès de son ancienne maîtresse. Il se sentait à la fois partagé entre Madame de *Montespan* qu'il ne pouvait quitter, Mademoiselle de *Fontange* qu'il aimait, & Madame de *Maintenon* de qui l'entretien devenait nécessaire à son ame tourmentée. Ces trois rivales de faveur tenaient toute la Cour en suspens. Il paraît assez honorable pour *Louïs XIV.* qu'aucune de ces intrigues n'influât sur les affaires générales, & que l'amour, qui troublait la Cour, n'ait jamais mis le moindre trouble dans le Gouvernement. Rien ne prouve mieux, ce me semble, que *Louïs XIV.* avait une ame aussi grande que sensible.

Je croirais même que ces intrigues de Cour, étrangères à l'Etat, ne devraient point entrer dans l'Histoire, si le nom de *Louïs XIV.* ne rendait tout intéressant, & si le voile de ces mystères n'avait été levé par tant d'Historiens, qui pour la plûpart les ont défigurés.

CHAPITRE VINGT-SEPTIEME.

SUITE

DES PARTICULARITÉS

ET ANECDOTES.

LA jeunesse, la beauté de Mademoiselle de *Fontange*, un fils qu'elle donna au Roi en 1680, le titre de Duchesse dont elle fut décorée, écartaient Madame de *Maintenon* de la prémiére place qu'elle n'osait espérer, & qu'elle eut depuis: mais la Duchesse de *Fontange* & son fils moururent en 1681. {Mort de Mad. de Fontauge.}

La Marquise de *Montespan*, n'ayant plus de rivale déclarée, n'en posséda pas plus un cœur fatigué d'elle & de ses murmures. Quand les hommes ne sont plus dans leur jeunesse, ils ont presque tous besoin de la société d'une femme complaisante. Le poids des affaires rend surtout cette consolation nécessaire. La nouvelle Favorite, Madame de *Maintenon*, qui sentait le pouvoir secret qu'elle acquérait tous les jours, se conduisait avec cet art, qui est si naturel aux femmes, & qui ne déplaît pas aux hommes. Elle écrivait un jour à Madame de *Frontenac* sa cousine, en qui elle avait une entiére confiance: „ Je le renvoye toûjours af- „ fligé, {Faveur de Mad. de Maintenon.}

Ch. XXVII.

„fligé, & jamais défefpéré. Dans ce tems, où fa faveur croiffait, & où Madame de *Montefpan* touchait à fa chûte, ces deux rivales fe voyaient tous les jours, tantôt avec une aigreur fecrette, tantôt avec une confiance paffagère, que la néceffité de fe parler & la laffitude de la contrainte mettaient quelquefois dans leurs entretiens. * Elles convinrent de faire, chacune de leur côté, des Mémoires de tout ce qui fe paffait à la Cour, L'ouvrage ne fut pas pouffé fort loin. Madame de *Montefpan* fe plaifait à lire quelque chofe de ces Mémoires à fes amis, dans les derniéres années de fa vie. La dévotion qui fe mêlait à toutes ces intrigues fecrettes, affermiffait encor la faveur de Madame de *Maintenon*, & éloignait Madame de *Montefpan*. Le Roi fe reprochait

* Les Mémoires donnés fous le nom de Mad. de *Maintenon* rapportent qu'elle dit à Mad. de *Montefpan*, en parlant de fes rêves; *J'ai rêvé que nous étions fur le grand efcalier de Verfailles : je montais : vous defcendiez : je m'élevai jufqu'aux nües : vous allates à Fontevraut.* Ce conte eft renouvellé d'après le fameux Duc d'*Epernon*, qui rencontra le Cardinal de *Richelieu* fur l'efcalier du Louvre l'année 1624. Le Cardinal lui demanda s'il n'y avait rien de nouveau ? *Non*, lui dit le Duc, *finon que vous montez, & je defcends*. Ce conte eft gâté en ajoutant que d'un efcalier on s'éleva jufqu'aux nues. Il faut remarquer que dans prefque tous les livres d'Anecdotes, dans les *ana*, on attribue prefque toûjours à ceux qu'on fait parler des chofes dites un fiècle & même plufieurs fiécles auparavant.

prochait son attachement pour une femme mariée, & sentait surtout ce scrupule, depuis qu'il ne sentait plus d'amour. Cette situation embarrassante subsista jusqu'en 1685. année mémorable par la révocation de l'Edit de Nantes. On voyait alors des scènes bien differentes : d'un côté, le désespoir & la fuite d'une partie de la Nation ; de l'autre, de nouvelles fêtes à Versailles, Trianon & Marli bâtis, la nature forcée dans tous ces lieux de délices, & des jardins où l'art était épuisé. Le mariage du petit-fils du grand *Condé*, & de Mademoiselle *de Nantes* fille du Roi & de Madame de *Montespan*, fut le dernier triomphe de cette maîtresse, qui commençait à se retirer de la Cour.

Le Roi maria depuis deux enfans qu'il avait eus d'elle ; Mademoiselle *de Blois* avec le Duc de Chartres que nous avons vu Régent du Royaume, & le Duc du Maine à *Louise Bénédicte de Bourbon*, petite-fille du grand *Condé*, & sœur de Monsieur le Duc. Princesse célèbre par son esprit & par le goût des Arts. Ceux qui ont seulement approché du Palais Royal & de Sceaux, savent combien sont faux tous les bruits populaires, recueillis dans tant d'histoires concernant ces mariages. Il y a plus de vingt volumes, dans lesquels vous verrez que la Maison d'*Orléans* & la Maison de *Condé* s'indignèrent de ces propositions ; vous lirez que la Princesse mére du Duc de Chartres menaça son fils ; vous lirez même

Ch. XXVII

Faux bruits réfutés.

CH.
XXVII.

Fêtes brillantes.

1685.

même qu'elle le frapa. Les Anecdotes de la Conftitution rapportent férieufement, que le Roi s'étant fervi de l'Abbé *du Bois*, Sous-précepteur du Duc de Chartres, pour faire réuffir la négociation, cet Abbé n'en vint à bout qu'avec peine, & qu'il demanda pour récompenfe le chapeau de Cardinal. Tout ce qui regarde la Cour eft écrit ainfi dans beaucoup d'hiftoires.

Avant la célébration du mariage de Monfieur le Duc avec Mademoifelle *de Nantes*, le Marquis de *Seignelai*, à cette occafion, donna au Roi une fête digne de ce Monarque, dans les jardins de Sceaux plantés par *Le Notre* avec autant de goût que ceux de Verfailles. On y exécuta l'Idylle de *la Paix*, compofée par *Racine*. Il y eut dans Verfailles un nouveau carroufel; & après le mariage, le Roi étala une magnificence finguliére, dont le Cardinal *Mazarin* avait donné la prémiére idée en 1656. On établit dans le fallon de Marli quatre boutiques, remplies de ce que l'induftrie des ouvriers de Paris avait produit de plus riche & de plus recherché. Ces quatre boutiques étaient autant de décorations fuperbes, qui repréfentaient les quatre faifons de l'année. Madame de *Montefpan* en tenait une avec Monfeigneur. Sa rivale Mad. *de Maintenon* en tenait une autre avec le Duc du Maine. Les deux nouveaux mariés avaient chacun la leur; Monfieur le Duc avec Madame de *Thiange*; & Madame la Ducheffe, à qui la bienféance

ance

ance ne permettait pas d'en tenir une avec un homme à cause de sa grande jeunesse, était avec la Duchesse de *Chevreuse*. Les Dames & les hommes nommés du voyage tiraient au sort les bijoux dont ces boutiques étaient garnies. Ainsi le Roi fit des présens à toute la Cour, d'une manière digne de lui. La lotterie du Cardinal *Mazarin* fut moins ingénieuse & moins brillante. Ces lotteries avaient été mises en usage autrefois par les Empereurs Romains; mais aucun d'eux n'en releva la magnificence par tant de galanterie.

CH. XXVII.

Après le mariage de sa fille, Madame de *Montespan* ne reparut plus à la Cour. Elle vécut à Paris avec beaucoup de dignité. Elle avait un grand revenu, mais viager; & le Roi lui fit payer toûjours une pension de mille Louis d'or par mois. Elle allait prendre tous les ans les eaux à Bourbon, & y mariait des filles du voisinage qu'elle dotait. Elle n'était plus dans l'âge où l'imagination frapée par de vives impressions envoye aux Carmélites. Elle mourut à Bourbon en 1707.

Derniéres années de Mad. de Montespan.

Un an après le mariage de Mademoiselle *de Nantes* avec Monsieur le Duc, mourut à Fontainebleau le Prince de *Condé* à l'âge de soixante-six ans, d'une maladie qui empira par l'effort qu'il fit d'aller voir Madame la Duchesse, qui avait la petite vérole. On peut juger par cet empressement qui lui coûta la vie, s'il avait eu de la répugnance au mariage de son petit-fils avec cette fille du Roi & de

Mort du grand Condé. 1686.

Mada-

Ch. XXVII.

Madame de *Montespan*, comme l'ont écrit tous ces Gazetiers de menfonges, dont la Hollande était alors infectée. On trouve encor dans une hiftoire du Prince de *Condé*, fortie de ces mêmes bureaux d'ignorance & d'impofture, que le Roi fe plaifait en toute occafion à mortifier ce Prince, & qu'au mariage de la Princeffe de *Conti*, fille de Madame de *la Valiére*, le Secretaire d'Etat lui refufa le titre de *haut & puiffant Seigneur*. comme fi ce titre était celui qu'on donne aux Princes du Sang. L'Ecrivain, qui a compofé l'hiftoire de *Louïs XIV*. dans Avignon, en partie fur ces malheureux Mémoires, pouvait-il affez ignorer le monde & les ufages de notre Cour, pour rapporter des fauffetés pareilles?

Mariage de Louïs XIV. avec Mad. de Maintenon.

Cependant, après le mariage de Madame la Ducheffe, après l'éclipfe totale de la mére, Madame de *Maintenon* victorieufe prit un tel afcendant, & infpira à *Louïs XIV*. tant de tendreffe & de fcrupules, que le Roi, par le confeil du Pére de *la Chaife*, l'époufa fecrettement au mois de Janvier 1686. dans une petite Chapelle qui était au bout de l'apartement occupé depuis par le Duc de Bourgogne. Il n'y eut aucun contrat, aucune ftipulation. L'Archevêque de Paris, *Harlai de Chamvalon*, leur donna la bénédiction; le Confeffeur y affifta; *Montchevreuil* * & *Bontems* prémier valet

* Et non pas le Chevalier de *Fourbin*, comme le difent les Mémoires de *Choify*. On ne prend pour convalet de chambre y furent comme témoins. Il n'est plus permis de supprimer ce fait, rapporté dans tous les Auteurs, qui d'ailleurs se sont trompés sur les noms, sur le lieu & sur les dates. *Loüis XIV.* était alors dans sa quarante-huitiéme année, & la personne qu'il épousait, dans sa cinquante-deuxiéme. Ce Prince, comblé de gloire, voulait mêler aux fatigues du Gouvernement les douceurs innocentes d'une vie privée : ce mariage ne l'engageait à rien d'indigne de son rang : il fut toûjours problématique à la Cour, si Madame de *Maintenon* était mariée. On respectait en elle le choix du Roi, sans la traiter en Reine.

Ch.
XXVII.

La destinée de cette Dame paraît parmi nous fort étrange, quoique l'Histoire fournisse beaucoup d'exemples de fortunes plus grandes & plus marquées, qui ont eu des commencemens plus petits. La Marquise de *Saint-Sébastien*, que le Roi de Sardaigne *Victor Amédée* épousa, n'était pas au-dessus de Madame *de Maintenon* :

Son histoire.

confidens d'un tel secret que des domestiques affidés, & des gens attachés par leur service à la personne du Maître. Il n'y eut point d'Acte de célébration : on n'en fait que pour constater un état ; & il ne s'agissait ici que de ce qu'on appelle un mariage de conscience. Comment peut-on raporter qu'après la mort de l'Archevêque de Paris, *Harlay*, en 1695. près de dix ans après le mariage, *ses laquais trouvèrent dans ses vieilles culotes l'Acte de célébration ?* Ce conte, qui n'est pas même fait pour des laquais, ne se trouve que dans les Mémoires de *Maintenon.*

CH. XXVII. non; l'Impératrice de Russie *Catherine* était fort au-dessous; & la prémiére femme de *Jacques II*. Roi d'Angleterre lui était bien inférieure, selon les préjugés de l'Europe, inconnus dans le reste du Monde.

Elle était d'une ancienne Maison, petite-fille de *Théodore-Agrippa d'Aubigné*, Gentilhomme ordinaire de la chambre de *Henri IV*. Son pére, *Constant d'Aubigné*, ayant voulu faire un établissement à la Caroline, & s'étant adressé aux Anglais, fut mis en prison au Château Trompette, & en fut délivré par la fille du Gouverneur nommé *de Cardillac*, Gentilhomme Bordelois. *Constant d'Aubigné* épousa sa bienfaitrice en 1627. & la mena à la Caroline. De retour en France avec elle au bout de quelques années, tous deux furent enfermés à Niort en Poitou par ordre de la Cour. Ce fut dans cette prison de Niort, que nâquit en 1635. *Françoise d'Aubigné*, destinée à éprouver toutes les rigueurs & toutes les faveurs de la fortune. Menée à l'âge de trois ans en Amérique, laissée par la négligence d'un domestique sur le rivage, prête à y être dévorée d'un serpent, ramenée orpheline à l'âge de douze ans, élevée avec la plus grande dureté chez Madame de *Neuillant*, mére de la Duchesse de *Navailles* sa parente, elle fut trop heureuse d'épouser en 1651. *Paul Scarron*, qui logeait auprès d'elle dans la ruë *d'Enfer*. *Scarron* était d'une ancienne famille du Parlement, illustrée par de grandes alliances; mais le burlesque,
dont

dont il faisait profession, l'avilissait en le faisant aimer. Ce fut pourtant une fortune pour Mademoiselle *d'Aubigné*, d'époufer cet homme difgracié de la nature, impotent, & qui n'avait qu'un bien très-médiocre. Elle fit avant ce mariage abjuration de la Religion Calvinifte, qui était la fienne comme celle de fes ancêtres. Sa beauté & fon efprit la firent bientôt diftinguer. Elle fut recherchée avec empreffement de la meilleure compagnie de Paris : & ce tems de fa jeuneffe fut fans doute le plus heureux de fa vie. * Après la mort de fon mari arrivée en 1660. elle fit longtems folliciter auprès du Roi une petite penfion de quinze cent livres, dont *Scarron* avait joui. Enfin au bout de

Ch. XXVII.

* Il eft dit dans les prétendus Mémoires de *Maintenon* Tom. I. pag 216 qu'*elle n'eut longtems qu'un même lit avec la célèbre Ninon Lenclos, fur les ouï-dire de l'Abbé de Chateauneuf & de l'Auteur du Siécle de Louis XIV*. Mais il ne fe trouve pas un mot de cette anecdote chez l'Auteur du Siécle de *Louis XIV*., ni dans ce qui nous refte de Mr. l'Abbé de *Chateauneuf* L'Auteur des Mémoires de *Maintenon* ne cite jamais qu'au hazard. Ce fait n'eft raporté que dans les Mémoires du Marquis de *la Fare* page 190. édition de Roterdam. C'était encor la mode de partager fon lit avec fes amis : & cette mode, qui ne fubfifte p'us, était très ancienne, même à la Cour. On voit dans l'Hiftoire de France, que *Charles IX.* pour fauver le Comte de *Briffac* des maffacres de la St. Barthelemi, lui propofa de coucher au Louvre dans fon lit ; & que le Duc de *Guife* & le Prince de *Condé* avaient longtems couché enfemble.

Cн. XXVII. de quelques années, le Roi lui en donna une de deux mille, en lui difant; ,, Madame, je ,, vous ai fait attendre longtems ; mais vous ,, avez tant d'amis, que j'ai voulu avoir feul ,, ce mérite auprès de vous.

Ce fait m'a été conté par le Cardinal *de Fleury*, qui fe plaifait à le rapporter fouvent, parce qu'il difait que *Louis XIV.* lui avait fait le même compliment, en lui donnant l'Evêché de Fréjus.

Cependant il eft prouvé, par les lettres mêmes de Madame de *Maintenon*, qu'elle dut à Madame de *Montefpan* ce leger fecours qui la tira de la mifère. On fe reflouvint d'elle quelques années après, lorfqu'il fallut élever en fecret le Duc du Maine, que le Roi avait eu en 1670. de la Marquife de *Montefpan*. Ce ne fut certainement qu'en 1672. qu'elle fut choifie pour préfider à cette éducation fecrette: elle dit dans une de fes lettres : *Si les enfans font au Roi, je le veux bien; car je ne me chargerais pas fans fcrupule de ceux de Madame de Montefpan : ainfi il faut que le Roi me l'ordonne ; voilà mon dernier mot.* Madame de *Montefpan* n'avait deux enfans qu'en 1672., le Duc *du Maine*, & le Comte *de Vexin*. Les dates des lettres de Mad. de *Maintenon* de 1670. dans lefquelles elle parle de ces deux enfans, dont l'un n'était pas encor né, font donc évidemment fauffes. Prefque toutes les dates de ces lettres imprimées font erronées. Cette infidélité pourrait donner de violens foupçons

çons fur l'autenticité de ces lettres, fi d'ailleurs on n'y reconnaiffait pas un caractère de naturel & de vérité qu'il eft prefque impoffible de contrefaire.

CH-
XXVII.

Il n'eft pas fort important de favoir en quelle année cette Dame fut chargée du foin des enfans naturels de *Louïs XIV.* ; mais l'attention à ces petites vérités fait voir avec quel fcrupule on a écrit les faits principaux de cette Hiftoire.

Le Duc *du Maine* était né avec un pied difforme. Le prémier Médecin *d'Aquin*, qui était dans la confidence, jugea qu'il fallait envoyer l'enfant aux eaux de Barége. On chercha une perfonne de confiance, qui pût fe charger de ce dépot. * Le Roi fe fouvint de Madame *Scarron*. Monfieur de *Louvois* alla fecrettement à Paris lui propofer ce voyage. Elle eut foin depuis ce tems-là de l'éducation du Duc *du Maine*, nommée à cet emploi par le Roi, & non point par Madame de *Montefpan*, comme on l'a dit. Elle écrivait au Roi directement; fes lettres plûrent beaucoup. Voilà l'origine de fa fortune : fon mérite fit tout le refte.

Le Roi qui ne pouvait d'abord s'accoutumer à elle, paffa de l'averfion à la confiance, &
de

---

* L'Auteur du Roman des Mémoires de Mad. *de Maintenon*, lui fait dire, à la vûe du Château Trompette: *Voilà où j'ai été élevée* &c Cela eft évidemment faux; elle avait été elevée à Niort.

Ch. XXVII.

de la confiance à l'amour. Les lettres que nous avons d'elle font un monument bien plus précieux qu'on ne pense : elles découvrent ce mélange de Religion & de galanterie, de dignité & de faiblesse, qui se trouve si souvent dans le cœur humain, & qui était dans celui de *Louis XIV.* Celui de Madame de *Maintenon* paraît à la fois plein d'une ambition & d'une dévotion qui ne se combattent jamais. Son Confesseur *Gobelin* approuve également l'une & l'autre ; il est Directeur & Courtisan ; sa pénitente devenue ingrate envers Madame de *Montespan* se dissimule toûjours son tort. Le Confesseur nourrit cette illusion ; elle fait venir de bonne foi la Religion au secours de ses charmes usés, pour supplanter sa bienfaitrice devenue sa rivale.

Ce commerce étrange de tendresse & de scrupule de la part du Roi, d'ambition & de dévotion de la part de la nouvelle maîtresse, parait durer depuis 1680. jusqu'à 1686. qui fut l'époque de leur mariage.

Son élévation ne fut pour elle qu'une retraite. Renfermée dans son appartement qui était de plain-pied à celui du Roi, elle se bornait à une societé de deux ou trois Dames retirées comme elle ; encor les voyait-elle rarement. Le Roi venait tous les jours chez elle après son dîner, avant & après le souper, & y demeurait jusqu'à minuit. Il y travaillait avec ses Ministres, pendant que Madame de *Maintenon* s'occupait à la lecture, ou à quelque

que ouvrage des mains ; ne s'empreffant jamais de parler d'affaires d'Etat, paraiffant fouvent les ignorer, rejettant bien loin tout ce qui avait la plus légére apparence d'intrigue & de cabale, beaucoup plus occupée de complaire à celui qui gouvernait que de gouverner, & ménageant fon crédit en ne l'employant qu'avec une circonfpection extrême. Elle ne profita point de fa place, pour faire tomber toutes les Dignités & tous les grands Emplois dans fa famille. Son frére, le Comte *d'Aubigné*, ancien Lieutenant-Général, ne fut pas même Maréchal de France. Un Cordon bleu, & quelques parts fecrettes * dans les Fermes générales, furent fa feule fortune ; auffi difait-il au Maréchal de *Vivonne*, frére de Madame de *Montefpan*, qu'*il avait eu fon bâton de Maréchal en argent comptant*.

Le Marquis de *Villette* fon neveu, ou fon coufin, ne fut que Chef d'Efcadre. Madame de *Cailus*, fille de ce Marquis de *Villette*, n'eut en mariage qu'une penfion modique donnée par *Louïs XIV*. Mad. de *Maintenon* en mariant fa niéce *d'Aubigné* au fils du prémier Maréchal de *Noailles*, † ne lui donna que deux cent

CH. XXVII.

* Voyez les lettres à fon frére. „ Je vous „ conjure de vivre commodément, & de manger „ les dix-huit mille francs de l'affaire que nous avons „ faite : nous en ferons d'autres.
† Le Compilateur des Mémoires de Madame de *Maintenon* dit Tom. 4. pag. 200. *Rouffeau, vipére achar-*

cent mille francs : le Roi fit le reste. Elle n'avait elle-même que la terre de Maintenon qu'elle avait achetée des bienfaits du Roi. Elle voulut que le public lui pardonnât son élévation en faveur de son désintéressement. La seconde femme du Marquis de *Villette*, depuis Mad. de *Bolingbroke*, ne put jamais rien obtenir d'elle. Je lui ai souvent entendu dire qu'elle avait reproché à sa cousine le péu qu'elle faisait pour sa famille ; & qu'elle lui avait dit en colère : „ Vous voulez jouir de votre mo„dération, & que votre famille en soit la vic„time. " Madame de *Maintenon* oubliait tout, quand elle craignait de choquer les sentimens de *Louïs XIV*. Elle n'osa pas même soutenir le Cardinal de *Noailles* contre le Pére *le Tellier*. Elle avait beaucoup d'amitié pour *Racine* ; mais cette amitié ne fut pas assez courageuse, pour le protéger contre un léger ressentiment du Roi. Un jour, touchée de l'éloquence avec laquelle il lui avait parlé de la misére du peuple en 1698., misére toûjours exagérée, mais qui fut portée réellement depuis jusqu'à une extrémité déplorable, elle engagea son ami à faire

---

acharnée contre *ses bienfaiteurs*, *fit des couplets satiriques contre le Maréchal de Noailles*. Cela n'est pas vrai : il ne faut calomnier personne. *Rousseau*, très-jeune alors, ne connaissait pas le prémier Maréchal de *Noailles*. Les chansons satiriques dont il parle étaient d'un Gentilhomme nommé *de Cabanac*, qui les avouait hautement.

faire un Mémoire, qui montrât le mal & le remède. Le Roi le lut ; & en ayant témoigné du chagrin, elle eut la faiblesse d'en nommer l'auteur, & celle de ne le pas défendre. *Racine*, plus faible encor, fut pénétré d'une douleur qui le mit depuis au tombeau. *

Du même fonds de caractère, dont elle était incapable de rendre service, elle l'était aussi de nuire. L'Abbé de *Choisy* raporte, que le Ministre *Louvois* s'était jetté aux pieds de *Louïs XIV.* pour l'empêcher d'épouser la veuve *Scarron.* Si l'Abbé de *Choisy* savait ce fait, Madame de *Maintenon* en était instruite; & non-seulement elle pardonna à ce Ministre, mais elle appaisa le Roi dans les mouvemens de colére que l'humeur brusque du Marquis de *Louvois* inspirait quelquefois à son Maître. †

Ch. XXVII.

L'illustre Racine assez faible pour mourir de douleur de a ce qu'il un peu déplu au Roi.

* Ce fait a été raporté par le fils de l'illustre *Racine*, dans la vie de son père.
† Qui croirait que dans les Mémoires de Mad. de *Maintenon* Tom. III. pag. 273., il est dit que ce Ministre craignait que le Roi ne l'empoisonnât. Il est bien étrange qu'on débite à Paris des horreurs si insensées, à la suite de tant de contes ridicules.

Cette sotise atroce est fondée sur un bruit populaire qui courut à la mort du Marquis de *Louvois*. Ce Ministre prenait des eaux que *Séron* son Médecin lui avait ordonnées, & que *La Ligerie* son Chirurgien lui faisait boire. C'est ce même *La Ligerie* qui a donné au Public le remède qu'on nomme aujourd'hui *la Poudre des Chartreux*. Ce *La Ligerie* m'a souvent dit qu'il avait averti Monsieur de *Louvois* qu'il risquait sa vie s'il travaillait en prenant des eaux. Le

Louïs

Mi-

Ch.
XXVII.

Louïs XIV. en épousant Madame de *Maintenon*, ne se donna donc qu'une compagne agréable & soumise. La seule distinction publique qui faisait sentir son élévation secrette, c'était qu'à la Messe elle occupait une de ces deux petites tribunes ou lanternes dorées, qui ne semblaient faites que pour le Roi & la Reine.

Ministre continua son travail : il mourut presque subitement le 16. Juillet 1691. & non pas en 1692. comme le dit l'Auteur des faux Mémoires. *La Ligerie* l'ouvrit, & ne trouva d'autre cause de sa mort que celle qu'il avait prédite. On s'avisa de soupçonner le Médecin *Séron* d'avoir empoisonné une bouteille de ces eaux. Nous avons vû combien ces funestes soupçons étaient alors communs. On prétendit qu'un Prince voisin, que *Louvois* avait extrémement irrité & maltraité, avait gagné le Médecin *Séron*. On trouve une partie de ces Anecdotes dans les Mémoires du Marquis de *La Fare*, page 249. La famille même du Marquis de *Louvois* fit mettre en prison un Savoyard qui frottait dans la maison ; mais ce pauvre homme très innocent fut bientôt relâché. Or si on soupçonna, quoique très mal-à-propos, un Prince ennemi de la France d'avoir voulu attenter à la vie d'un Ministre de *Louïs XIV.*, ce n'était pas certainement une raison pour en soupçonner *Louïs XIV.* lui-même.

Le même Auteur qui dans les Mémoires de *Maintenon* a rassemblé tant de faussetés, prétend, au même endroit, que le Roi dit, *qu'il avait été défait la même année de trois hommes qu'il ne pouvait souffrir ; le Maréchal de la Feuillade, le Marquis de Seignelai, & le Marquis de Louvois.* Premiérement Monsieur de *Seignelai* ne mourut point la même année 1691., mais en 1690. En second lieu, à qui *Louïs XIV.*, qui
s'expri-

ne. D'ailleurs, nul extérieur de grandeur. La dévotion qu'elle avait inspirée au Roi, & qui avait servi à son mariage, devint peu-à-peu un sentiment vrai & profond, que l'âge & l'ennui fortifièrent. Elle s'était déja donnée à la Cour & auprès du Roi la considération d'une fondatrice, en rassemblant à Noisi plusieurs filles de qualité; & le Roi avait affecté déja les revenus de l'Abbaïe de St. Denis à cette Communauté naissante. Saint-Cyr fut bâti au bout du Parc de Versailles en 1686. Elle donna alors à cet établissement toute sa forme, en fit les réglemens avec *Godet Desmaréts* Evêque de Chartres, & fut elle-même Supérieure de ce Couvent. Elle y allait souvent passer quelques heures; & quand je dis que l'ennui la déterminait à ces occupations, je ne parle que d'après elle. Qu'on lise ce qu'elle écrivait à Madame de *la Maisonfort*, dont il est parlé dans le chapitre du Quiétisme:

„ Que s'exprimait toûjours avec circonspection & en honnête homme, a-t-il dit des paroles si imprudentes & si odieuses? à qui a-t-il dévelopé une ame si ingrate & si dure? à qui a-t-il pû dire qu'il était bien aise d'être défait de trois hommes qui l'avaient servi avec le plus grand zèle? Est-il permis de calomnier ainsi, sans la plus légère preuve, sans la moindre vraisemblance, la mémoire d'un Roi, connu pour avoir toûjours parlé sagement? Tout Lecteur sensé ne voit qu'avec indignation ces recueils d'impostures, dont le Public est surchargé; & l'Auteur des Mémoires de *Maintenon* mériterait d'être châtié, si le mépris dont il abuse ne le sauvait de la punition.

CH. XXVII.

Vanité des Grands démontrée par l'exemple de Mad. de Maintenon.

„ Que ne puis-je vous donner mon expé„ rience! que ne puis-je vous faire voir l'en„ nui qui dévore les Grands, & la peine qu'ils
„ ont à remplir leurs journées! Ne voyez-vous
„ pas que je meurs de tristesse, dans une for„ tune qu'on aurait eu peine à imaginer? J'ai
„ été jeune & jolie; j'ai goûté des plaisirs; j'ai
„ été aimée partout. Dans un âge plus avan„ cé, j'ai passé des années dans le commerce
„ de l'esprit; je suis venue à la faveur; & je
„ vous proteste, ma chére fille, que tous les
„ états laissent un vuide affreux. " *

Si quelque chose pouvait détromper de l'ambition, ce serait assurément cette lettre. Madame de *Maintenon*, qui pourtant n'avait d'autre chagrin que l'uniformité de sa vie auprès d'un grand Roi, disait un jour au Comte *d'Aubigné* son frère: „ Je n'y peux plus tenir;
„ je voudrais être morte. " On sait quelle réponse il lui fit: *Vous avez donc parole d'épouser Dieu le Pére.*

A la mort du Roi, elle se retira entiérement à Saint-Cyr. Ce qui peut surprendre, c'est que le Roi ne lui avait presque rien assuré. Il la recommanda seulement au Duc d'Orléans. Elle ne voulut qu'une pension de quatre-vingt mille livres, qui lui fut exactement payée jusqu'à sa mort, arrivée en 1719. le 15. d'Avril. On a trop affecté d'oublier dans son épitaphe le

---

* Cette lettre est autentique, & l'Auteur l'avait déja vuë en manuscrit avant que le fils du grand *Racine* l'eût imprimée.

le nom de *Scarron* : ce nom n'eſt point avi- Cʜ.
liſſant, & l'omiſſion ne ſert qu'à faire penſer XXVII.
qu'il peut l'être.

La Cour fut moins vive & plus ſérieuſe,
depuis que le Roi commença à mener avec Madame
de *Maintenon* une vie plus retirée ; &
la maladie conſidérable qu'il eut en 1686. contribua
encor à lui ôter le goût de ces fêtes
galantes, qui avaient juſques-là ſignalé preſque toutes ſes années. Il fut attaqué d'une fi- Le Roi
ſtule dans le dernier des inteſtins. L'art de la attaqué
Chirurgie, qui fit ſous ce Régne plus de pro- de la
grès que dans tout le reſte de l'Europe, n'é- fiſtule.
tait pas encor familiariſé avec cette maladie.
Le Cardinal de *Richelieu* en était mort, faute
d'avoir été bien traité. Le danger du Roi émut
toute la France. Les Egliſes furent remplies
d'un peuple innombrable, qui demandait la
guériſon de ſon Roi, les larmes aux yeux. Ce
mouvement d'un attendriſſement général fut
preſque ſemblable à ce que nous avons vû,
lorſque ſon ſucceſſeur fut en danger de mort
à Metz en 1744. Ces deux époques apprendront
à jamais aux Rois, ce qu'ils doivent à
une Nation qui ſait aimer ainſi.

Dès que *Louïs XIV.* reſſentit les prémiéres
atteintes de ce mal, ſon prémier Chirurgien
Félix alla dans les Hôpitaux chercher des malades
qui fuſſent dans le même péril ; il conſulta
les meilleurs Chirurgiens ; il inventa avec
eux des inſtrumens qui abrégeaient l'opération,
& qui la rendaient moins douloureuſe. Le Roi
H 3 la

la souffrit sans se plaindre. Il fit travailler ses Ministres auprès de son lit le jour même; & afin que la nouvelle de son danger ne fît aucun changement dans les Cours de l'Europe, il donna audience le lendemain aux Ambassadeurs. A ce courage d'esprit se joignait la magnanimité avec laquelle il récompensa *Félix*; il lui donna une terre, qui valait alors plus de cinquante mille écus.

<small>Mort de la Dauphine de Baviére.</small>

Depuis ce tems, le Roi n'alla plus aux spectacles. La Dauphine de Baviére, devenuë mélancolique & attaquée d'une maladie de langueur qui la fit enfin mourir en 1690., se refusa à tous les plaisirs, & resta obstinément dans son appartement. Elle aimait les Lettres; elle avait même fait des vers; mais dans sa mélancolie, elle n'aimait plus que la solitude.

Ce fut le Couvent de Saint-Cyr, qui ranima le goût des choses d'esprit. Madame de *Maintenon* pria *Racine*, qui avait renoncé au Théatre pour le Jansénisme & pour la Cour, de faire une Tragédie qui pût être représentée par ses éléves. Elle voulait un sujet tiré de la Bible. *Racine* composa *Esther*. Cette piéce, ayant d'abord été jouée dans la maison de Saint-Cyr, le fut ensuite plusieurs fois à Versailles devant le Roi dans l'hiver de 1689. Des Prélats, des Jésuites, s'empressaient d'obtenir la permission de voir ce singulier spectacle. Il paraît remarquable, que cette piéce eût alors un succès universel; & que deux

ans

ans après, *Athalie* jouée par les mêmes personnes, n'en eut aucun. Ce fut tout le contraire, quand on joua ces piéces à Paris, longtems après la mort de l'Auteur, & après le tems des partialités. *Athalie* repréfentée en 1717. fut reçue comme elle devait l'être, avec tranfport; & *Efther* en 1721. n'infpira que de la froideur, & ne reparut plus. Mais alors il n'y avait plus de Courtifans, qui reconnuffent avec flatterie *Efther* dans Madame de *Maintenon*, & avec malignité *Vafthi* dans Madame de *Montefpan*, *Aman* dans Monfieur de *Louvois*, & furtout les Huguenots perfécutés par ce Miniftre, dans la profcription des Hébreux. Le Public impartial ne vit qu'une avanture fans intérêt & fans vraifemblance; un Roi infenfé, qui a paffé fix mois avec fa femme fans favoir qui elle eft, & qui ayant fans le moindre prétexte donné ordre de faire égorger toute une Nation, fait enfuite pendre fon Favori tout auffi légèrement. Mais malgré le vice du fujet, trente vers d'*Efther* valent mieux que beaucoup de Tragédies qui ont eu de grands fuccès.

Ces amufemens ingénieux recommencèrent, pour l'éducation d'*Adelaïde* de Savoie Ducheffe de Bourgogne, amenée en France à l'âge de onze ans.

C'eft une des contradictions de nos mœurs, que d'un côté on ait laiffé un refte d'infamie attaché aux fpectacles publics, & que de l'autre on ait regardé ces repréfentations comme l'exercice le plus noble & le plus digne des personnes Royales. On éleva un petit théatre dans l'apartement de Madame de *Maintenon*. La Duchesse de Bourgogne, le Duc d'Orléans, y jouaient avec les personnes de la Cour qui avaient le plus de talens. Le fameux Acteur *Baron* leur donnait des leçons, & jouait avec eux. La plûpart des Tragédies de *Duché*, Valet de chambre du Roi, furent composées pour ce théatre ; & l'Abbé *Genêt*, Aumônier de la Duchesse d'Orléans, en faisait pour la Duchesse du Maine, que cette Princesse & sa Cour représentaient.

Ces occupations formaient l'esprit & animaient la société. Comment le Marquis de *la Fare* peut-il dire dans ses Mémoires, que *depuis la mort de Madame, ce ne fut que jeu, confusion & impolitesse* ? On jouait beaucoup dans les voyages de Marli & de Fontainebleau, mais jamais chez Madame de *Maintenon* ; & la Cour fut en tout tems le modéle de la plus parfaite politesse. La Duchesse d'Orléans alors Duchesse de Chartres, la Duchesse du Maine, la Princesse de Conti, Madame la Duchesse, démentaient bien ce que le Marquis de *la Fare* avance. Cet homme, qui dans le commerce était de la plus grande indulgence, n'a presque écrit qu'une satyre. Il était mécontent du Gouvernement : il passait sa vie dans une société qui se faisait un mérite de condamner la Cour ; & cette société fit d'un homme très aimable, un Historien quelquefois injuste.

Ni

Ni lui, ni aucun de ceux qui ont trop censuré *Louïs XIV.* ne peuvent disconvenir, qu'il ne fût, jusqu'à la journée d'Hochstet, le seul puissant, le seul magnifique, le seul grand presque en tout genre. Car quoiqu'il y eût des Héros, comme *Jean Sobieski* & des Rois de Suéde, qui effaçassent en lui le guerrier, personne n'effaça le Monarque. Il faut avouer encor, qu'il soûtint ses malheurs & qu'il les répara. Il a eu des défauts ; il a fait des fautes : mais ceux qui le condamnent, l'auraient-ils égalé, s'ils avaient été à sa place ?

Cʜ. XXVII.

La Duchesse de Bourgogne croissait en graces & en mérite. Les éloges qu'on donnait à sa sœur en Espagne, lui inspirèrent une émulation qui redoubla en elle le talent de plaire. Ce n'était pas une beauté parfaite ; mais elle avait le regard tel que son fils ; un grand air, une taille noble. Ces avantages étaient embellis par son esprit, & plus encor par l'envie extrême de mériter les suffrages de tout le monde. Elle était, comme *Henriette* d'Angleterre, l'idole & le modéle de la Cour, avec un plus haut rang ; elle touchait au Trône : la France attendait du Duc de Bourgogne un Gouvernement, tel que les Sages de l'Antiquité en imaginèrent, mais dont l'austérité serait tempérée par les graces de cette Princesse, plus faites encor pour être senties que la Philosophie de son époux. Le monde sait, comme toutes ces espérances furent trompées. Ce fut le sort de *Louïs XIV.* de voir périr en France toute

Ch. XXVII.

Louis XIV. voit mourir presque toute sa famille.

sa famille par des morts prématurées, sa femme à quarante-cinq ans, son fils unique à cinquante ; * & un an après que nous eumes perdu son fils, nous vimes son petit-fils le Dauphin Duc de Bourgogne, la Dauphine sa femme, leur fils aîné le Duc de Bretagne, portés à St. Denis au même tombeau au mois d'Avril 1712.; tandis que le dernier de leurs enfans, monté depuis sur le Trône, était dans son berceau aux portes de la mort. Le Duc de Berry, frére du Duc de Bourgogne, les suivit deux ans après; & sa fille, dans le même tems,

* L'Auteur des Mémoires de Made. de Maintenon Tom. 4. dans un chapitre intitulé, *Mademoiselle Choin*, dit que Monseigneur fut amoureux d'une de ses propres sœurs, & qu'il épousa ensuite Mademoiselle *Choin*. Ces contes populaires sont reconnus pour faux chez tous les honnêtes gens. Il faudrait être non-seulement contemporain, mais être muni de preuves, pour avancer de telles anecdotes. Il n'y a jamais eu le moindre indice que Monseigneur eût épousé Mlle. *Choin*. Renouveller ainsi, au bout de soixante ans, des bruits de ville, si vagues, si peu vraisemblables, si décriés, ce n'est point écrire l'Histoire; c'est compiler au hazard des scandales pour gagner de l'argent. Sur quel fondement cet Ecrivain a-t-il le front d'avancer page 244. que Made. la Duchesse de Bourgogne dit au Prince son époux, *Si j'étais morte, auriez-vous fait le troisième Tome de vôtre famille?* Il fait parler *Louis XIV.*, tous les Princes, tous les Ministres, comme s'il les avait écoutés. On trouve peu de pages dans ces Mémoires qui ne soient remplies de ces mensonges hardis qui soulèvent tous les honnêtes gens.

tems, passa du berceau au cercueil.

Ce tems de désolation laissa dans les cœurs une impression si profonde, que dans la minorité de *Louis XV*. j'ai vu plusieurs personnes, qui ne parlaient de ces pertes qu'en versant des larmes. Le plus à plaindre de tous les hommes, au milieu de tant de morts précipitées, était celui qui semblait devoir hériter bientôt du Royaume.

Ces mêmes soupçons, qu'on avait eus à la mort de Madame & à celle de *Marie-Louise* Reine d'Espagne, se réveillèrent avec une fureur singulière. L'excès de la douleur publique aurait presque excusé la calomnie, si elle avait été excusable. Il y avait du délire à penser, qu'on eût pû faire périr par un crime tant de personnes Royales, en laissant vivre le seul qui pouvait les venger. La maladie, qui emporta le Dauphin de Bourgogne, sa femme & son fils, était une rougeole pourprée épidémique. Ce mal fit périr à Paris en moins d'un mois plus de cinq cent personnes. Monsieur le Duc de *Bourbon*, petit-fils du Prince de *Condé*, le Duc de *la Trimouille*, Madame de *la Vrillière*, Madame de *Listenai*, en furent attaqués à la Cour. Le Marquis de *Goudrin*, fils du Duc d'*Antin*, en mourut en deux jours. Sa femme, depuis Comtesse de Toulouse, fut à l'agonie. Cette maladie parcourut toute la France. Elle fit périr en Lorraine les aînés de ce Duc de Lorraine *François*, destiné à être un jour Empereur & à relever la Maison d'*Autriche*.

Ce-

Cʜ. XXVII.

Soupçons de poison & calomnies.

Cʜ. XXVII.

Le Duc d'Orléans très injustement accusé.

Cependant, ce fut assez qu'un Médecin nommé *Boudin*, homme de plaisir, hardi & ignorant, eût proféré ces paroles: „ Nous n'en„ tendons rien à de pareilles maladies : " c'en fut assez, dis-je, pour que la calomnie n'eût point de frein.

Un Prince avait un laboratoire, & étudiait la Chymie, ainsi que beaucoup d'autres Arts: c'était une preuve sans replique. Le cri public était affreux; il faut en avoir été témoin pour le croire. Plusieurs écrits & quelques malheureuses histoires de *Louis XIV.* éterniferaient les soupçons, si des hommes instruits ne prenaient soin de les détruire. J'ose dire, que frapé de tout tems de l'injustice des hommes, j'ai fait bien des recherches pour savoir la vérité. Voici ce que m'a répété plusieurs fois le Marquis de *Canillac*, l'un des plus honnêtes hommes du Royaume, intimément attaché à ce Prince soupçonné, dont il eut depuis beaucoup à se plaindre. Le Marquis de *Canillac*, au milieu de cette clameur publique, va le voir dans son Palais. Il le trouve étendu à terre, versant des larmes, aliéné par le désespoir. Son Chimiste *Homberg* court se rendre à la Bastille, pour se constituer prisonnier: mais on n'avait point d'ordre de le recevoir; on le refuse. Le Prince (qui le croirait?) demande lui-même, dans l'excès de sa douleur, à être mis en prison; il veut que des formes juridiques éclaircissent son innocence; sa mère demande avec lui cette justification cruelle. La lettre de cachet

chet s'expédie; mais elle n'eſt point ſignée: & le Marquis de *Canillac*, dans cette émotion d'eſprit, conſerva ſeul aſſez de ſang-froid pour ſentir les conſéquences d'une démarche ſi deſ-eſpérée. Il fit que la mére du Prince s'oppoſa à cette lettre de cachet ignominieuſe. Le Monarque qui l'accordait, & ſon neveu qui la demandait, étaient également malheureux. *

C<small>H</small>. XXVII.

CHA-

* L'Auteur de la vie du Duc *d'Orléans* eſt le prémier qui ait parlé de ces ſoupçons atroces: c'était un Jéſuite nommé *La Motte*, le même qui prêcha à Rouen contre ce Prince pendant ſa Régence, & qui ſe réfugia enſuite en Hollande ſous le nom de *la Hode*. Il était inſtruit de quelques faits publics. Il dit, Tom. I. pag. 112. que le Prince ſi injuſtement ſoupçonné demanda à ſe conſtituer priſonnier; & ce fait eſt très-vrai. Ce Jéſuite n'était pas à portée de ſavoir comment Mr. de *Canillac* s'oppoſa à cette démarche trop injurieuſe à l'innocence du Prince. Toutes les autres anecdotes qu'il raporte ſont fauſſes. *Réboulet* qui l'a copié, dit d'après lui, pag. 143. Tom. VIII. que le dernier enfant du Duc & de la Ducheſſe de Bourgogne *fut ſauvé par du contre-poiſon de Veniſe*. Il n'y a point de contre-poiſon de Veniſe qu'on donne ainſi au hazard. La Médecine ne connait point d'antidotes *généraux* qui puiſſent guérir un mal dont on ne connait point la ſource. Tous les contes qu'on a répandus dans le public en ces tems malheureux, ne ſont qu'un amas d'erreurs populaires.

C'eſt une fauſſeté de peu de conſéquence dans le Compilateur des Mémoires de Mad. *de Maintenon*, de dire que le Duc du Maine fut alors à l'agonie; c'eſt une calomnie puérile de dire, que l'Auteur du Siécle de *Louis XIV*. accrédite ces bruits plus qu'il ne les détruit. Jamais

CHAPITRE VINGT-HUITIEME.

SUITE

DES ANECDOTES.

Louis XIV. dévorait sa douleur en public; il se laissa voir à l'ordinaire; mais en secret les ressentimens de tant de malheurs le pénétraient & lui donnaient des convulsions. Il éprouvait toutes ces pertes domestiques à la suite d'une guerre malheureuse, avant qu'il fût assûré de la paix, & dans un tems ou la misére désolait le Royaume. On ne le vit pas succomber un moment à ses afflictions.

Le

Jamais l'Histoire n'a été déshonorée par de plus absurdes mensonges, que dans ces prétendus Mémoires. L'Auteur feint de les écrire en 1753. Il s'avise d'imaginer que le Duc & la Duchesse de Bourgogne, & leur fils aîné, moururent de la petite vérole; il avance cette fausseté pour se donner un prétexte de parler de l'inoculation qu'on a faite au mois de May 1756. Ainsi dans la même page il se trouve qu'il parle en 1753. de ce qui est arrivé en 1756.

La Littérature a été infectée de tant de sortes d'écrits calomnieux, on a débité en Hollande tant de faux Mémoires, tant d'impostures sur le Gouvernement & sur les Citoyens, que c'est un devoir de précautionner les lecteurs contre cette foule de libelles.

Le reste de sa vie fut triste. Le dérangement des finances, auquel il ne put remédier, aliéna les cœurs. Sa confiance entière pour le Père *le Tellier*, homme trop violent, acheva de les révolter. C'est une chose très-remarquable, que le public, qui lui pardonna toutes ses maîtresses, ne lui pardonna pas son Confesseur. Il perdit les trois dernières années de sa vie, dans l'esprit de la plûpart de ses sujets, tout ce qu'il avait fait de grand & de mémorable.

Ch. XXVIII.
Le Jésuite Le Tellier flétrit la fin de ce Régne.

Privé de presque tous ses enfans, sa tendresse, qui redoublait pour le Duc du Maine & pour le Comte de Toulouse ses fils légitimés, le porta à les déclarer héritiers de la Couronne, eux & leurs descendans, au défaut des Princes du Sang, par un Edit qui fut enrégistré sans aucune remontrance en 1714. Il tempérait ainsi, par la Loi naturelle, la sévérité des loix de convention, qui privent les enfans nés hors du mariage, de tous droits à la succession paternelle. Les Rois dispensent de cette loi. Il crut pouvoir faire pour son sang, ce qu'il avait fait en faveur de plusieurs de ses sujets. Il crut surtout pouvoir établir pour deux de ses enfans, ce qu'il avait fait passer au Parlement sans opposition, pour les Princes de la Maison de Lorraine. Il égala ensuite leur rang à celui des Princes du Sang en 1715. Le procès, que les Princes du Sang intentèrent depuis aux Princes légitimés, est connu. Ceux-ci ont conservé pour leurs personnes & pour

leurs

leurs enfans les honneurs donnés par *Louïs XIV.* Ce qui regarde leur poſtérité dépendra du tems, du mérite & de la fortune.

Louïs XIV. fut attaqué vers le milieu du mois d'Août 1715. au retour de Marli, de la maladie qui termina ſes jours. Ses jambes s'enflèrent; la gangrène commença à ſe manifeſter. Le Comte de *Stairs* Ambaſſadeur d'Angleterre paria, ſelon le génie de ſa nation, que le Roi ne paſſerait pas le mois de Septembre. Le Duc d'Orléans, qui au voyage de Marli avait été abſolument ſeul, eut alors toute la Cour auprès de ſa perſonne. Un Empirique, dans les derniers jours de la maladie du Roi, lui donna un élixir qui ranima ſes forces. Il mangea, & l'Empirique aſſûra qu'il guérirait. La foule, qui entourait le Duc d'Orléans, diminua dans le moment. ,, Si le Roi mange ,, une ſeconde fois, dit le Duc d'Orléans, nous ,, n'aurons plus perſonne. " Mais la maladie était mortelle. Les meſures étaient priſes, pour donner la Régence abſolue au Duc d'Orléans. Le Roi ne la lui avait laiſſée que très-limitée par ſon teſtament dépoſé au Parlement; ou plutôt il ne l'avait établi que Chef d'un Conſeil de Régence, dans lequel il n'aurait eu que la voix prépondérante. Cependant il lui dit: *Je vous ai conſervé tous les droits que vous donne votre naiſſance.* * C'eſt qu'il ne croyait pas qu'il

---

* Les Mémoires de Mad. de *Maintenon* Tom. V. pag. 194. diſent que *Louïs XIV.* voulut faire le Duc

y eût de loi fondamentale qui donnât dans une Minorité un pouvoir sans bornes à l'héritier présomptif du Royaume. Cette autorité suprême, dont on peut abuser, est dangereuse; mais l'autorité partagée l'est encor davantage. Il crut qu'ayant été si bien obéi pendant sa vie, il le serait après sa mort, & ne se souvenait pas qu'on avait cassé le testament de son pére.

D'ailleurs personne n'ignore avec quelle grandeur d'ame il vit approcher la mort, disant à Madame de *Maintenon*: *J'avais cru qu'il était plus difficile de mourir*; disant à ses domestiques: *Pourquoi pleurez-vous ? m'avez-vous cru immortel ?* donnant tranquillement ses ordres sur beaucoup de choses, & même sur sa pompe funèbre. Quiconque a beaucoup de témoins de sa mort, meurt toûjours avec courage. *Louïs XIII.* dans sa derniére maladie, avait mis en musique le *De Profundis*, qu'on devait chanter pour lui. Le courage d'esprit avec lequel *Louïs XIV.* vit sa fin, fut dépouillé de cette ostentation répandue sur toute sa vie. Ce courage alla jusqu'à avouer ses fautes. Son successeur a toûjours conservé écrites au chevet de son lit, les paroles remarquables que

Ch. XXVIII.

Il meurt avec courage sans ostentation.

du Maine Lieutenant Général du Royaume. Il faut avoir des garans autentiques pour avancer une chose aussi extraordinaire & aussi importante. Le Duc du Maine eût été au-dessus du Duc d'*Orléans*: c'eût été tout bouleverser: aussi le fait est-il faux.

Ch. XXVIII.

Ses derniéres paroles au Dauphin.

ce Monarque lui dit, en le tenant fur fon lit entre fes bras : ces paroles ne font point telles qu'elles font rapportées dans toutes les hiftoires. Les voici fidélement copiées :

„ Vous allez être bientôt Roi d'un grand
„ Royaume. Ce que je vous recommande plus
„ fortement, eft de n'oublier jamais les obli-
„ gations que vous avez à Dieu. Souvenez
„ vous que vous lui devez tout ce que vous
„ êtes. Tâchez de conferver la paix avec vos
„ voifins. J'ai trop aimé la guerre ; ne m'i-
„ mitez pas en cela, non plus que dans les
„ trop grandes dépenfes que j'ai faites. Prenez
„ confeil en toutes chofes , & cherchez à con-
„ naître le meilleur pour le fuivre toûjours.
„ Soulagez vos Peuples le plutôt que vous le
„ pourrez , & faites ce que j'ai eu le malheur
„ de ne pouvoir faire moi-même &c.

Ce difcours eft très-éloigné de la petiteffe d'efprit qu'on lui impute dans quelques Mémoires. On lui a reproché d'avoir porté fur lui des Reliques les derniéres années de fa vie. Ses fentimens étaient grands , mais fon Confeffeur qui ne l'était pas, l'avait affujetti à ces pratiques peu convenables, & aujourd'hui défufitées, pour l'affujettir plus pleinement à fes infinuations.

Quoique la vie & la mort de *Louïs XIV.* euffent été glorieufes, il ne fut pas auffi regretté qu'il le méritait. L'amour de la nouveauté, l'approche d'un tems de minorité, où chacun fe figurait une fortune , la querelle de
la

la *Constitution* qui aigrissait les esprits; tout fit recevoir la nouvelle de sa mort avec un sentiment qui allait plus loin que l'indifférence. Nous avons vû ce même peuple, qui en 1686. avait demandé au Ciel avec larmes la guérison de son Roi malade, suivre son convoi funèbre avec des démonstrations bien différentes. On prétend que la Reine sa mére lui avait dit un jour dans sa grande jeunesse: *Mon fils, ressemblez à votre grand-pére, & non pas à votre pére.* Le Roi en ayant demandé la raison: *C'est*, dit-elle, *qu'à la mort de Henri IV. on pleurait, & qu'on a ri à celle de Louïs XIII.*

CH. XXVIII.

Moins regretté qu'il ne devait l'être.

Quoiqu'on lui ait reproché quelques petitesses dans son zèle contre le Jansénisme, trop de hauteur avec les étrangers dans ses succès, de la faiblesse pour plusieurs femmes, de trop grandes sévérités dans des choses personnelles, des guerres légérement entreprises, l'embrasement du Palatinat, les persécutions contre les Réformés; cependant ses grandes qualités & ses actions mises enfin dans la balance l'ont emporté sur ses fautes. Le tems qui meurit les opinions des hommes a mis le sceau à sa réputation; & malgré tout ce qu'on a écrit contre lui, on ne prononcera point son nom sans respect, & sans concevoir à ce nom l'idée d'un siécle éternellement mémorable. Si l'on considère ce Prince dans sa vie privée, on le voit à la vérité trop plein de sa grandeur, mais affable, ne donnant point à sa mére de part au

Sa réputation.

Gou-

Ch.
XXVIII.

Sa conduite & ses paroles.

Gouvernement, mais remplissant avec elle tous les devoirs d'un fils, & observant avec son épouse tous les déhors de la bienséance; bon Pére, bon Maître, toûjours décent en public, laborieux dans le cabinet, exact dans les affaires, pensant juste, parlant bien, & aimable avec dignité.

J'ai déja remarqué * ailleurs, qu'il ne prononça jamais les paroles qu'on lui fait dire, lorsque le prémier Gentilhomme de la Chambre & le grand Maître de la Garderobe se disputaient l'honneur de le servir: *Qu'importe lequel de mes valets me serve?* Un discours si grossier ne pouvait partir d'un homme aussi poli & aussi attentif qu'il l'était, & ne s'accordait guère avec ce qu'il dit un jour au Duc de *la Rochefoucault*, au sujet de ses dettes: *Que ne parlez-vous à vos amis?* Mot bien différent, qui par lui-même valait beaucoup, & qui fut accompagné d'un don de cinquante mille écus.

Il n'est pas même vrai, qu'il ait écrit au Duc de la *Rochefoucault*: ,, Je vous fais mon com-
,, pliment comme vôtre ami, sur la Charge
,, de grand-Maître de la Garderobe, que je
,, vous donne comme votre Roi. " Les Historiens lui font honneur de cette lettre. C'est ne pas sentir combien il est peu délicat, combien même il est dur de dire à celui dont on
est

* Tout cela est tiré des Anecdotes imprimées parmi les Mélanges du même Auteur, & fondues dans cette Histoire.

est le Maître, qu'on est son Maître. Cela serait à sa place, si on écrivait à un sujet qui aurait été rebelle : c'est ce que *Henri IV.* aurait pu dire au Duc de *Mayenne* avant l'entiére réconciliation. Le Secretaire du Cabinet *Rose* écrivit cette lettre ; & le Roi avait trop de bon goût pour l'envoyer. C'est ce bon goût qui lui fit supprimer les inscriptions fastueuses, dont *Charpentier* de l'Académie Française avait chargé les tableaux de *le Brun* dans la galerie de Versailles ; *l'incroyable passage du Rhin* ; *la merveilleuse prise de Valenciennes*, &c. Le Roi sentit que la prise de Valenciennes, le passage du Rhin, disaient davantage. *Charpentier* avait eu raison d'orner d'inscriptions en notre langue les monumens de sa patrie ; la flatterie seule avait nui à l'exécution.

Cn. XXVIII.

Son bon goût.

On a recueilli quelques réponses, quelques mots de ce Prince, qui se réduisent à très peu de chose. On prétend, que quand il résolut d'abolir en France le Calvinisme, il dit : „ Mon „ grand-pére aimait les Huguenots, & ne „ les craignait pas ; mon pére ne les aimait „ point, & les craignait ; moi je ne les aime, „ ni ne les crains.

Ayant donné en 1658. la place de Prémier Président du Parlement de Paris à Mr. de *Lamoignon* alors Maître des Requêtes, il lui dit : „ Si j'avais connu un plus homme de bien & „ un plus digne sujet, je l'aurais choisi. " Il usa à peu près des mêmes termes avec le Cardinal de *Noailles*, lorsqu'il lui donna l'Ar-
che-

Cн. XXVIII

Paroles mémorables.

chevêché de Paris. Ce qui fait le mérite de ces paroles, c'est qu'elles étaient vraies, & qu'elles inspiraient la vertu.

On prétend qu'un Prédicateur indiscret le désigna un jour à Versailles : témérité qui n'est pas permise envers un particulier, encor moins envers un Roi. On assure que *Louis XIV.* se contenta de lui dire : *Mon Pére, j'aime bien à prendre ma part d'un sermon, mais je n'aime pas qu'on me la fasse.* Que ce mot ait été dit ou non, il peut servir de leçon.

Il s'exprimait toûjours noblement & avec précision, s'étudiant en public à parler comme à agir en Souverain. Lorsque le Duc d'Anjou partit pour aller régner en Espagne, il lui dit, pour marquer l'union qui allait désormais joindre les deux Nations : *Il n'y a plus de Pirénées.*

Rien ne peut assurément faire mieux connaître son caractère que le Mémoire suivant qu'on a tout entier écrit de sa main. *

Ecrit de sa main, où il se rend compte de sa conduite.

„ Les Rois sont souvent obligés à faire des
„ choses contre leur inclination, & qui blessent
„ leur bon naturel. Ils doivent aimer à faire
„ plaisir, & il faut qu'ils châtient souvent &
„ perdent des gens à qui naturellement ils
„ veulent du bien. L'intérêt de l'Etat doit mar-
„ cher le prémier. On doit forcer son inclina-
„ tion, & ne pas se mettre en état de se repro-
„ cher,

* Il est déposé à la Bibliothéque du Roi depuis quelques années.

„ cher, dans quelque chofe d'importance,
„ qu'on pouvait faire mieux. Mais quelques in-
„ térêts particuliers m'en ont empêché, & ont
„ déterminé les vuës que je devais avoir pour
„ la grandeur, le bien & la puiffance de l'E-
„ tat. Souvent il y a des endroits qui font
„ peine ; il y en a de délicats qu'il eft difficile
„ de démêler. On a des idées confufes. Tant
„ que cela eft, on peut demeurer fans fe dé-
„ terminer ; mais dès que l'on fe fixe l'efprit
„ à quelque chofe, & qu'on croit voir le meil-
„ leur parti, il le faut prendre. C'eft ce qui
„ m'a fait réuffir fouvent dans ce que j'ai en-
„ trepris. Les fautes que j'ai faites, & qui
„ m'ont donné des peines infinies, ont été par
„ complaifance, & pour me laiffer aller trop
„ nonchalamment aux avis des autres. Rien
„ n'eft fi dangereux que la faibleffe de quelque
„ nature qu'elle foit. Pour commander aux
„ autres il faut s'élever au-deffus d'eux ; & a-
„ près avoir entendu ce qui vient de tous les
„ endroits, on fe doit déterminer par le juge-
„ ment qu'on doit faire fans préoccupation, &
„ penfant toûjours à ne rien ordonner ni exé-
„ cuter qui foit indigne de foi, du caractère
„ qu'on porte, ni de la grandeur de l'Etat.
„ Les Princes qui ont de bonnes intentions &
„ quelque connaiffance de leurs affaires, foit
„ par expérience, foit par étude & une grande
„ application à fe rendre capables, trouvent
„ tant de différentes chofes par lefquelles ils
„ fe peuvent faire connaître, qu'ils doivent

„ avoir

Cʜ.
XXVIII.

„ avoir un soin particulier & une application
„ universelle à tout. il faut se garder contre
„ soi-même, prendre garde à son inclination,
„ & être toûjours en garde contre son naturel.
„ Le métier de Roi est grand, noble & flatteur,
„ quand on se sent digne de bien s'acquitter
„ de toutes les choses auxquelles il engage ;
„ mais il n'est pas exempt de peines, de fati-
„ gues, d'inquiétude. L'incertitude désespère
„ quelquefois ; & quand on a passé un tems
„ raisonnable à examiner une affaire, il faut
„ se déterminer & prendre le parti qu'on croit
„ le meilleur. *

„ Quand on a l'Etat en vuë, on travaille
„ pour soi ; le bien de l'un fait la gloire de
„ l'autre. Quand le prémier est heureux, éle-
„ vé & puissant, celui qui en est cause en est
„ glo-

* L'Abbé *Castel de St. Pierre*, connu par plusieurs ouvrages singuliers, dans lesquels on trouve beaucoup de vuës Philosophiques, & très peu de pratiquables, a laissé des *Annales politiques* depuis 1658. jusqu'à 1739. Il condamne sévérement, en plusieurs endroits, l'administration de *Louis XIV*. Il ne veut pas surtout qu'on l'appelle *Louis le Grand*. Si **grand** signifie *parfait*, il est sûr que ce titre ne lui convient pas : mais par ces Mémoires écrits de la main de ce Monarque, il parait qu'il avait d'aussi bons principes de Gouvernement, pour le moins, que l'Abbé de *St. Pierre*. Ces Mémoires de l'Abbé de St. Pierre n'ont rien de curieux que la bonne foi grossiére avec laquelle cet homme se croit fait pour gouverner.

„ glorieux, & par conséquent doit plus gou-
„ ter que ses sujets, par raport à lui & à eux,
„ tout ce qu'il y a de plus agréable dans la
„ vie. Quand on s'est mépris, il faut reparer
„ sa faute le plutôt qu'il est possible, & que
„ nulle considération n'en empêche, pas mê-
„ me la bonté.

„ En 1671. un homme mourut qui avait
„ la Charge de Sécretaire d'Etat, ayant le dé-
„ partement des étrangers. Il était homme
„ capable, mais non pas sans défauts. Il ne
„ laissait pas de bien remplir ce poste, qui est
„ très important.

„ Je fus quelque tems à penser à qui je fe-
„ rais avoir cette Charge ; & après avoir bien
„ examiné, je trouvai qu'un homme qui avait
„ longtems servi dans des Ambassades, était
„ celui qui la remplirait le mieux. *

„ Je lui fis mander de venir. Mon choix fut
„ approuvé de tout le monde, ce qui n'arri-
„ ve pas toûjours. Je le mis en possession de
„ cette Charge à son retour. Je ne le connais-
„ sais que de réputation & par les commis-
„ sions dont je l'avais chargé, & qu'il avait
„ bien exécutées ; mais l'Emploi que je lui ai
„ donné s'est trouvé trop grand & trop é-
„ tendu pour lui. Je n'ai pas profité de tous
„ les avantages que je pouvais avoir, & tout
„ cela par complaisance & bonté. Enfin il a
„ fallu que je lui ordonne de se retirer, par-
„ ce

* Mr. *de Pompone.*

,, ce que tout ce qui paſſait par lui , perdait
,, de la grandeur & de la force qu'on doit
,, avoir en exécutant les ordres d'un Roi de
,, France. Si j'avais pris le parti de l'éloigner
,, plus tôt, j'aurais évité les inconvéniens qui
,, me font arrivés, & je ne me reprocherais
,, pas que ma complaiſance pour lui a pû nui-
,, re à l'Etat. J'ai fait ce détail pour faire voir
,, un exemple de ce que j'ai dit ci-devant. "

Ce monument ſi précieux, & juſqu'à préſent inconnu, dépoſe à la poſtérité en faveur de la droiture & de la magnanimité de ſon ame. On peut même dire qu'il ſe juge trop ſévérement, qu'il n'avait nul reproche à ſe faire ſur Mr. *de Pompone*, puiſque les ſervices de ce Miniſtre & ſa réputation avaient déterminé le choix du Prince confirmé par l'approbation univerſelle ; & s'il ſe condamne ſur le choix de Mr. *de Pompone*, qui eut au moins le bonheur de ſervir dans les tems les plus glorieux, que ne devait-il pas ſe dire ſur Mr. *de Chamillard*, dont le Miniſtère fut ſi infortuné & condamné ſi univerſellement ?

Il avait écrit pluſieurs Mémoires dans ce goût, ſoit pour ſe rendre compte à lui-même, ſoit pour l'inſtruction du Dauphin Duc de Bourgogne. Ces réflexions vinrent après les événemens. Il eût aproché davantage de la perfection où il avait le mérite d'aſpirer, s'il eût pû ſe former une Philoſophie ſupérieure à la politique ordinaire & aux préjugés ; Philoſophie que dans le cours de tant de ſiécles on voit

voit pratiquée par si peu de Souverains, & qu'il eſt bien pardonnable aux Rois de ne pas connaître, puiſque tant d'hommes privés l'ignorent.

Cʜ. XXVIII.

Voici une partie des inſtructions qu'il donna à ſon petit-fils *Philippe V.* partant pour l'Eſpagne. Il les écrivit à la hâte, avec une négligence qui découvre bien mieux l'ame, qu'un diſcours étudié. On y voit le Pére & le Roi.

Conſeils à ſon petit-fils Roi d'Eſpagne.

„ Aimez les Eſpagnols & tous vos ſujets at-
„ tachés à vos Couronnes & à votre perſonne.
„ Ne préférez pas ceux qui vous flateront le
„ plus; eſtimez ceux qui pour le bien hazar-
„ deront de vous déplaire. Ce ſont là vos vé-
„ ritables amis.

„ Faites le bonheur de vos ſujets; & dans
„ cette vuë n'ayez de guerre que lorſque vous
„ y ſerez forcé, & que vous en aurez bien
„ conſidéré & bien peſé les raiſons dans votre
„ Conſeil.

„ Eſſayez de remettre vos finances; veillez
„ aux Indes & à vos flottes; penſez au Com-
„ merce; vivez dans une grande union avec
„ la France; rien n'étant ſi bon pour nos deux
„ Puiſſances, que cette union à laquelle rien
„ ne pourra réſiſter. *

„ Si vous êtes contraint de faire la guerre,
„ mettez-vous à la tête de vos armées.

„ Songez à rétablir vos troupes partout, &
„ commencez par celles de Flandre.

„ Ne

* On voit qu'il ſe trompa dans cette conjecture.

„ Ne quittez jamais vos affaires pour votre
„ plaisir; mais faites vous une sorte de régle
„ qui vous donne des tems de liberté & de di-
„ vertissement.

„ Il n'y en a guères de plus innocens que
„ la chasse & le goût de quelque maison de
„ campagne, pourvu que vous n'y fassiez pas
„ trop de dépense.

„ Donnez une grande attention aux affai-
„ res quand on vous en parle; écoutez beau-
„ coup dans le commencement, sans rien dé-
„ cider.

„ Quand vous aurez plus de connaissance,
„ souvenez-vous que c'est à vous à décider;
„ mais quelque expérience que vous ayez,
„ écoutez toûjours tous les avis & tous les
„ raisonnemens de votre Conseil, avant que
„ de faire cette décision.

„ Faites tout ce qui vous sera possible pour
„ bien connaître les gens les plus importans,
„ afin de vous en servir à propos.

„ Tâchez que vos Vicerois & Gouverneurs
„ soient toujours Espagnols.

„ Traitez bien tout le monde; ne dites ja-
„ mais rien de fâcheux à personne; mais dis-
„ tinguez les gens de qualité & de mérite.

„ Témoignez de la reconnaissance pour le
„ feu Roi, & pour tous ceux qui ont été d'a-
„ vis de vous choisir pour lui succéder.

„ Ayez une grande confiance au Cardinal
„ *Porto-Carrero*, & lui marquez le gré que
„ vous lui savez de la conduite qu'il a tenuë.

„ Je

„ Je crois que vous devez faire quelque chose
„ de confidérable pour l'Ambaffadeur qui a
„ été affez heureux pour vous demander &
„ pour vous faluer le prémier en qualité de
„ fujet.

„ N'oubliez par *Bedmar*, qui a du mérite,
„ & qui eft capable de vous fervir.

„ Ayez une entiére créance au Duc d'*Har-*
„ *court* ; il eft habile homme, & honnête
„ homme, & ne vous donnera des confeils
„ que par rapport à vous.

„ Tenez tous les Français dans l'ordre.

„ Traitez bien vos domeftiques, mais ne
„ leur donnez pas trop de familiarité, & en-
„ cor moins de créance. Servez vous d'eux
„ tant qu'ils feront fages : renvoyez-les à la
„ moindre faute qu'ils feront, & ne les fou-
„ tenez jamais contre les Efpagnols.

„ N'ayez de commerce avec la Reine Dou-
„ airiére que celui dont vous ne pouvez vous
„ difpenfer. Faites enforte qu'elle quitte Ma-
„ drid, & qu'elle ne forte pas d'Efpagne. En
„ quelque lieu qu'elle foit, obfervez fa con-
„ duite, & empêchez qu'elle ne fe mêle d'au-
„ cune affaire. Ayez pour fufpects ceux qui
„ auront trop de commerce avec elle.

„ Aimez toûjours vos parens. Souvenez vous
„ de la peine qu'ils ont eu à vous quitter. Con-
„ fervez un grand commerce avec eux dans
„ les grandes chofes & dans les petites. De-
„ mandez nous ce que vous auriez befoin ou
„ envie d'avoir qui ne fe trouve pas chez vous;
„ nous

„ nous en uferons de même avec vous.

„ N'oubliez jamais que vous êtes Français,
„ & ce qui peut vous arriver. Quand vous
„ aurez affuré la fucceffion d'Efpagne par des
„ enfans, vifitez vos Royaumes, allez à Na-
„ ples & en Sicile, paffez à Milan & venez
„ en Flandre ; * ce fera une occafion de nous
„ revoir : en attendant vifitez la Catalogne,
„ l'Arragon, & autres lieux. Voyez ce qu'il
„ y aura à faire pour Ceuta.

„ Jettez quelque argent au peuple quand
„ vous ferez en Efpagne, & furtout en entrant
„ à Madrid.

„ Ne paraiffez pas choqué des figures ex-
„ traordinaires que vous trouverez. Ne vous
„ en moquez point. Chaque pays a fes ma-
„ niéres particuliéres ; & vous ferez bientôt
„ accoutumé à ce qui vous paraîtra d'abord le
„ plus furprenant.

„ Evitez autant que vous pourrez de faire
„ des graces à ceux qui donnent de l'argent
„ pour les obtenir. Donnez à propos & libé-
„ ralement, & ne recevez guères de préfens
„ à moins que ce foit des bagatelles. Si quel-
„ quefois vous ne pouvez éviter d'en recevoir,
„ fai-

---

* Cela feul peut fervir à confondre tant d'Hiftoriens qui fur la foi des Mémoires infidéles écrits en
Hollande, ont raporté un prétendu Traité (figné
par *Philippe V.* avant fon départ) par lequel Traité
ce Prince cédait à fon grand-pére la Flandre &
le Milanais.

,, faites-en, à ceux qui vous en auront donné,
,, de plus confidérables, après avoir laiffé paf-
,, fer quelques jours.

,, Ayez une caffette pour mettre ce que vous
,, aurez de particulier, dont vous aurez feul
,, la clef.

,, Je finis par un des plus importans avis
,, que je puiffe vous donner. Ne vous laiffez
,, pas gouverner. Soyez le Maître ; n'ayez ja-
,, mais de Favori ni de prémier Miniftre. Ecou-
,, tez, confultez votre Confeil, mais décidez.
,, DIEU qui vous a fait Roi, vous donnera
,, les lumiéres qui vous font néceffaires, tant
,, que vous aurez de bonnes intentions. " *

Louïs XIV. avait dans l'efprit plus de juf-
teffe & de dignité, que de faillies ; & d'ailleurs
on n'exige pas qu'un Roi dife des chofes mémorables, mais qu'il en faffe. Ce qui eft néceffaire à tout homme en place, c'eft de ne laiffer

---

* Le Roi d'Efpagne profita de ces confeils : c'était
un Prince vertueux.

L'Auteur des Mémoires de *Maintenon* Tom. V.
p. 200. & fuiv. l'accufe d'avoir fait un *foufer fcan-
daleux avec la Princeffe des Urfins le lendemain de la
mort de fa prémière femme*, & d'avoir voulu époufer
cette Dame, qu'il charge d'opprobres. Remarquez
que la Princeffe *des Urfins*, Dame d'honneur de la
feue Reine, avait alors plus de foixante ans. Ces
contes populaires, qui ne méritent que l'oubli, deviennent des calomnies puniffables quand on les im-
prime, & qu'on veut flétrir les noms les plus ref-
pectés fans aporter la plus légère preuve.

Ch. XXVIII.

Sa politesse.

fer sortir personne mécontent de sa présence, & de se rendre agréable à tous ceux qui l'approchent. On ne peut faire du bien à tout moment; mais on peut toûjours dire des choses qui plaisent. Il s'en était fait une heureuse habitude. C'était entre lui & sa Cour un commerce continuel, de tout ce que la Majesté peut avoir de graces sans jamais se dégrader, & de tout ce que l'empressement de servir & de plaire peut avoir de finesse, sans l'air de la bassesse. Il était, surtout avec les femmes, d'une attention & d'une politesse qui augmentait encor celle de ses Courtisans; & il ne perdit jamais l'occasion de dire aux hommes de ces choses qui flattent l'amour propre en excitant l'émulation, & qui laissent un long souvenir.

Un jour Madame la Duchesse de Bourgogne encor fort jeune, voyant à souper un Officier qui était très-laid, plaisanta beaucoup & très-haut sur sa laideur; ,, Je le trouve, Madame, dit le Roi encor plus haut, ,, un des ,, plus beaux hommes de mon Royaume; car ,, c'est un des plus braves.

Un Officier Général, homme un peu brusque, & qui n'avait pas adouci son caractère dans la Cour même de *Louïs XIV.*, avait perdu un bras dans une action, & se plaignait au Roi, qui l'avait pourtant récompensé, autant qu'on le peut faire pour un bras cassé: ,, Je ,, voudrais avoir perdu aussi l'autre, dit-il, ,, & ne plus servir Votre Majesté: " *J'en se-*
rais

ANECDOTES.

rais bien fâché pour vous & pour moi, lui répondit le Roi : & ce discours fut suivi d'une grace qu'il lui accorda. Il était si éloigné de dire des choses désagréables, qui sont des traits mortels dans la bouche d'un Prince, qu'il ne se permettait pas même les plus innocentes & les plus douces railleries ; tandis que des particuliers en font tous les jours de si cruelles & de si funestes.

Il se plaisait & se connaissait à ces choses ingénieuses, aux impromptus, aux chansons agréables ; & quelquefois même il faisait sur le champ de petites parodies sur les airs qui étaient en vogue, comme celle-ci :

<blockquote>
Chéz mon cadet de frère,
Le Chancelier Serrant
N'est pas trop nécessaire ;
Et le sage Boisfranc
Est celui qui sait plaire.
</blockquote>

& cette autre, qu'il fit en congédiant un jour le Conseil :

<blockquote>
Le Conseil à ses yeux a beau se présenter ;
Si-tôt qu'il voit sa chienne, il quitte tout pour elle ;
Rien ne peut l'arrêter,
Quand la chasse l'appelle.
</blockquote>

Ces bagatelles servent au moins à faire voir, que les agrémens de l'esprit faisaient un des plaisirs de sa Cour, qu'il entrait dans ces plai-

CH. XXVIII.

Sagesse, circonspection & bonté.

firs; & qu'il favait dans le particulier vivre en homme, auffi-bien que repréfenter en Monarque fur le Théatre du Monde.

Sa lettre à l'Archevêque de Rheims au fujet du Marquis de *Barbéfieux*, quoiqu'écrite d'un ftile extrêmement négligé, fait plus d'honneur à fon caractère, que les penfées les plus ingénieufes n'en auraient fait à fon efprit. Il avait donné à ce jeune homme la place de Sécretaire d'Etat de la guerre, qu'avait eu le Marquis de *Louvois* fon pére. Bientôt mécontent de la conduite de fon nouveau Sécretaire d'Etat, il veut le corriger fans le trop mortifier. Dans cette vuë il s'adreffe à fon oncle l'Archevêque de Rheims; il le prie d'avertir fon neveu. C'eft un Maître inftruit de tout, c'eft un Pére qui parle.

„ Je fai, dit-il, ce que je dois à la mémoire
„ de Monfieur de *Louvois*; mais fi vôtre neveu
„ ne change de conduite, je ferai forcé de
„ prendre un parti. J'en ferai fâché; mais il
„ en faudra prendre un. Il a des talens; mais
„ il n'en fait pas un bon ufage. Il donne trop
„ fouvent à fouper aux Princes, au lieu de tra-
„ vailler; il néglige les affaires pour fes plai-
„ firs; il fait attendre trop longtems les Offi-
„ ciers dans fon antichambre; il leur parle
„ avec hauteur, & quelquefois avec dureté.

Voilà ce que ma mémoire me fournit de cette lettre, que j'ai vuë autrefois en original. Elle fait bien voir, que *Louis XIV.* n'était pas gouverné par fes Miniftres comme on l'a crû,

&

& qu'il favait gouverner fes Miniftres.

Il aimait les louanges; & il eft à fouhaiter qu'un Roi les aime, parce qu'alors il s'efforce de les mériter. Mais *Louïs XIV.* ne les recevait pas toûjours, quand elles étaient trop fortes. Lorfque nôtre Académie, qui lui rendait toûjours compte des fujets qu'elle propofait pour fes prix, lui fit voir celui-ci: *Quelle eft, de toutes les vertus du Roi, celle qui mérite la préférence?* Le Roi rougit, & ne voulut pas qu'un tel fujet fût traité. Il fouffrit les prologues de *Quinault*; mais c'était dans les plus beaux jours de fa gloire, dans le tems où l'yvreffe de la Nation excufait la fienne. *Virgile* & *Horace* par reconnaiffance, & *Ovide* par une indigne faibleffe, prodiguèrent à *Augufte* des éloges plus forts, &, fi on fonge aux profcriptions, bien moins mérités.

Si *Corneille* avait dit dans la chambre du Cardinal *de Richelieu* à quelqu'un des Courtifans: Dites à Mr. le Cardinal que je me connais mieux en vers que lui, jamais ce Miniftre ne lui eût pardonné; c'eft pourtant ce que *Defpréaux* dit tout haut du Roi dans une difpute qui s'éleva fur quelques vers que le Roi trouvait bons, & que *Defpréaux* condamnait. Il a raifon, dit le Roi, il s'y connaît mieux que moi.

Le Duc de *Vendôme* avait auprès de lui *Villiers*, un de ces hommes de plaifir qui fe font un mérite d'une liberté Cynique. Il le logeait à Verfailles dans fon apartement. On l'appellait

Cн. XXVIII.

Amour des louanges, mais envie de les mériter.

Cн. XXVIII.

Indulgence.

lait communément *Villiers Vendôme*. Cet homme condamnait hautement tous les goûts de *Louis XIV.* en Musique, en Peinture, en Architecture, en Jardins. Le Roi plantait-il un bosquet, meublait-il un apartement, construisait-il une fontaine, *Villiers* trouvait tout mal entendu, & s'exprimait en termes peu mesurés. Il est étrange, disait le Roi, que *Villiers* ait choisi ma maison pour venir s'y moquer de tout ce que je fais. L'ayant rencontré un jour dans les jardins, Eh bien, lui dit-il en lui montrant un de ses nouveaux ouvrages, cela n'a donc pas le bonheur de vous plaire? Non, répondit *Villiers*. Cependant, reprit le Roi, il y a bien des gens qui n'en sont pas si mécontens. Cela peut être, repartit *Villiers*, chacun a son avis. Le Roi en riant répondit: On ne peut pas plaire à tout le monde.

Un jour *Louis XIV.* jouant au Tric-trac, il y eut un coup douteux. On disputait; les Courtisans demeuraient dans le silence. Le Comte de *Grammont* arrive. Jugez-nous, lui dit le Roi. Sire, c'est vous qui avez tort, dit le Comte. Eh comment pouvez-vous me donner le tort avant de savoir ce dont il s'agit? Eh! Sire, ne voyez-vous pas que pour peu que la chose eût été seulement douteuse, tous ces Messieurs vous auraient donné gain de cause?

Le Duc d'*Antin* se distingua dans ce siécle par un art singulier, non pas de dire des choses flatteuses, mais d'en faire. Le Roi va coucher

cher à Petit-bourg; il y critique une grande allée d'arbres, qui cachait la vuë de la riviére. Le Duc d'*Antin* la fait abattre pendant la nuit. Le Roi, à son réveil, est étonné de ne plus voir ces arbres qu'il avait condamnés. *C'est parce que Votre Majesté les a condamnés, qu'elle ne les voit plus*, répond le Duc.

Ch: XXVIII.
Galanteries singuliéres.

Nous avons aussi rapporté ailleurs, que le même homme ayant remarqué, qu'un bois assez grand au bout du canal de Fontainebleau déplaisait au Roi, il prit le moment d'une promenade, & tout étant préparé, il se fit donner un ordre de couper ce bois, & on le vit dans l'instant abattu tout entier. Ces traits sont d'un Courtisan ingénieux, & non pas d'un flateur.

On a accusé *Louïs XIV.* d'un orgueil insupportable, parce que la base de sa statuë, à la Place des Victoires, est entourée d'esclaves enchaînés. Mais ce n'est point lui qui fit ériger cette statuë, ni celle qu'on voit à la Place de Vendôme. Celle de la Place des Victoires est le monument de la grandeur d'ame & de la reconnaissance du prémier Maréchal de *la Feuillade* pour son Maitre. Il y dépensa cinq cent mille livres, qui font près d'un million aujourd'hui; & la Ville en ajouta autant pour rendre la Place réguliére. Il parait qu'on a eu également tort d'imputer à *Louïs XIV.* le faste de cette statuë, & de ne voir que de la vanité & de la flaterie dans la magnanimité du Maréchal.

Le Maréchal de la Feuillade lui érige une statue.

Ch.
XXVIII.

On ne parlait que de ces quatre esclaves ; mais ils figurent des vices domtés, encor plus que des Nations vaincues : le duel aboli, l'hérésie détruite ; les Inscriptions le témoignent assez. Elles célébrent aussi la jonction des Mers, la paix de Nimégue ; elles ne parlent que de bienfaits ; & aucun de ces esclaves n'a rien qui caractérise les Peuples vaincus par *Louïs XIV*. D'ailleurs c'est un ancien usage des Sculpteurs, de mettre des esclaves aux pieds des statues des Rois. Il vaudrait mieux y représenter des citoyens libres & heureux. Mais enfin on voit des esclaves aux pieds du clément *Henri IV.* & de *Louïs XIII.* à Paris ; on en voit à Livourne sous la statuë de *Ferdinand de Médicis*, qui n'enchaina assurément aucune Nation ; on en voit à Berlin sous la statuë d'un Electeur, qui repoussa les Suédois, mais qui ne fit point de conquêtes.

Les voisins de la France, & les Français eux-mêmes, ont rendu très injustement *Louïs XIV.* responsable de cet usage. L'inscription, *Viro immortali*, *A l'homme immortel*, a été traitée d'idolâtrie ; comme si ce mot signifiait autre chose, que l'immortalité de sa gloire. L'inscription de *Viviani*, à sa maison de Florence, *Ædes à Deo datæ*, *Maison donnée par un Dieu*, serait bien plus idolâtre : elle n'est pourtant qu'une allusion au surnom de *Dieudonné*, & au vers de *Virgile*, *Deus nobis hæc otia fecit*.

A l'égard de la statue de la Place *Vendôme*, c'est

c'est la ville qui l'a érigée. Les Inscriptions Ch.
Latines qui remplissent les quatre faces de la XXVIII.
baze, sont des flatteries plus grossiéres que
celles de la Place des Victoires. On y lit que
Louïs XIV. ne prit jamais les armes que malgré lui. Il démentit bien solemnellement cette
adulation au lit de la mort, par des paroles
dont on se souviendra plus longtems que de
ces Inscriptions ignorées de lui, & qui ne sont
que l'ouvrage de la bassesse de quelques gens de
Lettres.

Le Roi avait destiné les bâtimens de cette
Place pour sa Bibliothéque publique. La place
était plus vaste ; elle avait d'abord trois faces,
qui étaient celles d'un Palais immense, dont
les murs étaient déja élevés, lorsque le malheur des tems en 1701. força la ville de bâtir des maisons de particuliers sur les ruines
de ce Palais commencé. Ainsi le Louvre n'a
point été fini ; ainsi la fontaine & l'obélisque,
que *Colbert* voulait faire élever vis-à-vis le
portail de *Perrault*, n'ont paru que dans les
desseins ; ainsi le beau portail de St. Gervais
est demeuré offusqué ; & la plupart des monumens de Paris laissent des regrets.

La Nation désirait, que *Louïs XIV.* eût préféré son Louvre & sa capitale au Palais de Versailles, que le Duc de *Créqui* appellait un Favori sans mérite. La postérité admire avec
reconnaissance, ce qu'on a fait de grand pour
le public ; mais la critique se joint à l'admiration, quand on voit ce que *Louïs XIV.* a
fait

CH. XXVIII. fait de superbe & de défectueux pour sa maison de campagne.

Il résulte de tout ce qu'on vient de rapporter, que *Louïs XIV.* aimait en tout la grandeur & la gloire. Un Prince, qui ayant fait d'aussi grandes choses que lui, serait encor simple & modeste, serait le prémier des Rois, & *Louïs XIV.* le second.

S'il se repentit en mourant, d'avoir entrepris légérement des guerres, il faut convenir, qu'il ne jugeait pas par les événemens : car de toutes ses guerres, la plus juste & la plus indispensable, celle de 1701., fut la seule malheureuse.

Ses enfans naturels. Il eut de son mariage, outre *Monseigneur*, deux fils & trois filles morts dans l'enfance. Ses amours furent plus heureux : il n'y eut que deux de ses enfans naturels qui moururent au berceau ; huit autres vécurent, furent légitimés, & cinq eurent postérité. Il eut encor d'une Demoiselle attachée à Madame de *Montespan*, une fille non reconnue, qu'il maria à un Gentilhomme d'auprès de Versailles, nommé *de la Queuë*.

On soupçonna, avec beaucoup de vraisemblance, une Religieuse de l'Abbaye de Moret, d'être sa fille. Elle était extrémement bazanée, & d'ailleurs lui ressemblait. * Le Roi lui donna vingt

* L'Auteur l'a vuë avec Monsieur de *Caumartin*, l'Intendant des Finances, qui avait le droit d'entrer dans l'intérieur du Couvent.

vingt mille écus de dot, en la plaçant dans ce Couvent. L'opinion qu'elle avait de sa naissance, lui donnait un orgueil dont ses Supérieures se plaignirent. Madame de *Maintenon*, dans un voyage de Fontainebleau, alla au Couvent de Moret; & voulant inspirer plus de modestie à cette Religieuse, elle fit ce qu'elle put pour lui ôter l'idée qui nourrissait sa fierté. ,, Madame, lui dit cette personne, ,, la peine que ,, prend une Dame de votre élévation, de ,, venir exprès ici me dire que je ne suis pas ,, fille du Roi, me persuade que je le suis. " Le Couvent de Moret se souvient encor de cette anecdote.

Tant de détails pourraient rebuter un Philosophe. Mais la curiosité, cette faiblesse si commune aux hommes, cesse presque d'en être une, quand elle a pour objet des tems & des hommes qui attirent les regards de la postérité.

CHA-

CHAPITRE VINGT-NEUVIEME.

Gouvernement intérieur : Commerce : Police : Loix : Discipline militaire : Marine, &c.

ON doit cette justice aux hommes publics qui ont fait du bien à leur siécle, de regarder le point dont ils sont partis, pour mieux voir les changemens qu'ils ont faits dans leur patrie. La postérité leur doit une éternelle reconnaissance des exemples qu'ils ont donnés, lors même qu'ils sont surpassés. Cette juste gloire est leur unique récompense. Il est certain que l'amour de cette gloire anima *Louïs XIV.* lorsque, commençant à gouverner par lui-même, il voulut réformer son Royaume, embellir sa Cour, & perfectionner les Arts.

<small>Son assiduité au travail.</small> Non seulement il s'imposa la loi de travailler régulièrement avec chacun de ses Ministres ; mais tout homme connu pouvait obtenir de lui une audience particuliére, & tout citoyen avait la liberté de lui présenter des requêtes & des projets. Les Placets étaient reçus d'abord par un Maître des Requêtes, qui les rendait apostillés ; ils furent dans la suite renvoyés aux bureaux des Ministres. Les projets étaient examinés dans le Conseil, quand ils méritaient de l'être : & leurs auteurs furent admis plus d'une fois à discuter leurs propositions avec les Ministres, en présence du Maître.

GOUVERNEMENT.

Maître. Ainsi on vit entre le Trône & la Nation une correspondance qui subsista, malgré le pouvoir absolu.

CH. XXIX.

Louïs XIV. se forma & s'accoûtuma lui-même au travail ; & ce travail était d'autant plus pénible, qu'il était nouveau pour lui, & que la séduction des plaisirs pouvait aisément le distraire. Il écrivit les prémiéres dépêches à ses Ambassadeurs. Les lettres les plus importantes furent souvent depuis minutées de sa main : & il n'y en eut aucune écrite en son nom, qu'il ne se fit lire.

A peine *Colbert*, après la chûte de *Fouquet*, eut-il rétabli l'ordre dans les Finances, que le Roi remit aux Peuples tout ce qui était dû d'impôts, depuis 1647. jusqu'en 1656. & surtout trois millions de tailles. On abolit pour cinq-cent mille écus par an de droits onéreux. Ainsi l'Abbé *de Choisy* paraît, ou bien mal instruit, ou bien injuste, quand il dit qu'on ne diminua point la recette. Il est certain, qu'elle fut diminuée par ces remises & augmentée par le bon ordre.

Finances. Libéralités au peuple.

Les soins du Prémier Président de *Belliévre*, aidés des libéralités de la Duchesse d'*Aiguillon* & de plusieurs citoyens, avaient établi l'Hôpital-général. Le Roi l'augmenta, & en fit élever dans toutes les villes principales du Royaume.

Hôpitaux.

Les grands chemins, jusqu'alors impraticables, ne furent plus négligés, & peu-à-peu ils devinrent ce qu'ils sont aujourd'hui sous

Chemins

Louïs

Ch. XXIX

Louis XV. l'admiration des étrangers. De quelque côté qu'on forte de Paris, on voyage à préfent environ cinquante à foixante lieues, à quelques endroits près, dans des allées fermes, bordées d'arbres. Les chemins conftruits par les anciens Romains étaient plus durables, mais non pas fi fpacieux & fi beaux.

Commerce.

Le génie de *Colbert* fe tourna principalement vers le Commerce, qui était faiblement cultivé, & dont les grands principes n'étaient pas connus. Les Anglais, & encor plus les Hollandais, faifaient par leurs vaiffeaux prefque tout le Commerce de la France. Les Hollandais furtout chargeaient dans nos ports nos denrées, & les diftribuaient dans l'Europe. Le Roi commença, dès 1662. à exempter fes fujets d'une impofition nommée *le droit de fret*, que payaient tous les vaiffeaux étrangers; & il donna aux Français toutes les facilités de tranfporter eux-mêmes leurs marchandifes à moins de frais. Alors le Commerce maritime nâquit. Le Confeil de Commerce, qui fubfifte aujourd'hui, fut établi; & le Roi y préfidait tous les quinze jours.

Ports.

Les Ports de Dunkerque & de Marfeille furent déclarés francs; & bientôt cet avantage attira le Commerce du Levant à Marfeille, & celui du Nord à Dunkerque.

Compagnies.

On forma une Compagnie des Indes Occidentales en 1664. & celle des grandes Indes fut établie la même année. Avant ce tems, il falait que le luxe de la France fût tributaire de de l'induſtrie Hollandaiſe. Les partiſans de l'ancienne œconomie, timide, ignorante & reſſerrée, déclamèrent en vain contre un Commerce, dans lequel on échange ſans ceſſe de l'argent qui ne périrait pas, contre des effets qui ſe conſomment. Ils ne faiſaient pas réflexion, que ces marchandiſes de l'Inde devenuës néceſſaires auraient été payées plus chérement à l'étranger. Il eſt vrai qu'on porte aux Indes Orientales plus d'eſpèces qu'on n'en retire, & que par là l'Europe s'appauvrit. Mais ces eſpèces viennent du Pérou & du Mexique ; elles ſont le prix de nos denrées portées à Cadix ; & il reſte plus de cet argent en France, que les Indes Orientales n'en abſorbent.

Le Roi donna plus de ſix millions de notre monnoie d'aujourd'hui à la Compagnie. Il invita les perſonnes riches à s'y intéreſſer. Les Reines, les Princes & toute la Cour fournirent deux millions numéraires de ce tems-là. Les Cours ſupérieures donnèrent douze cent mille livres, les Financiers deux millions, le Corps des Marchands ſix cent cinquante mille livres. Toute la Nation ſecondait ſon Maître.

Cette Compagnie a toûjours ſubſiſté. Car encor que les Hollandais euſſent pris Pondichéri en 1694. & que le Commerce des Indes languit depuis ce tems, il reprit une force nouvelle dans la Régence du Duc d'Orléans. Pondichéri devint alors la rivale de Batavia ; & cette Compagnie des Indes, fondée avec des peines extrèmes par le grand *Colbert*, reproduite de nos

Ch. XXIX.

Encouragemens dans le commerce maritime.

nos jours par des secousses singuliéres, fut pendant quelques années une des plus grandes ressources du Royaume. Le Roi forma encor une Compagnie du Nord en 1669.: il y mit des fonds comme dans celle des Indes. Il parut bien alors que le Commerce ne déroge pas, puisque les plus grandes Maisons s'intéressaient à ces établissemens, à l'exemple du Monarque.

La Compagnie des Indes Occidentales ne fut pas moins encouragée que les autres: le Roi fournit le dixiéme de tous les fonds.

Il donna trente francs par tonneau d'exportation, & quarante d'importation. Tous ceux qui firent construire des vaisseaux dans les Ports du Royaume, reçurent cinq livres pour chaque tonneau que leur navire pouvait contenir.

On ne peut encor trop s'étonner, que l'Abbé *de Choisy* ait censuré ces établissemens, dans ses Mémoires qu'il faut lire avec défiance. * Nous sentons aujourd'hui tout ce que le Ministre

* L'Abbé *Castel de St. Pierre* s'exprime ainsi page 105. de son Manuscrit intitulé *Annales politiques*: *Colbert grand travailleur, en négligeant les Compagnies de Commerce maritime, pour avoir plus de soin des sciences curieuses, & des beaux Arts, prit l'ombre pour le corps.* Mais *Colbert* fut si loin de négliger le Commerce maritime, que ce fut lui seul qui l'établit: jamais Ministre ne prit moins l'ombre pour le corps. C'est contredire une vérité reconnuë de toute la France, & de l'Europe.

Cette Note a été écrite au mois d'Août 1756.

niſtre *Colbert* fit pour le bien du Royaume ; mais alors on ne le ſentait pas : il travaillait pour des ingrats. On lui ſut à Paris beaucoup plus mauvais gré de la ſuppreſſion de quelques rentes ſur l'Hôtel-de-ville acquiſes à vil prix depuis 1656. & du décri où tombèrent les billets de l'Epargne prodigués ſous le précédent Miniſtère, qu'on ne fut ſenſible au bien général qu'il faiſait. Il y avait plus de bourgeois que de citoyens. Peu de perſonnes portaient leurs vuës ſur l'avantage public. On ſait combien l'intérêt particulier faſcine les yeux, rétrécit l'eſprit, je ne dis pas ſeulement l'intérêt d'un commerçant, mais d'une Compagnie, mais d'une ville. La réponſe groſſiére d'un Marchand nommé *Hazon* (qui conſulté par ce Miniſtre, lui dit ; *Vous avez trouvé la voiture renverſée d'un côté, & vous l'avez renverſée de l'autre* :) était encor citée avec complaiſance dans ma jeuneſſe ; & cette anecdote ſe retrouve dans *Moréri*. Il a falu que l'eſprit philoſophique introduit fort tard en France, ait réformé les préjugés du peuple, pour qu'on rendit enfin une juſtice entiére à la mémoire de ce grand-homme. Il avait la même exactitude que le Duc de *Sulli*, & des vuës beaucoup plus étenduës. L'un ne ſavait que ménager ; l'autre ſavait faire de grands établiſſemens.

Preſque tout fut, ou réparé, ou créé de ſon tems. La réduction de l'intérêt au denier vingt, des emprunts du Roi & des particuliers, fut la preuve ſenſible en 1665. d'une abondante

Ch. XXIX.

Injuſtice envers Colbert.

dante circulation. Il voulait enrichir la France & la peupler. Les mariages dans les campagnes furent encouragés, par une exemption de tailles pendant cinq années, pour ceux qui s'établiraient à l'âge de vingt ans, & tout pére de famille qui avait dix enfans, était exemt pour toute sa vie, parce qu'il donnait plus à l'Etat par le travail de ses enfans, qu'il n'eût pû donner en payant la taille. Ce réglement aurait dû être à jamais sans atteinte.

Manufactures. Depuis l'an 1663. chaque année de ce Ministère, jusqu'en 1672. fut marquée par l'établissement de quelque Manufacture. Les draps fins, qu'on tirait auparavant d'Angleterre, de Hollande, furent fabriqués dans Abbeville. Le Roi avançait au Manufacturier deux mille livres par chaque métier battant, outre des gratifications considérables. On compta dans l'année 1669. quarante-quatre mille deux cent métiers en laine dans le Royaume. Les Manufactures de soye perfectionnées produisirent un commerce de plus de cinquante millions de ce tems-là; & non-seulement l'avantage qu'on en tirait était beaucoup au-dessus de l'achat des soyes nécessaires, mais la culture des meuriers mit les fabriquans en état de se passer des soyes étrangères pour la chaine des étoffes.

On commença dès 1666. à faire d'aussi belles glaces qu'à Venise, qui en avait toûjours fourni toute l'Europe; & bientôt on en fit, dont la grandeur & la beauté n'ont pû jamais être imi-
tées

tées ailleurs. Les tapis de Turquie & de Perse furent surpassés à la Savonnerie. Les tapisseries de Flandre cédèrent à celles des *Gobelins*. Ce vaste enclos des *Gobelins* était rempli alors de plus de huit cent ouvriers ; il y en avait trois cent qu'on y logeait. Les meilleurs Peintres dirigeaient l'ouvrage, ou sur leurs propres desseins, ou sur ceux des anciens Maîtres d'Italie. Outre les tapisseries, on y fabriqua des ouvrages de rapport, espèce de Mosaïque admirable ; & l'art de la marquetterie fut poussé à sa perfection.

<small>C**.
XXIX.

Les Gobelins.</small>

Outre cette belle Manufacture de tapisseries aux *Gobelins*, on en établit une autre à Beauvais. Le prémier Manufacturier eut six cent ouvriers dans cette ville ; & le Roi lui fit présent de soixante mille livres.

Seize cent filles furent occupées aux ouvrages de dentelles : on fit venir trente principales ouvriéres de Venise, & deux cent de Flandre ; & on leur donna trente-six mille livres pour les encourager.

Les fabriques des draps de Sédan, celles des tapisseries d'Aubusson, dégénérées & tombées, furent rétablies. Les riches étoffes où la soye se mêle avec l'or & l'argent, se fabriquèrent à Lyon, à Tours, avec une industrie nouvelle.

<small>Sédan, Aubusson &c.</small>

On sait que le Ministère acheta en Angleterre le secret de cette machine ingénieuse, avec laquelle on fait les bas dix fois plus promtement qu'à l'aiguille. Le fer-blanc, l'acier, la belle fayence, les cuirs maroquinés qu'on avait toûjours fait venir de loin, furent travaillés en France. Mais des Calvinistes, qui avaient le secret du fer-blanc & de l'acier, emportèrent en 1686. ce secret avec eux, & firent partager cet avantage, & beaucoup d'autres, à des Nations étrangères.

Le Roi achetait tous les ans pour environ huit cent mille de nos livres de tous les ouvrages de goût, qu'on fabriquait dans son Royaume, & il en faisait des présens.

Paris embelli. Il s'en fallait beaucoup, que la ville de Paris fût ce qu'elle est aujourd'hui. Il n'y avait ni clarté, ni sûreté, ni propreté. Il falut pourvoir à ce nettoyement continuel des ruës, à cette illumination que cinq mille fanaux forment toutes les nuits, paver la ville toute entiére, y construire deux nouveaux ports, rétablir les anciens, faire veiller une garde continuelle à pied & à cheval pour la sûreté des citoyens. Le Roi se chargea de tout, en affectant des fonds à ces dépenses nécessaires. Il créa en 1667. un Magistrat, uniquement pour veiller à la Police. La plûpart des grandes villes de l'Europe ont à peine imité ces exemples longtems après; mais aucune ne les a égalés. Il n'y a point de ville pavée comme Paris; & Rome même n'est pas éclairée.

Tout commençait à tendre tellement à la perfection, que le second Lieutenant de Police qu'eut Paris, acquit dans cette place une réputation, qui le mit au rang de ceux qui ont

ont fait honneur à ce siécle ; aussi était-ce un homme capable de tout. Il fut depuis dans le Ministère ; & il eût été bon Général d'armée. La place de Lieutenant de Police était au-dessous de sa naissance & de son mérite ; & cependant cette place lui fit un bien plus grand nom, que le Ministère gêné & passager, qu'il obtint sur la fin de sa vie.

Ch. XXIX.

Police

On doit observer ici, que Monsieur *d'Argenson* ne fut pas le seul, à beaucoup près, de l'ancienne Chevalerie, qui eût exercé la Magistrature. La France est presque l'unique pays de l'Europe, où l'ancienne Noblesse ait pris souvent le parti de la robe. Presque tous les autres Etats, par un reste de barbarie Gothique, ignorent encor qu'il y ait de la grandeur dans cette profession.

Le Roi ne cessa de bâtir au Louvre, à St. Germain, à Versailles depuis 1661. Les particuliers, à son exemple, élevèrent dans Paris mille édifices superbes & commodes. Le nombre s'en est accru tellement, que depuis les environs du Palais Royal & ceux de *St. Sulpice*, il se forma dans Paris deux villes nouvelles, fort supérieures à l'ancienne. Ce fut en ce tems-là, qu'on inventa la commodité magnifique de ces carosses ornés de glaces & suspendus par des ressorts ; de sorte qu'un citoyen de Paris se promenait dans cette grande ville avec plus de luxe, que les prémiers Triomphateurs Romains n'allaient autrefois au Capitole.

Bâtimens

L 2

Сн.
XXIX

pitole. Cet ufage, qui a commencé dans Paris, fut bientôt reçu dans toute l'Europe ; & devenu commun, il n'eſt plus un luxe.

Louïs XIV. avait du goût pour l'Architecture, pour les jardins, pour la fculpture ; & ce goût était en tout dans le grand & dans le noble. Dès que le Contrôleur-général *Colbert* eut en 1664. la direction des bâtimens, qui eſt proprement le miniſtère des Arts, * il s'appliqua à feconder les projets de fon Maître. Il falut d'abord travailler à achever le Louvre. *François Manfard*, l'un des plus grands Architectes qu'ait eu la France, fut choiſi pour con-

---

* L'Abbé de St. *Pierre* dans fes Annales politiques page 104. de fon Manufcrit, dit que *ces chofes prouvent le nombre des fainéans, leur goût pour la fainéantife, qui fuffit à entretenir & à nourrir d'autres efpèces de fainéans ; que c'eſt préfentement ce qu'eſt la nation Italienne où ces Arts font portés à une haute perfection ; ils font gueux, fainéans, pareffeux, vains, poltrons, occupés de niaiferies &c.*

Ces réflexions groffiéres, & écrites groffiérement, n'en font pas plus juſtes. Lorfque les Italiens réuffirent le plus dans ces Arts, c'était fous les *Médicis*, pendant que Venife était la plus guerriére, & la plus opulente. C'était le tems où l'Italie produifit de grands hommes de guerre, & des Artiſtes illuſtres en tout genre ; & c'eſt de même dans les années floriffantes de *Louïs XIV.* que les Arts ont été le plus perfectionnés. L'Abbé de St. *Pierre* s'eſt trompé dans beaucoup de chofes, & a fait regretter que la raifon n'ait pas fécondé en lui les bonnes intentions.

construire les vastes édifices qu'on projettait. Il ne voulut pas s'en charger, sans avoir la liberté de refaire ce qui lui paraîtrait défectueux dans l'exécution. Cette défiance de lui-même, qui eût entraîné trop de dépenses, le fit exclure. On appella de Rome le Cavalier *Bernini*, dont le nom était célèbre par la colonnade qui entoure le parvis de Saint-Pierre, par la statuë équestre de *Constantin*, par la Fontaine Navonne. Des équipages lui furent fournis pour son voyage. Il fut conduit à Paris, en homme qui venait honorer la France. Il reçut, outre cinq louis par jour pendant huit mois qu'il y resta, un présent de cinquante mille écus, avec une pension de deux mille écus, & une de cinq cent pour son fils. Cette générosité de *Louïs XIV.* envers le *Bernin*, fut encor plus grande que la munificence de *François I.* pour *Raphaël*. Le *Bernin* par reconnaissance fit depuis à Rome la statuë équestre du Roi, qu'on voit à Versailles. Mais quand il arriva à Paris avec tant d'appareil, comme le seul homme digne de travailler pour *Louïs XIV.* il fut bien surpris de voir le dessein de la façade du Louvre, du côté de St. Germain-l'Auxerrois, qui devint bientôt après dans l'exécution un des plus augustes monumens d'Architecture qui soient au monde. *Claude Perrault* avait donné ce dessein, exécuté par *Louïs le Vau* & *d'Orbay*. Il inventa les machines, avec lesquelles on transporta des pierres de cinquante-deux pieds

CH. XXIX.

Munificence envers le Bernini.

CH. XXIX.

Perrault fait mieux que le Bernini.

piéds de long, qui forment le fronton de ce majeftueux édifice. On va chercher quelquefois bien loin ce qu'on a chez foi. Aucun Palais de Rome n'a une entrée comparable à celle du Louvre, dont on eft redevable à ce *Perrault*, que *Boileau* ofa vouloir rendre ridicule. Ces vignes fi renommées font, de l'aveu des voyageurs, très-inférieures au feul château de Maifons, qu'avait bâti *François Manfard* à fi peu de frais. *Bernini* fut magnifiquement récompenfé, & ne mérita pas ces récompenfes: il donna feulement des defleins, qui ne furent pas exécutés.

Fondations.

Le Roi, en faifant bâtir ce Louvre dont l'achèvement eft tant défiré, en faifant une ville à Verfailles près de ce Château qui a coûté tant de millions, en bâtiffant Trianon, Marli, & en faifant embellir tant d'autres édifices, fit élever l'Obfervatoire, commencé en 1666. dès le tems qu'il établit l'Académie des Sciences. Mais le monument le plus glorieux par fon utilité, par fa grandeur & par les difficultés, fut ce canal de Languedoc, qui joint les deux Mers, & qui tombe dans le Port de *Cette*, conftruit pour recevoir fes eaux. Tout ce travail fut commencé dès 1664.; & on le continua fans interruption jufqu'en 1681. La fondation des Invalides & la Chapelle de ce bâtiment la plus belle de Paris, l'établiffement de Saint-Cyr le dernier de tant d'ouvrages conftruits par ce Monarque, fuffiraient feul pour faire bénir fa mémoire.

moire. * Quatre mille soldats & un grand nombre d'Officiers, qui trouvent dans l'un de ces grands asyles une consolation dans leur vieillesse & des secours pour leurs blessures & pour leurs besoins; deux cent cinquante filles nobles, qui reçoivent dans l'autre une éducation digne d'elles, sont autant de voix qui célèbrent *Louïs XIV.* L'établissement de Saint-Cyr sera surpassé par celui que *Louïs XV.* vient de former, pour élever cinq cent Gentilshommes; mais loin de faire oublier Saint-Cyr, il en fait souvenir. C'est l'art de faire du bien, qui s'est perfectionné.

Louïs XIV. voulut en même tems faire des choses plus grandes & d'une utilité plus générale, mais d'une exécution plus difficile; c'était de reformer les Loix. Il y fit travailler le Chancelier *Séguier*, les *Lamoignon*, les *Talon*, les *Bignon*, & surtout le Conseiller d'Etat *Pussort*. Il assistait quelquefois à leurs assemblées. L'année 1667. fut à la fois l'époque de ses prémiéres Loix & de ses prémiéres conquêtes. L'Ordonnance civile parut d'abord; ensuite le Code des Eaux & Forêts; puis des Statuts pour toutes les Manufactures; l'Ordonnance criminelle; le Code du Commerce; celui de la Marine: tout cela suivit presque d'année en année. Il y eut même une Jurisprudence nouvelle, établie en faveur des Négres

---

* L'Abbé de St. *Pierre* critique cet établissement, que presque toutes les Nations ont imité.

Ch. XXIX.

gres de nos Colonies ; espèce d'hommes, qui n'avait pas encor jouï des droits de l'humanité.

Une connaissance approfondie de la Jurisprudence n'est pas le partage d'un Souverain. Mais le Roi était instruit des Loix principales ; il en possédait l'esprit, & savait ou les soûtenir ou les mitiger à propos. Il jugeait souvent les causes de ses sujets, non seulement dans le Conseil des Sécretaires d'Etat, mais dans celui qu'on appelle le *Conseil des Parties*. Il y a de lui deux jugemens célèbres, dans lesquels sa voix décida contre lui-même.

Beaux jugemens rendus par Louïs XIV.

Dans le prémier en 1680. il s'agissait d'un procès entre lui & des particuliers de Paris qui avaient bâti sur son fonds. Il voulut que les maisons leur demeurassent, avec le fonds qui lui appartenait, & qu'il leur céda.

L'autre regardait un Persan nommé *Roupli*, dont les marchandises avaient été saisies par les Commis de ses Fermes en 1687. Il opina que tout lui fût rendu, & y ajoûta un présent de trois mille écus. *Roupli* porta dans sa patrie son admiration & sa reconnaissance. Lorsque nous avons vu depuis à Paris l'Ambassadeur Persan *Mehemet Rizabeg*, nous l'avons trouvé instruit dès longtems de ce fait par la renommée.

L'abolition des duëls fut un des plus grands services rendus à la patrie. Ces combats avaient été autorisés autrefois par les Parlemens même & par l'Eglise ; & quoiqu'ils fussent défendus

fendus depuis *Henri IV.* cette funeste coûtume subsistait plus que jamais. Le fameux combat des *la Frette*, de quatre contre quatre en 1663. fut ce qui détermina *Louïs XIV.* à ne plus pardonner. Son heureuse sévérité corrigea peu à peu notre Nation, & même les Nations voisines, qui se conformèrent à nos sages coûtumes, après avoir pris nos mauvaises. Il y a dans l'Europe cent fois moins de duels aujourd'hui que du tems de *Louïs XIII.*

CH-
XXIX.

Duel aboli.

Législateur de ses Peuples, il le fut de ses armées. Il est étrange qu'avant lui on ne connût point les habits uniformes dans les troupes. Ce fut lui, qui la prémiére année de son administration ordonna, que chaque Régiment fût distingué par la couleur des habits ou par différentes marques; réglement adopté bientôt par toutes les Nations. Ce fut lui, * qui institua les Brigadiers, & qui mit les Corps dont la maison du Roi est formée, sur le pied où ils sont aujourd'hui. Il fit une Compagnie de Mousquetaires des Gardes du Cardinal *Mazarin*, & fixa à cinq-cent hommes le nombre des deux Compagnies, auxquelles il donna l'habit qu'elles portent encore.

Sous lui plus de Connétable, & après la mort du Duc *d'Epernon*, plus de Colonel-Général

---

* L'Abbé de *St. Pierre* dans ses Annales ne parle que de cette institution des Brigadiers, & oublie tout ce que *Louïs XIV.* fit pour la discipline militaire.

néral de l'Infanterie ; ils étaient trop maîtres ; il voulait l'être, & le devait. Le Maréchal de *Grammont*, simple Meitre-de-camp des Gardes-Françaises sous le Duc d'*Epernon*, & prenant l'ordre de ce Colonel-Général, ne le prit plus que du Roi, & fut le prémier qui eut le nom de Colonel des Gardes. Il installait lui-même ces Colonels à la tête du Régiment, en leur donnant de sa main un hausse-col doré avec une pique, & ensuite un esponton quand l'usage des piques fut aboli. Il institua les Grenadiers, d'abord au nombre de quatre par compagnie dans le Régiment du Roi, qui est de sa création ; ensuite il forma une Compagnie de Grenadiers dans chaque Régiment d'Infanterie ; il en donna deux aux Gardes-Françaises, qui maintenant en ont trois. Il augmenta beaucoup le Corps des Dragons, & leur donna un Colonel-Général. Il ne faut pas oublier l'établissement des haras en 1667. Ils étaient absolument abandonnés auparavant ; & ils furent d'une grande ressource, pour remonter la Cavalerie.

L'usage de la bayonnette au bout du fusil est de son institution. Avant lui on s'en servait quelquefois, mais il n'y avait que quelques Compagnies qui combatissent avec cette arme. Point d'usage uniforme, point d'exercice : tout était abandonné à la volonté du Général. Les piques passaient pour l'arme la plus redoutable. Le prémier Régiment qui eut des bayonnettes, & qu'on forma à cet exercice, fut

fut celui des fuſiliers, établi en 1671.

Ch. XXIX.

La manière dont l'Artillerie eſt ſervie aujourd'hui, lui eſt duë toute entiére. Il en fonda des écoles à Douai, puis à Metz & à Straſbourg ; & le Régiment d'Artillerie s'eſt vu enfin rempli d'Officiers, preſque tous capables de bien conduire un ſiége. Tous les magazins du Royaume étaient pourvus, & on y diſtribuait tous les ans huit cent milliers de poudre. Il forma un Régiment de Bombardiers, & un de Houſards : avant lui on ne connaiſſait les Houſards que chez les ennemis.

Artillerie.

Il établit en 1688. trente Régimens de Milice, fournis & équipés par les Communautés. Ces Milices s'exerçaient à la guerre, ſans abandonner la culture des Campagnes.

Des Compagnies de Cadets furent entretenuës dans la plûpart des Places frontiéres : ils y apprenaient les Mathématiques, le deſſein & tous les exercices, & faiſaient les fonctions de ſoldats. Cette inſtitution dura dix années. On ſe laſſa enfin de cette jeuneſſe, trop difficile à diſcipliner. Mais le Corps des Ingénieurs, que le Roi forma, & auquel il donna les réglemens qu'il ſuit encore, eſt un établiſſement à jamais durable. Sous lui l'art de fortifier les Places fut porté à la perfection, par le Maréchal de *Vauban* & ſes éléves, qui ſurpaſſèrent le Comte de *Pagan*. Il conſtruiſit ou répara cent-cinquante Places de guerre.

Pour ſoûtenir la diſcipline militaire, il créa des Inſpecteurs - Généraux, enſuite des Directeurs,

Ch. XXIX.

Ordre de St. Louis.

teurs, qui rendirent compte de l'état des troupes; & on voyait par leur rapport, si les Commissaires des guerres avaient fait leur devoir.

Il inſtitua l'Ordre de *St. Louïs*, récompenſe honorable, plus briguée ſouvent que la fortune. L'Hôtel des Invalides mit le comble aux ſoins qu'il prit pour mériter d'être bien ſervi.

C'eſt par de tels ſoins, que dès l'an 1672. il eut cent-quatre-vingt mille hommes de troupes réglées, & qu'augmentant ſes forces à meſure que le nombre & la puiſſance de ſes ennemis augmentaient, il eut enfin juſqu'à quatre cent cinquante mille hommes en armes, en comptant les troupes de la Marine.

Avant lui on n'avoit point vû de ſi fortes armées. Ses ennemis lui en oppoſèrent à peine d'auſſi conſidérables; mais il fallait qu'ils fuſſent réunis. Il montra ce que la France ſeule pouvait; & il eut toûjours, ou de grands ſuccès, ou de grandes reſſources.

Il fut le prémier qui en tems de paix donna une image & une leçon complette de la guerre. Il aſſembla à Compiégne ſoixante & dix mille hommes en 1698. On y fit toutes les opérations d'une Campagne. C'était pour l'inſtruction de ſes trois petits-fils. Le luxe fit une fête ſomptueuſe de cette école militaire.

Cette même attention qu'il eut à former des armées de terre nombreuſes & bien diſciplinées, même avant d'être en guerre, il l'eut à ſe donner l'Empire de la Mer. D'abord le peu de vaiſſeaux que le Cardinal *Mazarin* avait laiſſé

MARINE. 173

laiſſé pourrir dans les ports, ſont réparés. On en fait acheter en Hollande, en Suéde ; & dès la troiſiéme année de ſon Gouvernement, il envoye ſes forces maritimes s'eſſayer à Gigeri ſur la Côte d'Afrique. Le Duc de *Beaufort* purge les Mers de pirates dès l'an 1665.; & deux ans après, la France a dans ſes ports ſoixante vaiſſeaux de guerre. Ce n'eſt là qu'un commencement : mais tandis qu'on fait de nouveaux réglemens & de nouveaux efforts, il ſent déja toute ſa force. Il ne veut pas conſentir que ſes vaiſſeaux baiſſent leur pavillon devant celui d'Angleterre. En vain le Conſeil du Roi *Charles II.* inſiſte ſur ce droit, que la force, l'induſtrie & le tems avaient donné aux Anglais. *Louïs XIV.* écrit au Comte *d'Eſtrade* ſon Ambaſſadeur : „ Le Roi d'Angleterre & „ ſon Chancelier peuvent voir quelles ſont mes „ forces ; mais ils ne voyent pas mon cœur. „ Tout ne m'eſt rien à l'égard de l'honneur.

Il ne diſait que ce qu'il était réſolu de ſoûtenir ; & en effet l'uſurpation des Anglais céda au droit naturel & à la fermeté de *Louïs XIV.* Tout fut égal entre les deux Nations ſur la Mer. Mais tandis qu'il veut l'égalité avec l'Angleterre, il ſoûtient ſa ſupériorité avec l'Eſpagne. Il fait baiſſer le pavillon aux Amiraux Eſpagnols devant le ſien, en vertu de cette préléance ſolemnelle accordée en 1662.

Cependant on travaille de tous côtés à l'établiſſement d'une Marine, capable de juſtifier ces ſentimens de hauteur. On bâtit la ville &

CH. XXIX.

Hauteur de Louïs XIV. avec l'Angleterre.

le

Ch.
XXIX.

Nouveaux Ports.

le port de Rochefort à l'embouchure de la Charente. On enrôle, on enclaffe des matelots, qui doivent fervir, tantôt fur les vaiffeaux marchands, tantôt fur les flotes Royales. Il s'en trouve bientôt foixante mille d'enclaffés.

Des Confeils de conftruction font établis dans les Ports, pour donner aux vaiffeaux la forme la plus avantageufe. Cinq Arfenaux de Marine font bâtis à Breft, à Rochefort, à Toulon, à Dunkerque, au Havre de Grace. Dans l'année 1672. on a foixante vaiffeaux de ligne & quarante frégates. Dans l'année 1681. il fe trouve cent-quatre-vingt-dix-huit vaiffeaux de guerre, en comptant les alléges; & trente galères font dans le port de Toulon, ou armées, ou prêtes à l'être. Onze mille hommes de troupes réglées fervent fur les vaiffeaux; les galéres en ont trois mille. Il y a cent foixante-fix mille hommes d'enclaffés, pour tous les fervices divers de la Marine. On compta les années fuivantes dans ce fervice, mille Gentilshommes, ou enfans de famille, faifans la fonction de foldats fur les vaiffeaux, & apprenans dans les Ports tout ce qui prépare à l'art de la Navigation & à la manœuvre: ce font les Gardes marines: ils étaient fur mer ce que les Cadets étaient fur terre. On les avait inftitués en 1672. mais en petit nombre. Ce Corps a été l'école, d'où font fortis les meilleurs Officiers de vaiffeaux.

Il n'y avait point eu encor de Maréchaux de

de France dans le Corps de la Marine; & c'eſt une preuve, combien cette partie eſſentielle des forces de la France avait été négligée. *Jean d'Etrée* fut le prémier Maréchal en 1681. Il paraît, qu'une des grandes attentions de *Louïs XIV.* était d'animer dans tous les genres cette émulation ſans laquelle tout languit.

Dans toutes les batailles navales, que les flottes Françaiſes livrèrent, l'avantage leur demeura toûjours, juſqu'à la journée de la Hogue en 1692., lorſque le Comte de *Tourville*, ſuivant les ordres de la Cour, attaqua, avec quarante-quatre voiles, une flotte de quatre-vingt-dix vaiſſeaux Anglais & Hollandais: il falut céder au nombre: on perdit quatorze vaiſſeaux du premier rang, qui échouèrent & qu'on brula pour ne les pas laiſſer au pouvoir des ennemis. Malgré cet échec, les forces maritimes ſe ſoutinrent; mais elles déclinèrent toûjours dans la guerre de la ſucceſſion. Le Cardinal de *Fleury* les négligea depuis dans le loiſir d'une heureuſe paix, ſeul tems propice à les rétablir.

Ces forces navales ſervaient à protéger le Commerce. Les Colonies de la Martinique, de St. Domingue, du Canada, auparavant languiſſantes, fleurirent; mais avec un avantage qu'on n'avait point eſpéré juſqu'alors; car depuis 1635. juſqu'à 1665. ces établiſſemens avaient été à charge.

En 1664. le Roi envoye une Colonie à Cayenne;

Cᴴ. XXIX.

Marine.

Ch.
XXIX.

Colonies

Cayenne; bientôt après une autre à Madagascar. Il tente toutes les voies de réparer le tort & le malheur qu'avait eu si longtems la France, de négliger la Mer, tandis que ses voisins s'étaient formé des Empires aux extrémités du Monde.

On voit par ce seul coup d'œil, quels changemens *Louïs XIV.* fit dans l'Etat; changemens utiles, puisqu'ils subsistent. Ses Ministres le secondèrent à l'envi. On leur doit sans doute tout le détail, toute l'exécution; mais on lui doit l'arrangement général. Il est certain, que les Magistrats n'eussent pas réformé les Loix; que l'ordre n'eût pas été remis dans les finances, la discipline introduite dans les armées, la Police générale dans le Royaume; qu'on n'eût point eu de flottes; que les Arts n'eussent point été encouragés; & tout cela de concert, & en même tems, & avec persévérance, & sous différens Ministres, s'il ne se fût trouvé un Maître, qui eût en général toutes ces grandes vues, avec une volonté ferme de les remplir.

Il ne sépara point sa propre gloire de l'avantage de la France, & il ne regarda pas le Royaume du même œil dont un Seigneur regarde sa terre, de laquelle il tire tout ce qu'il peut, pour ne vivre que dans les plaisirs. Tout Roi qui aime la gloire, aime le bien public: il n'avait plus ni *Colbert* ni *Louvois*, lorsque vers l'an 1698. il ordonna, pour l'instruction du

Duc

Duc de Bourgogne, que chaque Intendant fît une description détaillée de sa Province. Par là on pouvait avoir une notice exacte du Royaume, & un dénombrement juste des Peuples. L'ouvrage fut utile, quoique tous les Intendans n'eussent pas la capacité & l'attention de Monsieur de *Lamoignon de Bâville*. Si on avait rempli les vûes du Roi sur chaque Province, comme elles le furent par ce Magistrat dans le dénombrement du Languedoc, ce recueil de Mémoires eût été un des plus beaux monumens du siécle. Il y en a quelques-uns de bien faits; mais on manqua le plan en n'assujettissant pas tous les Intendans au même ordre. Il eût été à désirer, que chacun eût donné par colonnes un état du nombre des habitans de chaque Election, des nobles, des citoyens, des laboureurs, des artisans, des manœuvres, des bestiaux de toute espéce, des bonnes, des médiocres & des mauvaises terres, de tout le Clergé régulier & séculier, de leurs revenus, de ceux des Villes, de ceux des Communautés.

CH. XXIX.

Mémoires de tous les Intendans dans pour l'instruction du Dauphin Duc de Bourgogne.

Tous ces objets sont confondus dans la plûpart des Mémoires qu'on a donnés: les matiéres y sont peu approfondies & peu exactes: il faut y chercher souvent avec peine les connaissances dont on a besoin, & qu'un Ministre doit trouver sous sa main & embrasser d'un coup d'œil, pour découvrir aisément les forces, les besoins, & les ressources. Le projet était excellent; & une exé-

H. G. Tom. VII. Suite Tom. II. M cution

Cʜ. XXIX.

cution uniforme ſerait de la plus grande utilité.

Ce que fit Louïs XIV., & ce qui reſtait à faire.

Voilà en général ce que *Louïs XIV.* fit & eſſaya, pour rendre ſa Nation plus floriſſante. Il me ſemble, qu'on ne peut guères voir tous ces travaux & tous ces efforts, ſans quelque reconnaiſſance, & ſans être animé de l'amour du bien public, qui les inſpira. Qu'on ſe repréſente ce qu'était le Royaume du tems de la Fronde, & ce qu'il eſt de nos jours. *Louïs XIV.* fit plus de bien à ſa Nation, que vingt de ſes Prédéceſſeurs enſemble; & il s'en faut beaucoup, qu'il fît ce qu'il aurait pû. La guerre, qui finit par la Paix de Riſwick, commença la ruine de ce grand Commerce, que ſon Miniſtre *Colbert* avait établi; & la guerre de la ſucceſſion l'acheva.

S'il avait employé à embellir Paris, à finir le Louvre, les ſommes immenſes que coutèrent les aqueducs & les travaux de Maintenon, pour conduire des eaux à Verſailles, travaux interrompus & devenus inutiles; s'il avait dépenſé à Paris la cinquiéme partie de ce qu'il en a coûté, pour forcer la nature à Verſailles; Paris ſerait dans toute ſon étendue auſſi beau qu'il l'eſt du côté des Tuilleries & du Pont-Royal, & ſerait devenu la plus magnifique ville de l'Univers.

C'eſt beaucoup, d'avoir réformé les Loix: mais la chicane n'a pû être écraſée par la juſtice. On penſa à rendre la Juriſprudence uniforme; elle l'eſt dans les affaires criminelles,

dans

dans celles du commerce, dans la procédure : elle pourrait l'être dans les loix qui réglent les fortunes des citoyens. C'eſt un très grand inconvénient, qu'un même Tribunal ait à prononcer ſur plus de cent coutumes différentes. Des droits de terres, ou équivoques, ou onéreux, ou qui gênent la ſociété, ſubſiſtent encore, comme des reſtes du Gouvernement féodal, qui ne ſubſiſte plus. Ce ſont des décombres d'un bâtiment Gotique ruiné.

Ce n'eſt pas qu'on prétende que les différens ordres de l'Etat doivent être aſſujettis à la même Loi. On ſent bien que les uſages de la Nobleſſe, du Clergé, des Magiſtrats, des cultivateurs, doivent être différens ; mais il eſt à ſouhaiter ſans doute que chaque Ordre ait ſa loi uniforme dans tout le Royaume, que ce qui eſt juſte & vrai dans la Champagne, ne ſoit pas reputé faux en Normandie. L'uniformité en tout genre d'adminiſtration eſt une vertu ; mais les difficultés de ce grand ouvrage ont effrayé.

Louïs XIV. aurait pû ſe paſſer plus aiſément de la reſſource dangereuſe des Traitans, où le réduiſit l'anticipation qu'il fit preſque toûjours ſur ſes revenus, comme on le verra dans le chapitre des Finances.

S'il n'eût pas cru qu'il ſuffiſait de ſa volonté pour faire changer de Religion un million d'hommes, la France n'eût pas perdu tant de citoyens. * Ce pays cependant, malgré ſes

* Voyez le chapitre du Calviniſme.

secouſſes & ſes pertes, eſt encor un des plus floriſſans de la Terre, parce que tout le bien qu'a fait *Louïs XIV.* ſubſiſte, & que le mal qu'il était difficile de ne pas faire dans des tems orageux, a été réparé. Enfin la poſtérité, qui juge les Rois, & dont ils doivent avoir toûjours le jugement devant les yeux, avouera, en peſant les vertus & les faibleſſes de ce Monarque, que quoiqu'il eût été trop loué pendant ſa vie, il mérita de l'être à jamais; & qu'il fut digne de la ſtatuë qu'on lui a érigée à Montpellier, avec une Inſcription Latine, dont le ſens eſt: *A Louïs le Grand après ſa mort.* Don *Uſtaris*, homme d'Etat, qui a écrit ſur les Finances & le Commerce d'Eſpagne, appelle *Louïs XIV. un homme prodigieux.*

<small>Changement heureux dans la Nation.</small>

Tous les changemens, qu'on vient de voir dans le Gouvernement & dans tous les Ordres de l'Etat, en produiſirent néceſſairement un très-grand dans les mœurs. L'eſprit de faction, de fureur & de rébellion, qui poſſédait les citoyens depuis le tems de *François II.*, devint une émulation de ſervir le Prince. Les Seigneurs des grandes terres n'étant plus cantonnés chez eux, les Gouverneurs des Provinces n'ayant plus de poſtes importans à donner, chacun ſongea à ne mériter de graces que celles du Souverain; & l'Etat devint un tout régulier, dont chaque ligne aboutit au centre.

C'eſt là ce qui délivra la Cour des factions &

& des conspirations, qui avaient troublé l'Etat pendant tant d'années. Il n'y eut sous l'administration de *Louïs XIV.* qu'une seule conjuration en 1674., imaginée par *la Truaumont*, Gentilhomme Normand perdu de débauches & de dettes, & embraffée par un homme de la Maison de *Rohan*, réduit par la même conduite à la même indigence. Il n'entra dans ce complot qu'un Chevalier *de Préaux*, neveu de *la Truaumont*, qui féduit par fon oncle, féduifit fa maitreffe Madame *de Villiers*. Leur but & leur efpérance n'étaient pas & ne pouvaient être de fe faire un parti dans le Royaume. Ils prétendaient feulement vendre & livrer Quillebeuf aux Hollandais, & introduire les ennemis en Normandie. Ce fut plutôt une lâche trahifon mal ourdie, qu'une confpiration. Le fupplice de tous les coupables fut le feul événement que produifit ce crime infenfé & inutile, dont à peine on fe fouvient aujourd'hui.

S'il y eut quelques féditions dans les Provinces, ce ne furent que de faibles émeutes populaires aifément réprimées. Les Huguenots même furent toûjours tranquilles, jufqu'au tems où l'on démolit leurs temples. Enfin le Roi parvint à faire, d'une Nation jufques-là turbulente, un peuple paifible, qui ne fut dangereux qu'aux ennemis, après l'avoir été à lui-même pendant plus de cent années. Les mœurs s'adoucirent, fans faire tort au courage.]

CH. XXIX.

Plus de politesse & d'agrémens qu'auparavant.

Les maisons, que tous les Seigneurs bâtirent ou achetèrent dans Paris, & leurs femmes qui y vécurent avec dignité, formèrent des écoles de politesse, qui retirèrent peu-à-peu les jeunes gens de cette vie de cabaret, qui fut encore longtems à la mode, & qui n'inspirait qu'une débauche hardie. Les mœurs tiennent à si peu de chose, que la coutume d'aller à cheval dans Paris entretenait une disposition aux querelles fréquentes, qui cessèrent quand cet usage fut aboli. La décence, dont on fut redevable principalement aux femmes qui rassemblèrent la société chez elles, rendit les esprits plus agréables; & la lecture les rendit à la longue plus solides. Les trahisons & les grands crimes, qui ne déshonorent point les hommes dans les tems de faction & de trouble, ne furent presque plus connus. Les horreurs des *Brinvilliers* & des *Voisins* ne furent que des orages passagers, sous un Ciel d'ailleurs serein; & il serait aussi déraisonnable de condanner une Nation sur les crimes éclatans de quelques particuliers, que de la canoniser sur la réforme de la Trappe.

Tous les différens états de la vie étaient auparavant reconnaissables, par des défauts qui les caractérisaient. Les militaires & les jeunes gens qui se destinaient à la profession des armes, avaient une vivacité emportée; les gens de Justice une gravité rebutante, à quoi ne contribuait pas peu l'usage d'aller toûjours en robe, même à la Cour. Il en était de même des

des Univerſités & des Médecins. Les Marchands portaient encor de petites robes, lorſqu'ils s'aſſemblaient & qu'ils allaient chez les Miniſtres ; & les plus grands Commerçans étaient alors des hommes groſſiers. Mais les maiſons, les ſpectacles, les promenades publiques, où l'on commençait à ſe raſſembler pour goûter une vie plus douce, rendirent peu-à-peu l'extérieur de tous les citoyens preſque ſemblable. On s'apperçoit aujourd'hui juſques dans le fond d'une boutique, que la politeſſe a gagné toutes les conditions. Les Provinces ſe ſont reſſenties avec le tems de tous ces changemens.

Aiſance générale. On eſt parvenu enfin à ne plus mettre le luxe, que dans le goût & dans la commodité. La foule de Pages & de domeſtiques de livrée a diſparu, pour mettre plus d'aiſance dans l'intérieur des maiſons. On a laiſſé la vaine pompe & le faſte extérieur aux Nations, chez leſquelles on ne ſait encor que ſe montrer en public, & où l'on ignore l'art de vivre.

Paris centre des Arts. L'extrême facilité introduite dans le commerce du Monde, l'affabilité, la ſimplicité, la culture de l'eſprit, ont fait de Paris une ville, qui pour la douceur de la vie l'emporte probablement de beaucoup ſur Rome & ſur Athénes, dans le tems de leur ſplendeur.

Cette foule de ſecours toûjours promts, toûjours ouverts pour toutes les Sciences, pour tous les Arts, les goûts & les beſoins ; tant d'utilités ſolides réunies avec tant de choſes agréa-

Ch. XXIX.

agréables jointes à cette franchife particuliére aux Parifiens, tout cela engage un grand nombre d'étrangers à voyager ou à faire leur féjour dans cette patrie de la fociété. Si quelques natifs en fortent, ce font ceux qui appellés ailleurs par leurs talens font un témoignage honorable à leur pays, ou c'eft le rebut de la Nation qui effaye de profiter de la confidération qu'elle infpire.

On s'eft plaint de ne plus voir à la Cour autant de hauteur dans les efprits, qu'autrefois. Il n'y a plus en effet de petits Tyrans, comme du tems de la Fronde & fous *Louïs XIII.* & dans les fiécles précédens. Mais la véritable grandeur s'eft retrouvée dans cette foule de Nobleffe, fi longtems avilie à fervir auparavant des fujets trop puiffans. On voit des Gentilshommes, des citoyens, qui fe feraient cru honorés autrefois d'être domeftiques de ces Seigneurs, devenus leurs égaux & très fouvent leurs fupérieurs dans le fervice militaire; & plus le fervice en tout genre prévaut fur les titres, plus un Etat eft floriffant.

On a comparé le fiécle de *Louïs XIV.* à celui d'*Augufte*. Ce n'eft pas que la puiffance & les événemens perfonnels foient comparables. Rome & *Augufte* étaient dix fois plus confidérables dans le Monde, que *Louïs XIV.* & Paris. Mais il faut fe fouvenir, qu'Athénes a été égale à l'Empire Romain, dans toutes les chofes qui ne tirent pas leur prix de la force & de la puiffance. Il faut encor fonger, que s'il

n'y

n'y a rien aujourd'hui dans le Monde tel que l'ancienne Rome & qu'*Auguste*, cependant toute l'Europe ensemble est très supérieure à tout l'Empire Romain. Il n'y avait du tems d'*Auguste* qu'une seule Nation, & il y en a aujourd'hui plusieurs, policées, guerriéres, éclairées, qui possédent des Arts que les Grecs & les Romains ignorèrent ; & de ces Nations il n'y en a aucune, qui ait eu plus d'éclat en tout genre depuis environ un siécle, que la Nation formée en quelque sorte par *Louïs XIV*.

Ch: XXIX.

CHAPITRE TRENTIEME.

FINANCES.

SI on compare l'administration de *Colbert* à toutes les administrations précédentes, la postérité chérira cet homme, dont le peuple insensé voulut déchirer le corps après sa mort. Les Français lui doivent certainement leur industrie & leur commerce, & par conséquent cette opulence, dont les sources diminuent quelquefois dans la guerre, mais qui se rouvrent toûjours avec abondance dans la paix. Cependant en 1702. on avait encor l'ingratitude de rejetter sur *Colbert*, la langueur, qui commençait à se faire sentir dans les nerfs de l'Etat. Un Financier de Normandie fit imprimer dans ce tems-là le détail de la France en deux

Colbert.

Ch. XXX deux petits volumes, & prétendit que tout avait été en décadence depuis 1660. C'était précisément le contraire. La France n'avait jamais été si florissante, que depuis la mort du Cardinal *Mazarin* jusqu'à la guerre de 1689.; & même dans cette guerre le corps de l'Etat, commençant à être malade, se soûtint par la vigueur que *Colbert* avait répandue dans tous ses membres. L'Auteur du *Détail* prétendit, que depuis 1660. les biens-fonds du Royaume avaient diminué de quinze cent millions. Rien n'était, ni plus faux, ni moins vraisemblable. Cependant ses argumens captieux persuadèrent ce paradoxe ridicule, à ceux qui voulurent être persuadés. C'est ainsi qu'en Angleterre, dans les tems les plus florissans, on voit cent papiers publics, qui démontrent que l'Etat est ruiné.

Peu d'intelligence alors dans la Nation.

Il était plus aisé en France qu'ailleurs, de décrier le Ministère des Finances dans l'esprit des Peuples. Ce Ministère est le plus odieux, parce que les impôts le font toûjours: il régnait d'ailleurs en général dans la finance, autant de préjugés & d'ignorance, que dans la Philosophie.

On s'est instruit si tard, que de nos jours même, on a entendu en 1718. le Parlement en Corps dire au Duc d'Orléans, que *la valeur intrinséque du marc d'argent est de vingt-cinq livres*; comme s'il y avait une autre valeur réelle intrinséque, que celle du poids & du titre; & le Duc d'Orléans, tout éclairé qu'il qu'il était, ne le fut pas assez, pour relever cette méprise du Parlement.

CH.XXX

Il est vrai, que *Colbert* ne fit pas tout ce qu'il pouvait faire, encor moins ce qu'il voulait. Les hommes n'étaient pas alors assez éclairés ; & dans un grand Royaume il y a toûjours de grands abus. La taille arbitraire, la multiplicité des droits, les douanes de province à province qui rendent une partie de la France étrangère à l'autre & même ennemie, l'inégalité des mesures d'une ville à l'autre, vingt autres maladies du corps politique ne purent être guéries.

Abus.

Colbert, pour fournir à la fois aux dépenses des guerres, des bâtimens & des plaisirs, fut obligé de rétablir vers l'an 1672. ce qu'il avait voulu d'abord abolir pour jamais ; impôts en parti, rentes, charges nouvelles, augmentations de gages ; enfin ce qui soûtient l'Etat quelque tems, & l'obère pour plusieurs années.

Colbert ne peut faire tout le bien qu'il veut.

Il fut emporté hors de ses mesures ; car, par toutes les instructions qui restent de lui, on voit qu'il était persuadé, que la richesse d'un pays ne consiste que dans le nombre des habitans, la culture des terres, le travail industrieux & le commerce : on voit, que le Roi possédant très peu de domaines particuliers, & n'étant que l'administrateur des biens de ses sujets, ne peut être véritablement riche, que par des impôts aisés à percevoir & également repartis.

Ch. XXX

Traitans

Il craignait tellement de livrer l'Etat aux Traitans, que quelque tems après la dissolution de la Chambre de Justice, qu'il avait fait ériger contre eux, il fit rendre un Arrêt du Conseil, qui établissait la peine de mort contre ceux qui avanceraient de l'argent sur de nouveaux impôts. Il voulait par cet Arrêt comminatoire, qui ne fut jamais imprimé, effrayer la cupidité des gens d'affaires. Mais bientôt après il fut obligé de se servir d'eux, sans même révoquer l'Arrêt : le Roi pressait, & il fallait des moyens prompts.

Cette invention, apportée d'Italie en France par *Catherine de Médicis*, avait tellement corrompu le Gouvernement, par la facilité funeste qu'elle donne, qu'après avoir été supprimée dans les belles années de *Henri IV.*, elle reparut dans tout le régne de *Louis XIII.* & infecta surtout les derniers tems de *Louis XIV.*

Le Pelletier Contrôleur Général.

On sait qu'après la mort de *Colbert*, lorsque le Roi se proposa de mettre *Pelletier* à la tête des finances, *le Tellier* lui dit, Sire, il n'est pas propre à cet emploi. Pourquoi ? dit le Roi. Il n'a pas l'ame assez dure, dit *le Tellier*. Mais vraiment, reprit le Roi, je ne veux pas qu'on traite durement mon peuple. En effet ce nouveau Ministre était bon & juste ; mais lorsqu'en 1688. on fut replongé dans la guerre, & qu'il fallut se soutenir contre la Ligue d'Augsbourg, c'est-à-dire, contre presque toute l'Europe, il se vit chargé d'un fardeau que

FINANCES.

que *Colbert* aurait trouvé trop lourd : le facile & malheureux expédient d'emprunter & de créer des rentes fut sa prémiére ressource. Ensuite on voulut diminuer le luxe ; ce qui dans un Royaume rempli de manufactures est diminuer l'industrie & la circulation, & ce qui n'est convenable qu'à une Nation qui paye son luxe à l'étranger.

<small>Ch. XXX</small>

Il fut ordonné que tous les meubles d'argent massif, qu'on voyait alors en assez grand nombre chez les grands Seigneurs, & qui étaient une preuve de l'abondance, seraient portés à la monnoye. Le Roi donna l'exemple : il se priva de toutes ces tables d'argent, de ces candélabres, de ces grands canapés d'argent massif, & de tous ces autres meubles qui étaient des chefs-d'œuvre de ciselure des mains de *Balin* homme unique en son genre, & tout exécutés sur les desseins de *le Brun*. Ils avaient coûté dix millions ; on en retira trois. Les meubles d'argent orfévri des particuliers produisirent trois autres millions. La ressource était faible.

<small>Meubles d'argent proscrits.</small>

On fit ensuite une de ces énormes fautes, dont le Ministère ne s'est corrigé que dans nos derniers tems ; ce fut d'altérer les monnoies, de faire des refontes inégales, de donner aux écus une valeur non proportionnée à celle des quarts ; il arriva que les quarts étant plus forts & les écus plus faibles, tous les quarts furent portés dans le pays étranger ; ils y furent frapés en écus, sur lesquels il y avait à gagner

<small>Refontes nuisibles.</small>

en

Ch. XXX

La guerre appauvrit toûjours.

en les reverfant en France. Il faut qu'un pays foit bien bon par lui-même, pour fubfifter encor avec force après avoir effuié fi fouvent de pareilles fecouffes : on n'était pas encor inftruit : la Finance était alors comme la Phyfique, une fcience de vaines conjectures. Les Traitans étaient des charlatans qui trompaient le Miniftère ; il en coûta quatre-vingt millions à l'Etat. Il faut vingt ans de peines pour réparer de pareilles brêches.

Vers les années 1691. & 1692. les finances de l'Etat parurent donc fenfiblement dérangées. Ceux qui attribuaient l'affaibliffement des fources de l'abondance aux profufions de *Louis XIV.* dans fes bâtimens, dans les Arts & dans les plaifirs, ne favaient pas, qu'au contraire les dépenfes qui encouragent l'induftrie, enrichiffent un Etat. C'eft la guerre qui appauvrit néceffairement le Tréfor public, à moins que les dépouilles des vaincus ne le rempliffent. Depuis les anciens Romains, je ne connais aucune Nation qui fe foit enrichie par des victoires. L'Italie au feiziéme fiécle n'était riche que par le Commerce. La Hollande n'eût pas fubfifté longtems, fi elle fe fût bornée à enlever la flotte d'argent des Efpagnols, & fi les grandes Indes n'avaient pas été l'aliment de fa puiffance. L'Angleterre s'eft toûjours appauvrie par la guerre, même en détruifant les flottes Françaifes ; & le Commerce feul l'a enrichie. Les Algériens, qui n'ont guères que ce qu'ils gagnent

gnent par les pirateries, font un peuple très- Ch. XXX
misérable.

Parmi les Nations de l'Europe, la guerre, au bout de quelques années, rend le vainqueur presqu'aussi malheureux que le vaincu. C'est un gouffre, où tous les canaux de l'abondance s'engloutissent. L'argent comptant, ce principe de tous les biens & de tous les maux, levé avec tant de peine dans les Provinces, se rend dans les coffres de cent entrepreneurs, dans ceux de cent partisans qui avancent les fonds, & qui achettent par ces avances le droit de dépouiller la Nation au nom du Souverain. Les particuliers alors, regardant le Gouvernement comme leur ennemi, enfouissent leur argent ; & le défaut de circulation fait languir le Royaume.

Nul remède précipité ne peut suppléer à un Capita-
arrangement fixe & stable, établi de longue tion.
main, & qui pourvoit de loin aux besoins imprévus. On établit la Capitation en 1695. * Elle fut supprimée à la paix de Risvick, & rétablie ensuite. Le Contrôleur-général *Pontchartrain*

---

* Au Tome IV. pag. 136. des Mém. de *Maintenon*, on trouve que la Capitation *rendit au-delà des espérances des Fermiers*. Jamais il n'y a eu de Ferme de la Capitation. Il est dit que *les laquais de Paris allèrent à l'Hôtel de Ville prier qu'on les imposât à la Capitation*. Ce conte ridicule se détruit de lui-même ; les Maîtres payèrent toûjours pour leurs domestiques.

Ch. XXX *chartrain* vendit des lettres de Nobleſſe pour deux mille écus en 1696. : cinq cent particuliers en achetèrent : mais la reſſource fut paſſagère, & la honte durable. On obligea tous les Nobles, anciens & nouveaux, de faire enregiſtrer leurs armoiries, & de payer la permiſſion de cacheter leurs lettres avec leurs armes. Des maltôtiers traitèrent de cette affaire, & avancèrent l'argent. Le Miniſtère n'eut preſque jamais recours qu'à ces petites reſſources, dans un Pays qui en eût pû fournir de plus grandes.

On n'oſa impoſer le dixiéme, que dans l'année 1710. Mais ce dixiéme, levé à la ſuite de tant d'autres impôts onéreux, parut ſi dur, qu'on n'oſa pas l'exiger avec rigueur. Le Gouvernement n'en retira pas vingt-cinq millions annuels, à quarante francs le marc.

Colbert avait peu changé la valeur numéraire des monnoyes. Il vaut mieux ne la point changer du tout. L'argent & l'or, ces gages d'échange, doivent être des meſures invariables. Il n'avait pouſſé la valeur numéraire du marc d'argent, de vingt-ſix francs où il l'avait trouvée, qu'à vingt-ſept, & à vingt-huit ; & après lui, dans les derniéres années de *Louis XIV.* on étendit cette dénomination juſqu'à quarante livres idéales ; reſſource fatale, par laquelle le Roi était ſoulagé un moment, pour être ruiné enſuite : car au lieu d'un marc d'argent, on ne lui en donnait preſque plus que la moitié. Celui qui devait vingt-ſix livres en 1668.

1668. donnait un marc; & qui devait quarante livres ne donnait qu'à peu près ce même marc en 1710. Les diminutions qui suivirent, dérangèrent le peu qui restait de Commerce, autant qu'avait fait l'augmentation.

On aurait trouvé une vraie ressource dans un papier de crédit; mais ce papier doit être établi dans un tems de prospérité, pour se soûtenir dans un tems malheureux.

Le Ministre *Chamillard* commença en 1706. à payer en billets de monnoie, en billets de subsistance, d'ustencile; & comme cette monnoie de papier n'était pas reçue dans les coffres du Roi, elle fut décriée presqu'aussi-tôt qu'elle parut. On fut réduit à continuer de faire des emprunts onéreux, à consommer d'avance quatre années des revenus de la Couronne.

Ch.XXX

Chamillard.

Il est dit dans l'Histoire écrite par *la Hode*, & rédigée sous le nom de *la Mortinière*, qu'il en coûtait soixante & douze pour cent pour le change dans les guerres d'Italie. C'est une absurdité. Le fait est que Mr. de *Chamillard* pour payer les armées se servait du crédit du Chevalier *Bernard*. Ce Ministre croyait, par un ancien préjugé, qu'il ne fallait pas que l'argent sortît du Royaume, comme si on donnait cet argent pour rien, & comme s'il était possible qu'une Nation débitrice à une autre, & qui ne s'acquitte pas en effets commerçables, ne paye point en argent comptant:

H. G. Tom. VII. Suite Tom. II. N ce

Cʜ.XXX ce Miniſtre donnait au Banquier huit pour cent de profit, à condition qu'on payat l'étranger ſans faire ſortir de l'argent de France. Il payait outre cela le change qui allait à cinq ou ſix pour cent de perte, & le Banquier était obligé, malgré ſa promeſſe, de ſolder ſon compte en argent avec l'étranger; ce qui produiſait une perte conſidérable.

On fit toûjours ce qu'on appelle des affaires extraordinaires: on créa des Charges ridicules, toûjours achetées par ceux qui veulent ſe mettre à l'abri de la Taille; car l'impôt de la Taille étant aviliſſant en France, & les hommes étant nés vains, l'appas qui les décharge de cette honte fait toûjours des dupes, & les gages conſidérables attachés à ces nouvelles Charges, invitent à les acheter dans des tems difficiles, parce qu'on ne fait pas réflexion qu'elles ſeront ſupprimées dans des tems moins fâcheux. Ainſi en 1707. on inventa la Dignité de Conſeillers du Roi Rouleurs & Courtiers de vin; & cela produiſit cent-quatre-vingt mille livres. On imagina des Greffiers Royaux, des Subdélégués des Intendans des Provinces. On inventa des Conſeillers du Roi Contrôleurs aux empilemens des bois, des Conſeillers de Police, des Charges de Barbiers-Perruquiers, des Contrôleurs-Viſiteurs de beurre frais, & des Eſſayeurs de beurre ſalé. Ces extravagances font rire aujourd'hui, mais alors elles faiſaient pleurer.

Le

Le Contrôleur-Général *Desmarets*, neveu Ch. XXX
de l'illustre *Colbert*, ayant en 1708. succédé à
Chamillard, ne put guérir un mal que tout
rendait incurable.

La Nature conspira avec la Fortune, pour
accabler l'Etat. Le cruel hyver de 1709. força
le Roi de remettre aux peuples neuf millions
de tailles, dans le tems qu'il n'avait pas de
quoi payer ses soldats. La disette des denrées
fut si excessive, qu'il en coûta quarante-cinq
millions pour les vivres de l'armée. La dépense de cette année 1709. montait à deux
cent vingt & un millions ; & le revenu ordinaire du Roi n'en produisit pas quarante-neuf.
Il falut donc ruiner l'Etat, pour que les ennemis ne s'en rendissent pas les maîtres. Le
désordre s'accrut tellement & fut si peu réparé, que longtems après la paix, au commencement de l'année 1715. le Roi fut obligé de
faire négocier trente-deux millions de billets,
pour en avoir huit en espèces. Enfin il laissa à
sa mort deux milliards six cent millions de dettes, à vingt-huit livres le marc, à quoi les
espèces se trouvèrent alors réduites, ce qui
fait environ quatre milliards cinq cent millions de notre monnoie courante en 1750.

Il est étonnant, mais il est vrai, que cette
immense dette n'aurait point été un fardeau
impossible à soûtenir, s'il y avait eu alors en
France un Commerce florissant, un papier de
crédit établi, & des Compagnies solides qui
eussent

Сн. XXX eussent répondu de ce papier, comme en Suéde, en Angleterre, à Venise & en Hollande. Car lorsqu'un État puissant ne doit qu'à lui-même, la confiance & la circulation suffisent pour payer. Mais il s'en fallait beaucoup, que la France eût alors assez de ressorts, pour faire mouvoir une machine si vaste & si compliquée, dont le poids l'écrasait.

Louis XIV. dans son régne, dépensa dix-huit milliards ; ce qui revient, année commune, à trois cent trente millions d'aujourd'hui, en compensant, l'une par l'autre, les augmentations & les diminutions numéraires des monnoies.

Sous l'administration du grand *Colbert*, les revenus ordinaires de la Couronne n'allaient qu'à cent dix-sept millions, à vingt-sept livres, & puis à vingt-huit livres, le marc d'argent. Ainsi tout le surplus fut toûjours fourni en affaires extraordinaires. *Colbert* fut obligé, par exemple, d'en faire pour quatre cent millions en six années de tems, dans la guerre de 1672. Il restait au Roi très peu d'anciens Domaines de la Couronne. Ils sont déclarés inaliénables par tous les Parlemens du Royaume ; & cependant ils sont presque tous aliénés. Le revenu du Roi consiste aujourd'hui dans celui de ses sujets ; c'est une circulation perpétuelle de dettes & de payemens. Le Roi doit aux citoyens plus de millions numéraires par an, sous le nom de Rentes de l'Hôtel-de-Ville,

Ville, qu'aucun Roi n'en a jamais retiré des domaines de la Couronne.

❀ Pour se faire une idée de ce prodigieux accroissement de taxes, de dettes, de richesses, de circulation, & en même tems d'embarras & de peines, qu'on a éprouvées en France, & dans les autres pays, on peut considérer qu'à la mort de *François I.* l'État devait environ trente mille livres de rentes perpétuelles sur l'Hôtel-de-Ville, & qu'à présent il doit plus de quarante-cinq millions annuels.

Ceux qui ont voulu comparer les revenus de *Louis XIV.* avec ceux de *Louis XV.* ont trouvé, en ne s'arrêtant qu'au revenu fixe & courant, que *Louis XIV.* était beaucoup plus riche en 1683. époque de la mort de *Colbert*, avec cent dix-sept millions de revenu, que son successeur ne l'était en 1730. avec près de deux cent millions : & cela est très vrai, en ne considérant que les rentes fixes & ordinaires de la Couronne. Car cent dix-sept millions numéraires, au marc de vingt-huit livres, sont une somme plus forte que deux cent millions, à quarante-neuf livres, à quoi se montait le revenu du Roi en 1730. : & de plus, il faut compter les charges augmentées par les emprunts de la Couronne. Mais aussi les revenus du Roi, c'est-à-dire, de l'État, sont accrûs depuis ; & l'intelligence des finances s'est perfectionnée au point, que dans la guerre ruineuse de 1741. il n'y a pas eu un moment

Cʜ. XXX de discrédit. On a pris le parti de faire des fonds d'amortissement, comme chez les Anglais : il a falu adopter une partie de leur sistème de finance, ainsi que leur philosophie ; & si, dans un Etat purement Monarchique, on pouvait introduire ces papiers circulans, qui doublent au moins la richesse de l'Angleterre, l'administration de la France acquerrait son dernier degré de perfection. *

Il y avait environ cinq cent millions numéraires d'argent monnoyé dans le Royaume en 1683. ; & il y en a environ douze cent, de la maniére dont on compte aujourd'hui. Mais le numéraire de notre tems est presque le double du numéraire du tems de *Colbert*. Il parait donc, que la France n'est environ que d'un sixiéme plus riche en espèces circulantes, depuis la mort de ce Ministre. Elle l'est beaucoup davantage en matiéres d'argent & d'or, travaillées & mises en œuvre pour le service & pour le luxe. Il n'y en avait pas pour quatre cent millions de notre monnoie d'aujourd'hui en 1690. : & à présent on en posséde autant qu'il y a d'espèces circulantes. Rien ne fait voir plus évidemment, combien le Commerce, dont

* L'Abbé de *St. Pierre* dans son *Journal politique*, à l'article du *Sistême*, dit qu'en Angleterre & en Hollande, il n'y a de papiers qu'autant qu'il y a d'espèce : mais il est avéré que le papier l'emporte beaucoup, & ne subsiste que par la confiance.

dont *Colbert* ouvrit les fources, s'eſt accru, Cʜ. XXX
lorſque ſes canaux fermés par les guerres ont
été débouchés. L'induſtrie s'eſt perfectionnée,
malgré l'émigration de tant d'Artiſtes, que diſ-
perſa la révocation de l'Edit de Nantes ; &
cette induſtrie augmente encor tous les jours.
La Nation eſt capable d'auſſi grandes choſes,
& de plus grandes encor que ſous *Loüis XIV.*,
parce que le génie & le commerce ſe fortifient
toûjours, quand on les encourage.

A voir l'aiſance des particuliers, ce nombre
prodigieux de maiſons agréables bâties dans
Paris & dans les Provinces, cette quantité d'é-
quipages, ces commodités, ces recherches
qu'on nomme luxe, on croirait que l'opulence
eſt vingt fois plus grande qu'autrefois. Tout
cela eſt le fruit d'un travail ingénieux, encor
plus que de la richeſſe. Il n'en coûte guères
plus aujourd'hui pour être agréablement logé,
qu'il en coûtait pour l'être mal ſous *Henri IV.*
Une belle glace de nos manufactures orne nos
maiſons à bien moins de frais que les petites
glaces qu'on tirait de Veniſe. Nos belles & pa-
rantes étoffes ſont moins chéres que celles de
l'étranger, & qui ne les valaient pas.

Ce n'eſt point en effet l'argent & l'or qui
procurent une vie commode, c'eſt le génie.
Un peuple, qui n'aurait que ces métaux, ſerait très miſérable : un peuple, qui ſans ces
métaux mettrait heureuſement en œuvre toutes les productions de la Terre, ſerait véritablement le peuple riche. La France a cet

Cн.XXX avantage, avec beaucoup plus d'efpèces qu'il n'en faut pour la circulation.

L'induſtrie s'étant perfectionnée dans les villes, s'eſt accrue dans les campagnes. Il s'élévera toûjours des plaintes fur le fort des cultivateurs. On les entend dans tous les pays du Monde; & ces murmures font prefque partout ceux des oififs opulens, qui condamnent le Gouvernement beaucoup plus qu'ils ne plaignent les Peuples. Il eſt vrai que prefqu'en tout pays, fi ceux qui paffent leurs jours dans les travaux ruſtiques avaient le loifir de murmurer, ils s'élèveraient contre les exactions qui leur enlèvent une partie de leur fubſtance. Ils déteſteraient la néceffité de payer des taxes qu'ils ne fe font point impofées, & de porter le fardeau de l'Etat fans participer aux avantages des autres citoyens. Il n'eſt pas du reffort de l'Hiſtoire d'examiner comment le peuple doit contribuer fans être foulé, & de marquer le point précis fi difficile à trouver, entre l'exécution des Loix, & l'abus des Loix, entre les impots & les rapines; mais l'Hiſtoire doit faire voir qu'il eſt impoſſible qu'une ville foit floriſſante fans que les campagnes d'alentour foient dans l'abondance; car certainement ce font ces campagnes qui la nourriſſent. On entend à des jours réglés dans toutes les villes de France les reproches de ceux à qui leur profeffion permet de déclamer en public contre toutes les différentes branches de confommation, auxquelles on donne le nom de *luxe*. Il eſt

est évident que les alimens de ce luxe ne sont Ch.XXX
fournis que par le travail industrieux des cultivateurs ; travail toûjours chérement payé.

On a planté plus de vignes, & on les a
mieux travaillées. On a fait de nouveaux vins
qu'on ne connaissait pas auparavant, tels que
ceux de Champagne, auxquels on a su donner la couleur, la séve, & la force de ceux
de Bourgogne, & qu'on débite chez l'étranger
avec un grand avantage. Cette augmentation
des vins a produit celle des eaux-de-vie. La
culture des jardins, des légumes, des fruits a
reçu de prodigieux accroissemens, & le commerce des comestibles avec les Colonies de l'A-
mérique en a été augmenté. Les plaintes qu'on
a de tout tems fait éclater, sur la misère de
la campagne, ont cessé alors d'être fondées.
D'ailleurs dans ces plaintes vagues on ne distingue pas les Cultivateurs, les Fermiers, d'a-
vec les manœuvres. Ceux-ci ne vivent que du
travail de leurs mains, & cela est ainsi dans
tous les pays du Monde où le grand nombre
doit vivre de sa peine. Mais il n'y a guères
de Royaume dans l'Univers, où le Cultivateur,
le Fermier, soit plus à son aise qu'en France,
& l'Angleterre seule peut lui disputer cet avantage. La Taille proportionnelle substituée à
l'arbitraire a contribué encor depuis environ
trente années à rendre plus solides les fortunes des cultivateurs qui possèdent des charrues,
des vignobles, des jardins. Le manœuvre,
l'ouvrier, doit être réduit au nécessaire pour

tra-

travailler; telle est la nature de l'homme. Il faut que ce grand nombre d'hommes soit pauvre, mais il ne faut pas qu'il soit misérable.

Le moyen ordre s'est enrichi à force d'industrie. Les Ministres & les Courtisans ont été moins opulens, parce que l'argent ayant augmenté numériquement de près de moitié, les appointemens & les pensions sont restés les mêmes; & le prix des denrées est monté à plus du double. C'est ce qui est arrivé dans tous les pays de l'Europe. Les droits, les honoraires sont partout restés sur l'ancien pied. Un Electeur qui reçoit l'investiture de ses Etats, ne paye que ce que ses prédécesseurs payaient du tems de l'Empereur *Charles IV.* au quatorziéme siécle, & il n'est dû qu'un écu au Sécretaire de l'Empereur dans cette cérémonie.

Ce qui est bien plus étrange, c'est que tout ayant augmenté, valeur numéraire des monnoyes, quantité des matiéres d'or & d'argent, prix des denrées, cependant la paye du soldat est restée au même taux qu'elle était il y a deux cent ans : on donne cinq sous numéraires au fantassin, comme on le donnait du tems de *Henri IV.* Aucun de ce grand nombre d'hommes ignorans qui vendent leur vie à si bon marché ne sait, qu'attendu le surhaussement des espèces & la cherté des denrées, il reçoit environ deux tiers moins que les soldats de *Henri IV.* S'il le savait, s'il demandait une paye de deux tiers plus haute, il faudrait bien la lui donner; il arriverait alors que chaque Puissance fance de l'Europe entretiendrait les deux tiers moins de troupes ; les forces fe balanceraient de même ; la culture de la terre & les manufactures en profiteraient.

Il faut encor obferver que les gains du Commerce ayant augmenté, & les apointemens de toutes les grandes Charges ayant diminué de valeur réelle, il s'eft trouvé moins d'opulence qu'autrefois chez les grands, & plus dans le moyen ordre ; & cela même a mis moins de diftance entre les hommes. Il n'y avait autrefois de reffource pour les petits que de fervir les grands. Aujourd'hui l'induftrie a ouvert mille chemins qu'on ne connaiffait pas il y a cent ans. Enfin de quelque manière que les Finances de l'Etat foient adminiftrées, la France poffède dans le travail de vingt millions d'habitans un tréfor ineftimable.

CHAPITRE TRENTE-UNIEME.
DES SCIENCES.

CE fiécle heureux, qui vit naître une révolution dans l'efprit humain, n'y femblait pas deftiné ; car, à commencer par la Philofophie, il n'y avait pas d'apparence du tems de *Louïs XIII.* qu'elle fe tirât du cahos où elle était plongée. L'Inquifition d'Italie, d'Efpagne, de Portugal, avait lié les erreurs
philo-

Ch. XXXI. philosophiques aux dogmes de la Religion : les guerres Civiles en France, & les querelles du Calvinisme, n'étaient pas plus propres à cultiver la raison humaine, que le fut le Fanatisme du tems de *Cromwel* en Angleterre. Si un Chanoine de Thorn avait renouvellé l'ancien système planétaire des Caldéens oublié depuis si longtems, cette vérité était condamnée à Rome : & la Congrégation du St. Office, composée de sept Cardinaux, ayant déclaré non-seulement hérétique mais absurde le mouvement de la Terre sans lequel il n'y a point de véritable Astronomie, le grand *Galilée* ayant demandé pardon à l'âge de soixante & dix ans d'avoir eu raison, il n'y avait pas d'apparence que la vérité pût être reçue sur la Terre.

Le Chancelier *Bacon* avait montré de loin la route qu'on pouvait tenir : *Galilée* avait fait quelques découvertes sur la chûte des corps : *Torricelli* commençait à connaître la pesanteur de l'Air qui nous environne : on avait fait quelques expériences à Magdebourg. Avec ces faibles essais, toutes les écoles restaient dans l'absurdité, & le monde dans l'ignorance. *Descartes* parut alors ; il fit le contraire de ce qu'on devait faire ; au lieu d'étudier la Nature, il voulut la deviner. Il était le plus grand Géomètre de son siécle ; mais la Géométrie laisse l'esprit comme elle le trouve. Celui de *Descartes* était trop porté à l'invention. Le prémier des Mathématiciens ne fit guères que des Romans de Philosophie. Un homme qui

qui dédaigna les expériences, qui ne cita jamais *Galilée*, qui voulait bâtir sans matériaux, ne pouvait élever qu'un édifice imaginaire.

Ce qu'il y avait de romanesque réussit; & le peu de vérités mêlé à ces chimères nouvelles, fut d'abord combattu. Mais enfin ce peu de vérités perça, à l'aide de la méthode qu'il avait introduite: car avant lui on n'avait point de fil dans ce labyrinthe; & du moins il en donna un, dont on se servit après qu'il se fut égaré. C'était beaucoup, de détruire les chimères du Péripatétisme, quoique par d'autres chimères. Ces deux fantômes se combattirent. Ils tombèrent l'un après l'autre; & la raison s'éleva enfin sur leurs ruines. Il y avait à Florence une Académie d'expériences sous le nom *del Cimento*, établie par le Cardinal *Léopold de Médicis* vers l'an 1655. On sentait déja dans cette patrie des Arts, qu'on ne pouvait comprendre quelque chose du grand édifice de la Nature, qu'en l'examinant pièce à pièce. Cette Académie, après les jours de *Galilée* & dès le tems de *Torricelli*, rendit de grands services.

Quelques Philosophes en Angleterre, sous la sombre administration de *Cromwel*, s'assemblèrent pour chercher en paix des vérités, tandis que le fanatisme opprimait toute vérité. *Charles II.* rappellé sur le Trône de ses ancêtres par le repentir & par l'inconstance de sa Nation, donna des Lettres-Patentes à cette Académie naissante; mais c'est tout ce que

Cн.
XXXI.
le Gouvernement donna. La Société Royale, ou plutôt la Société libre de Londres, travailla pour l'honneur de travailler. C'est de son sein que sortirent de nos jours les découvertes sur la lumiére, sur le principe de la gravitation, sur l'aberration des étoiles fixes, sur la Géométrie transcendente, & cent autres inventions, qui pourraient à cet égard faire appeller ce siécle, le siécle des Anglais, aussi bien que celui de *Louïs XIV.*

En 1666. Monsieur *Colbert*, jaloux de cette nouvelle gloire, voulut que les Français la partageassent ; & à la priére de quelques savans, il fit agréer à *Louïs XIV.* l'établissement d'une Académie des Sciences. Elle fut libre jusqu'en 1699. comme celle d'Angleterre & comme l'Académie Française. *Colbert* attira d'Italie *Dominique Cassini* & *Huyghens* de Hollande par de fortes pensions. Ils découvrirent les satellites & l'anneau de *Saturne*. On est redevable à *Huyghens* des horloges à pendule. On acquit peu-à-peu des connaissances de toutes les parties de la vraie Physique, en rejettant tout sistème. Le public fut étonné de voir une Chimie, dans laquelle on ne cherchait, ni le grand-œuvre, ni l'art de prolonger la vie au-delà des bornes de la Nature ; une Astronomie, qui ne prédisait pas les événemens du Monde, une Médécine indépendante des phases de la Lune. La corruption ne fut plus la mére des animaux & des plantes. Il n'y eut plus de prodiges, dès que la Nature

ture fut mieux connuë. On l'étudia dans toutes ses productions.

La Géographie reçut des accroissemens étonnans. A peine *Louïs XIV.* a t-il fait bâtir l'Observatoire, qu'il fait commencer en 1669. une Méridienne par *Dominique Cassini* & par *Picart*. Elle est continuée vers le Nord en 1683. par *la Hire*; & enfin *Cassini* la prolonge en 1700. jusqu'à l'extrémité du Roussillon. C'est le plus beau monument de l'Astronomie, & il suffit pour éterniser ce siécle.

On envoye en 1672. des Physiciens à la Cayenne, faire des observations utiles. Ce voyage a été la prémiére origine de la connaissance d'une nouvelle loi de la Nature, que le grand *Newton* a démontrée; & il a préparé à ces voyages plus fameux, qui depuis ont illustré le régne de *Louïs XV.*

On fait partir en 1700. *Tournefort* pour le Levant. Il y va recueillir des plantes, qui enrichissent le Jardin Royal, autrefois abandonné, remis alors en honneur, & aujourd'hui devenu digne de la curiosité de l'Europe. La Bibliothéque Royale, déja nombreuse, s'enrichit sous *Louïs XIV.* de plus de trente mille volumes; & cet exemple est si bien suivi de nos jours, qu'elle en contient déja plus de cent-quatre-vingt mille. Il fait rouvrir l'école de Droit, fermée depuis cent ans. Il établit dans toutes les Universités de France un Professeur de Droit Français. Il semble, qu'il ne devrait pas y en avoir d'autres, & que les

bonnes

bonnes Loix Romaines, incorporées à celles du pays, devraient former un seul corps des Loix de la Nation.

Sous lui, les Journaux s'établissent. On n'ignore pas que le *Journal des Savans*, qui commença en 1665. est le pére de tous les ouvrages de ce genre, dont l'Europe est aujourd'hui remplie, & dans lesquels trop d'abus se sont glissés, comme dans les choses les plus utiles.

L'Académie des Belles-Lettres, formée d'abord en 1663. de quelques membres de l'Académie Françaife, pour transmettre à la postérité par des médailles les actions de *Louïs XIV.* devint utile au public, dès qu'elle ne fut plus uniquement occupée du Monarque, & qu'elle s'appliqua aux recherches de l'Antiquité, & à une critique judicieuse des opinions & des faits. Elle fit à-peu-près dans l'Histoire, ce que l'Académie des Sciences faisait dans la Physique; elle dissipa des erreurs.

L'esprit de sagesse & de critique, qui se communiquait de proche en proche, détruisit insensiblement beaucoup de superstitions. C'est à cette raison naissante qu'on dut la Déclaration du Roi de 1672. qui défendit aux Tribunaux d'admettre les simples accusations de sorcellerie. On ne l'eût pas osé sous *Henri IV.* & sous *Louïs XIII.*; & si depuis 1672. il y a eu encor des accusations de maléfices, les Juges n'ont condamné d'ordinaire les accusés,

que

que comme des profanateurs, qui d'ailleurs employaient le poison. *

Il était très commun auparavant, d'éprouver les Sorciers en les plongeant dans l'eau, liés de cordes ; s'ils furnageaient, ils étaient convaincus. Plusieurs Juges de Province avaient ordonné ces épreuves ; & elles continuèrent encor longtems parmi le peuple. Tout berger était sorcier ; & les amulétes, les anneaux constellés, étaient en usage dans les villes. Les effets de la baguette de coudrier, avec laquelle on croit découvrir les sources, les trésors & les voleurs, passaient pour certains, & ont encor beaucoup de crédit dans plus d'une Province d'Allemagne. Il n'y avait presque personne

---

* En 1609. six cent Sorciers furent condamnés, dans le ressort du Parlement de Bourdeaux, & la plûpart brulés. *Nicolas Remi*, dans sa Démonolatrie, raporte neuf cent Arrêts rendus en quinze ans contre des Sorciers dans la seule Lorraine. Le fameux Curé *Louïs Gauffredi* brulé à Aix en 1611., avait avoué qu'il était Sorcier, & les Juges l'avaient cru.

C'est une chose honteuse que le Pére *Le Brun*, dans son Traité des *Pratiques superstitieuses*, admette encor de vrais sortilèges : il va même jusqu'à dire pag. 524., que le Parlement de Paris reconnait des sortilèges : il se trompe : le Parlement reconnait des profanations, des maléfices, mais non des effets surnaturels opérés par le Diable. Le Livre de *Don Calmet* sur les Vampires & sur les apparitions, a passé pour un délire ; mais il fait voir combien l'esprit humain est porté à la superstition.

H. G. Tom. VII. Suite Tom. II.   O

Cн. XXXI.

sonne qui ne se fit tirer son horoscope. On n'entendait parler que de secrets magiques; presque tout était illusion. Des Savans, des Magistrats, avaient écrit sérieusement sur ces matiéres. On distinguait parmi les Auteurs, une classe de Démonographes. Il y avait des régles pour discerner les vrais Magiciens, les vrais possédés, d'avec les faux; enfin, jusques vers ces tems-là l'on n'avait guère adopté de l'Antiquité que des erreurs en tout genre.

Superstitions.

Les idées superstitieuses étaient tellement enracinées chez les hommes, que les Cométes les effrayaient encor en 1680. On osait à peine combattre cette crainte populaire. *Jacques-Bernoulli*, l'un des grands Mathématiciens de l'Europe, en répondant à propos de cette Cométe aux partisans du préjugé, dit que la chevelure de la Cométe ne peut être un signe de la colère divine, parce que cette chevelure est éternelle : mais que la queue pourrait bien en être un. Cependant ni la tête, ni la queue, ne sont éternelles. Il falut que *Bayle* écrivît, contre le préjugé vulgaire, un livre alors fameux, que les progrès de la raison ont rendu aujourd'hui inutile.

Philosophie nécessaire.

On ne croirait pas que les Souverains eussent obligation aux Philosophes. Cependant il est vrai, que cet esprit philosophique, qui a gagné presque toutes les conditions excepté le bas peuple, a beaucoup contribué à faire valoir les droits des Souverains. Des querelles, qui auraient produit autrefois des excommunications,

nications, des interdits, des schismes, n'en ont point causé. Si on a dit que les Peuples seraient heureux quand ils auraient des Philosophes pour Rois, il est très-vrai de dire, que les Rois en sont plus heureux, quand il y a beaucoup de leurs sujets Philosophes.

Il faut avouer, que cet esprit raisonnable, qui commence à présider à l'éducation dans les grandes villes, n'a pu empêcher les fureurs des fanatiques des Cévennes, ni prévenir la démence du petit peuple de Paris autour d'un tombeau à *St. Médard*, ni calmer des disputes aussi acharnées que frivoles, entre des hommes qui auraient dû être sages. Mais avant ce siécle, ces disputes eussent causé des troubles dans l'Etat ; les miracles de *St. Médard* eussent été accrédités par les plus considérables citoyens ; & le fanatisme, renfermé dans les montagnes des Cévennes, se fût répandu dans les villes.

Tous les genres de Science & de Littérature ont été épuisés dans ce siécle ; & tant d'Ecrivains ont étendu les lumiéres de l'esprit humain, que ceux qui en d'autres tems auraient passé pour des prodiges, ont été confondus dans la foule. Leur gloire est peu de chose, à cause de leur nombre ; & la gloire du siécle en est plus grande.

CHAPITRE TRENTE-DEUXIEME.

DES BEAUX ARTS.

LA saine Philosophie ne fit pas en France d'aussi grands progrès qu'en Angleterre & à Florence ; & si l'Académie des Sciences rendit des services à l'esprit humain, elle ne mit pas la France au-dessus des autres Nations. Toutes les grandes inventions & les grandes vérités vinrent d'ailleurs.

Eloquence.

Mais dans l'Eloquence, dans la Poësie, dans la Littérature, dans les livres de Morale & d'agrément, les Français furent les Législateurs de l'Europe. Il n'y avait plus de goût en Italie. La véritable éloquence était partout ignorée, la Religion enseignée ridiculement en Chaire, & les Causes plaidées de même dans le Barreau. Les Prédicateurs citaient *Virgile* & *Ovide*; les Avocats, *St. Augustin* & *St. Jérôme*. Il ne s'était point encor trouvé de génie, qui eût donné à la Langue Française le tour, le nombre, la propriété du stile & la dignité. Quelques vers de *Malherbe* faisaient sentir seulement, qu'elle était capable de grandeur & de force ; mais c'était tout. Les mêmes génies, qui avaient écrit très-bien en Latin, comme un Président *de Thou*, un Chancelier de *l'Hôpital*, n'étaient plus les mêmes, quand

ils

ils maniaient leur propre langage, rebelle entre leurs mains. Le Français n'était encor recommandable, que par une certaine naïveté, qui avait fait le seul mérite de *Joinville*, d'*Amiot*, de *Marot*, de *Montagne*, de *Régnier*, de la *Satyre Ménippée*. Cette naïveté tenait beaucoup à l'irrégularité, à la grossiéreté.

Jean de Lingendes Evêque de Mâcon, aujourd'hui inconnu parce qu'il ne fit point imprimer ses ouvrages, fut le prémier Orateur qui parla dans le grand goût. Ses Sermons & ses Oraisons funèbres, quoique mêlées encor de la rouille de son tems, furent le modéle des Orateurs, qui l'imitèrent & le surpassèrent. L'oraison funèbre de *Charles - Emanuel* Duc de Savoye, surnommé *le Grand* dans son pays, prononcé par *Lingendes* en 1630. était pleine de si grands traits d'éloquence, que *Fléchier* longtems après en prit l'exorde tout entier, aussi-bien que le texte & plusieurs passages considérables, pour en orner sa fameuse oraison funèbre du Vicomte *de Turenne*.

Balzac en ce tems-là donnait du nombre & de l'harmonie à la Prose. Il est vrai, que ses lettres étaient des harangues empoulées; il écrivait au prémier Cardinal de *Retz*: ,, Vous ,, venez de prendre le sceptre des Rois & la li- ,, vrée des roses. " Il écrivait de Rome à *Bois-Robert*, en parlant des eaux de senteur: ,, Je ,, me sauve à la nage dans ma chambre, au ,, milieu des parfums. " Avec tous ces défauts, il charmait l'oreille. L'éloquence a tant de pouvoir sur les hommes, qu'on admira *Balzac* dans son tems, pour avoir trouvé cette petite partie de l'Art ignorée & nécessaire, qui consiste dans le choix harmonieux des paroles; & même pour l'avoir employée souvent hors de sa place.

Voiture. — *Voiture* donna quelque idée des graces légéres de ce stile épistolaire, qui n'est pas le meilleur, puisqu'il ne consiste que dans la plaisanterie. C'est un baladinage de l'esprit, que deux tomes de lettres dans lesquelles il n'y en a pas une seule instructive, pas une qui parte du cœur, qui peigne les mœurs du tems & les caractères des hommes; c'est plutôt un abus qu'un usage de l'esprit.

Vaugelas. — La Langue commençait à s'épurer, & à prendre une forme constante. On en était redevable à l'Académie Française, & surtout à *Vaugelas*. Sa traduction de *Quinte-Curce*, qui parut en 1646. fut le premier bon livre écrit purement; & il s'y trouve peu d'expressions & de tours qui ayent vieilli.

Patru. — *Olivier Patru*, qui le suivit de près, comtribua beaucoup à régler, à épurer le langage; & quoiqu'il ne passât pas pour un Avocat profond, on lui dut néanmoins l'ordre, la clarté, la bienséance, l'élégance du discours; mérites absolument inconnus avant lui au Barreau.

Un des ouvrages, qui contribuèrent le plus à former le goût de la Nation & à lui donner un esprit de justesse & de précision, fut le petit

tit recueil des *Maximes de François Duc de la Rochefoucault*. Quoiqu'il n'y ait presque qu'une vérité dans ce livre, qui est que *l'amour-propre est le mobile de tout*; cependant cette pensée se présente sous tant d'aspects variés, qu'elle est presque toûjours piquante. C'est moins un livre, que des matériaux pour orner un livre. On lut avidement ce petit recueil; il accoûtuma à penser & à renfermer ses pensées dans un tour vif, précis & délicat. C'etait un mérite que personne n'avait eu avant lui en Europe, depuis la renaissance des Lettres. Mais le prémier livre de génie, qu'on vit en prose, fut le recueil des *Lettres Provinciales* en 1654. Toutes les sortes d'éloquence y sont renfermées. Il n'y a pas un seul mot, qui depuis cent ans se soit ressenti du changement qui altère souvent les Langues vivantes. Il faut rapporter à cet ouvrage l'époque de la fixation du langage. L'Evêque de Luçon fils du célèbre *Bussi* m'a dit, qu'ayant demandé à Monsieur de Meaux, quel ouvrage il eût mieux aimé avoir fait, s'il n'avait pas fait les siens, *Bossuet* lui répondit, *Les Lettres Provinciales*.

Le bon goût qui régne d'un bout à l'autre dans ce livre, & la vigueur des derniéres lettres, ne corrigèrent pas d'abord le stile lâche, diffus, incorrect & décousu, qui depuis longtems était celui de presque tous les Ecrivains, des Prédicateurs & des Avocats.

Un des prémiers, qui étala dans la Chaire une raison toûjours éloquente, fut le Pére Bour-

Cн. XXXII.

Duc de la Rochefoucault.

Pascal.

Ch. XXXII.

Bourdaloue.

Bourdaloue vers l'an 1668. Ce fut une lumière nouvelle. Il y a eu après lui d'autres Orateurs de la Chaire, comme le Pére *Massillon* Evêque de Clermont, qui ont répandu dans leurs discours plus de graces, des peintures plus fines & plus pénétrantes des mœurs du siécle; mais aucun ne l'a fait oublier. Dans son stile plus nerveux que fleuri, sans aucune imagination dans l'expression, il paraît vouloir plutôt convaincre que toucher; & jamais il ne songe à plaire.

Peut-être serait-il à souhaiter, qu'en bannissant de la Chaire le mauvais goût qui l'avilissait, il en eût banni aussi cette coûtume de prêcher sur un Texte. En effet, parler longtems sur une citation d'une ligne ou deux, se fatiguer à compasser tout son discours sur cette ligne, un tel travail paraît un jeu peu digne de la gravité de ce Ministère. Le Texte devient une espèce de devise, ou plutôt d'énigme, que le discours dévelope. Jamais les Grecs & les Romains ne connurent cet usage. C'est dans la décadence des Lettres qu'il commença, & le tems l'a consacré.

L'habitude de diviser toûjours en deux ou trois points des choses qui comme la Morale n'exigent aucune division, ou qui en demanderaient davantage comme la Controverse, est encor une coûtume gênante, que le Pére *Bourdaloue* trouva introduite, & à laquelle il se conforma.

Bossuet.

Il avait été précédé par *Bossuet* depuis Evêque

que de Meaux. Celui-ci, qui devint un si grand-homme, s'était engagé dans sa grande jeunesse, à épouser Mademoiselle *Des-Vieux*, fille d'un rare mérite. Ses talens pour la Théologie & pour cette espèce d'éloquence qui le caractérise, se montrèrent de si bonne heure, que ses parens & ses amis le déterminèrent à ne se donner qu'à l'Eglise. Mademoiselle *Des-Vieux* l'y engagea elle-mème, préférant la gloire qu'il devait acquérir, au bonheur de vivre avec lui. * Il avait prêché assez jeune devant le Roi & la Reine Mére en 1662., longtems avant que le Pére *Bourdalouë* fût connu. Ses discours soutenus d'une action noble & touchante, les prémiers qu'on eût encor entendus à la Cour qui approchassent du sublime, eurent un si grand succès, que le Roi fit écrire en son nom à son pére Intendant de Soissons, pour le féliciter d'avoir un tel fils.

Cependant, quand *Bourdalouë* parut, *Bossuet* ne passa plus pour le prémier Prédicateur. Il s'était déja donné aux oraisons funébres, genre d'éloquence, qui demande de l'imagination & une grandeur majestueuse qui tient un peu à la Poësie, dont il faut toûjours emprunter quelque chose, quoiqu'avec discrétion, quand on tend au sublime. L'oraison funébre de la Reine Mére, qu'il prononça en 1667. lui valut l'Evèché de Condom : mais ce discours

Cн.
XXXII.

* Voyez le catalogue des Ecrivains à l'article *Bossuet*.

Ch. XXXII. cours n'était pas encor digne de lui; & il ne fut pas imprimé, non plus que ses sermons. L'éloge funébre de la Reine d'Angleterre veuve de *Charles I.* qu'il fit en 1669. parut presqu'en tout un chef-d'œuvre. Les sujets de ces piéces d'éloquence sont heureux, à proportion des malheurs que les morts ont éprouvés. C'est en quelque façon comme dans les Tragédies, où les grandes infortunes des principaux personnages sont ce qui intéresse davantage. L'éloge funébre de Madame, enlevée à la fleur de son âge & morte entre ses bras, eut le plus grand & le plus rare des succès, celui de faire verser des larmes à la Cour: il fut obligé de s'arrêter après ces paroles: *O nuit désastreuse! nuit effroyable, où retentit tout à coup comme un éclat de tonnerre, cette étonnante nouvelle, Madame se meurt, Madame est morte, &c.* L'Auditoire éclata en sanglots; & la voix de l'Orateur fut interrompue par ses soupirs & par ses pleurs.

Les Français furent les seuls qui réussirent dans ce genre d'éloquence. Le même homme quelque tems après en inventa un nouveau, qui ne pouvait guère avoir de succès qu'entre ses mains. Il appliqua l'Art oratoire à l'Histoire même, qui semble l'exclure. Son *Discours sur l'Histoire Universelle*, composé pour l'éducation du Dauphin, n'a eu ni modèle ni imitateurs. Si le systême qu'il adopte, pour concilier la Chronologie des Juifs avec celle des autres Nations, a trouvé des contradicteurs

chez

BEAUX ARTS.

chez les savans, son stile n'a trouvé que des admirateurs. On fut étonné de cette force majestueuse, dont il décrit les Mœurs, le Gouvernement, l'accroissement & la chute des grands Empires; & de ces traits rapides d'une vérité energique, dont il peint & dont il juge les Nations.

Ch. XXXII.

Presque tous les ouvrages qui honorèrent ce siécle, étaient dans un genre inconnu à l'Antiquité. Le *Télémaque* est de ce nombre. *Fénelon*, le disciple, l'ami de *Bossuet*, & depuis devenu malgré lui son rival & son ennemi, composa ce livre singulier, qui tient à la fois du Roman & du Poëme, & qui substitue une prose cadencée à la versification. Il semble qu'il ait voulu traiter le Roman, comme Monsieur de Meaux avait traité l'Histoire, en lui donnant une dignité & des charmes inconnus, & surtout en tirant de ces fictions une Morale utile au genre humain; Morale entiérement négligée dans toutes les inventions fabuleuses. On a cru, qu'il avait composé ce livre pour servir de thêmes & d'instruction au Duc de Bourgogne & aux autres enfans de France, dont il fut Précepteur; ainsi que *Bossuet* avait fait son *Histoire universelle*, pour l'éducation de Monseigneur. Mais son neveu le Marquis de *Fénelon*, héritier de la vertu de cet homme célèbre, & qui a été tué à la bataille de Rocou, m'a assûré le contraire. En effet, il n'eût pas été convenable, que les amours de *Calypso* & d'*Eucharis* eussent été les prémiéres

Fénelon.

leçons

leçons qu'un Prêtre eût données aux enfans de France.

Il ne fit cet ouvrage, que lorsqu'il fut relégué dans son Archevêché de Cambrai. Plein de la lecture des Anciens, & né avec une imagination vive & tendre, il s'était fait un stile, qui n'était qu'à lui & qui coulait de source avec abondance. J'ai vû son manuscrit original : il n'y a pas dix ratures. Il le composa en trois mois au milieu de ses malheureuses disputes sur le Quiétisme ; ne se doutant pas combien ce délassement était supérieur à ses occupations. On prétend, qu'un domestique lui en déroba une copie, qu'il fit imprimer. Si cela est, l'Archevêque de Cambrai dut à cette infidélité toute la réputation qu'il eut en Europe : mais il lui dut aussi d'être perdu pour jamais à la Cour. On crut voir dans le *Télémaque*, une critique indirecte du Gouvernement de *Louïs XIV*. *Sésostris* qui triomphait avec trop de faste, *Idoménée* qui établissait le luxe dans Salente & qui oubliait le nécessaire, parurent des portraits du Roi : quoiqu'après tout il soit impossible d'avoir chez soi le superflu que par la surabondance des Arts de première nécessité. Le Marquis de *Louvois* semblait, aux yeux des mécontens, représenté sous le nom de *Protésilas*, vain, dur, hautain, ennemi des grands Capitaines qui servaient l'Etat & non le Ministre.

Les Alliés, qui dans la guerre de 1688. s'unirent contre *Louïs XIV*. qui depuis ébranlèrent

rent son Trône dans la guerre de 1701. se firent une joie de le reconnaître dans ce même *Idoménée*, dont la hauteur révolte tous ses voisins. Ces allusions firent des impressions profondes, à la faveur de ce stile harmonieux, qui insinue d'une manière si tendre la modération & la concorde. Les étrangers & les Français mêmes, lassés de tant de guerres, virent avec une consolation maligne, une satyre dans un livre fait pour enseigner la vertu. Les éditions en furent innombrables. J'en ai vû quatorze en langue Angloise. Il est vrai, qu'après la mort de ce Monarque, si craint, si envié, si respecté de tous, & si haï de quelques-uns, quand la malignité humaine a cessé de s'assouvir des allusions prétendues qui censuraient sa conduite, les Juges d'un goût sévère ont traité le *Télémaque* avec quelque rigueur. Ils ont blâmé les longueurs, les détails, les avantures trop peu liées, les descriptions trop répétées & trop uniformes de la vie champêtre; mais le livre a toûjours été regardé comme un des beaux monumens d'un siécle florissant.

CH. XXXII.

On peut compter parmi les productions d'un genre unique, les *Caractéres* de *la Bruiére*. Il n'y avait pas chez les Anciens plus d'exemples d'un tel ouvrage, que du *Télémaque*. Un stile rapide, concis, nerveux, des expressions pittoresques, un usage tout nouveau de la langue, mais qui n'en blesse pas les régles, fraperent le public ; & les allusions qu'on

La Bruiére.

Ch. XXXII.

qu'on y trouvait en foule, achevèrent le succès. Quand *la Bruïère* montra son ouvrage manuscrit à M. de *Malesieux*, celui-ci lui dit : *Voilà de quoi vous attirer beaucoup de lecteurs & beaucoup d'ennemis*. Ce livre baissa dans l'esprit des hommes, quand une génération entiére, attaquée dans l'ouvrage, fut passée. Cependant, comme il y a des choses de tous les tems & de tous les lieux, il est à croire qu'il ne sera jamais oublié. Le *Télémaque* a fait quelques imitateurs ; les *Caractères* de *la Bruïère* en ont produit davantage. Il est plus aisé de faire de courtes peintures des choses qui nous frappent, que d'écrire un long ouvrage d'imagination, qui plaise & qui instruise à la fois.

L'art délicat de répandre des graces jusques sur la Philosophie, fut encor une chose nouvelle, dont le livre *des Mondes* fut le prémier exemple, mais exemple dangereux, parce que la véritable parure de la Philosophie est l'ordre, la clarté & surtout la vérité. Ce qui pourrait empêcher cet ouvrage ingénieux d'être mis par la postérité au rang de nos livres classiques, c'est qu'il est fondé en partie sur la chimère des tourbillons de *Descartes*.

Bayle.

Il faut ajoûter à ces nouveautés, celle que produisit *Bayle*, en donnant une espèce de Dictionnaire de raisonnement. C'est le prémier ouvrage de ce genre, où l'on puisse apprendre à penser. Il faut abandonner à la destinée des livres ordinaires, les articles de ce recueil, qui ne contiennent que de petits faits, indignes

nes à la fois de *Bayle*, d'un lecteur grave & le la poſtérité. Au reſte, en plaçant ici *Bayle* armi les Auteurs qui ont honoré le ſiécle de *Louis XIV*. quoiqu'il fût réfugié en Hollande, e ne fais en cela que me conformer à l'Arrêt lu Parlement de Touloufe, qui, en déclarant on teſtament valide en France malgré la rigueur des Loix, dit expreſſément, qu'*un tel homme ne peut être regardé comme un étranger.*

Ch. XXXII.

On ne s'appeſantira point ici ſur la foule des bons livres que ce ſiécle a fait naître ; on ne s'arrête qu'aux productions de génie ſinguliéres ou neuves, qui le caractériſent & qui le diſtinguent des autres ſiécles. L'éloquence de *Boſſuet* & de *Bourdaloüe*, par exemple, n'était & ne pouvait être celle de *Cicéron* : c'était un genre & un mérite tout nouveau. Si quelque choſe approche de l'Orateur Romain, ce ſont les trois Mémoires que *Péliſſon* compoſa pour *Fouquet*. Ils ſont dans le même genre que pluſieurs oraiſons de *Cicéron*, un mélange d'affaires judiciaires & d'affaires d'Etat, traité ſolidement avec un art qui paraît peu, & orné d'une éloquence touchante.

Péliſſon.

Nous avons eu des Hiſtoriens, mais point de *Tite-Live*. Le ſtile de la *conſpiration de Veniſe* eſt comparable à celui de *Saluſte*. On voit que l'Abbé de *Saint-Réal* l'avait pris pour modéle ; & peut-être l'a t-il ſurpaſſé. Tous les autres écrits dont on vient de parler, ſemblent être d'une création nouvelle. C'eſt là ſurtout ce qui diſtingue cet âge illuſtre ; car

pour

Ch. XXXII.

pour des Savans & des Commentateurs, le seiziéme & le dix-septiéme siécle en avaient beaucoup produit; mais le vrai génie en aucun genre n'était encor dévelopé.

Qui croirait, que tous ces bons ouvrages en prose n'auraient probablement jamais existé, s'ils n'avaient été précédés par la Poësie ? c'est pourtant la destinée de l'esprit humain dans toutes les Nations : les vers furent partout les prémiers enfans du génie & les prémiers maîtres d'éloquence.

Les Peuples sont ce qu'est chaque homme en particulier. *Platon* & *Cicéron* commencèrent par faire des vers. On ne pouvait encor citer un passage noble & sublime de Prose Française, quand on savait par cœur le peu de belles Stances que laissa *Malherbe* ; & il y a grande apparence, que sans *Pierre Corneille*, le génie des Prosateurs ne se serait pas dévelopé.

Pierre Corneille.

Cet homme est d'autant plus admirable, qu'il n'était environné que de très-mauvais modéles, quand il commença à donner des Tragédies. Ce qui devait encor lui fermer le bon chemin, c'est que ces mauvais modéles étaient estimés; & pour comble de découragement, ils étaient favorisés par le Cardinal de *Richelieu*, le protecteur des gens de Lettres & non pas du bon goût. Il récompensait de méprisables Ecrivains, qui d'ordinaire sont rampans ; & par une hauteur d'esprit si bien placée ailleurs, il voulait abaisser ceux en qui

il

BEAUX ARTS.

il fentait avec quelque dépit un vrai génie, qui rarement fe plie à la dépendance. Il eſt bien rare qu'un homme puiſſant, quand il eſt lui-mème Artiſte, protège ſincérement les bons Artiſtes.

CH. XXXII.

Corneille eut à combattre ſon ſiécle, ſes rivaux & le Cardinal de *Richelieu*. Je ne répeterai point ici ce qui a été écrit ſur le *Cid*. Je remarquerai ſeulement, que l'Académie, dans ſes judicieuſes déciſions entre *Corneille* & *Scudéri*, eut trop de complaiſance pour le Cardinal de *Richelieu*, en condamnant l'amour de *Chimène*. Aimer le meurtrier de ſon pére, & pourſuivre la vengeance de ce meurtre, était une choſe admirable. Vaincre ſon amour eût été un défaut capital dans l'Art Tragique, qui conſiſte principalement dans les combats du cœur. Mais l'Art était inconnu alors à tout le monde, hors à l'Auteur.

Corneille.

Le *Cid* ne fut pas le ſeul ouvrage de *Corneille*, que le Cardinal de *Richelieu* voulut rabaiſſer. L'Abbé d'*Aubignac* nous apprend, que ce Miniſtre déſapprouva *Polieucte*.

Le *Cid*, après tout, était une imitation très-embellie de *Guillain de Caſtro*, & en pluſieurs endroits, une traduction. *Cinna* qui le ſuivit, était unique. J'ai connu un ancien domeſtique de la Maiſon de *Condé*, qui diſait, que le *grand Condé* à l'âge de vingt ans, étant à la prémiére repréſentation de *Cinna*, verſa des larmes à ces paroles d'*Auguſte* :

Ch.
XXXII.

Je suis Maître de moi, comme de l'Univers;
Je le suis, je veux l'être. O siécles! ô mémoire!
Conservez à jamais ma nouvelle victoire.
Je triomphe aujourd'hui du plus juste courroux,
De qui le souvenir puisse aller jusqu'à vous!
Soyons amis, *Cinna*; c'est moi qui t'en convie.

C'étaient là des larmes de Héros. Le grand *Corneille* faisant pleurer le grand *Condé* d'admiration, est une époque bien célèbre dans l'histoire de l'esprit humain.

La quantité de piéces indignes de lui, qu'il fit plusieurs années après, n'empêcha pas la Nation de le regarder comme un grand-homme; ainsi que les fautes considérables d'*Homère* n'ont jamais empêché qu'il ne fût sublime. C'est le privilége du vrai génie, & surtout du génie qui ouvre une carriére, de faire impunément de grandes fautes.

Racine.

Corneille s'était formé tout seul; mais *Louis XIV.*, *Colbert*, *Sophocle* & *Euripide* contribuèrent tous à former *Racine*. Une Ode, qu'il composa à l'âge de dix-huit ans pour le mariage du Roi, lui attira un présent qu'il n'attendait pas, & le détermina à la Poésie. Sa réputation s'est accrüe de jour en jour, & celle des ouvrages de *Corneille* a un peu diminué. La raison en est, que *Racine* dans tous ses ouvrages depuis son *Alexandre*, est toûjours élégant, toûjours correct, toûjours vrai; qu'il parle au cœur; & que l'autre manque trop souvent

vent à tous ces devoirs. *Racine* passa de bien loin & les Grecs & *Corneille* dans l'intelligence des passions, & porta la douce harmonie de la Poésie, ainsi que les graces de la parole, au plus haut point où elles puissent parvenir. Ces hommes enseignèrent à la Nation, à penser, à sentir & à s'exprimer. Leurs auditeurs, instruits par eux seuls, devinrent enfin des juges sévères pour ceux même qui les avaient éclairés.

CH. XXXII.

Il y avait très-peu de personnes en France, du tems du Cardinal de *Richelieu*, capables de discerner les défauts du *Cid*; & en 1702. quand *Athalie*, le chef-d'œuvre de la Scène, fut représentée chez Madame la Duchesse de Bourgogne, les Courtisans se crurent assez habiles pour la condamner. Le tems a vengé l'Auteur; mais ce grand homme est mort, sans jouir du succès de son plus admirable ouvrage. Un nombreux parti se piqua toûjours de ne pas rendre justice à *Racine*. Madame de *Sévigné*, la prémiére personne de son siécle pour le stile épistolaire, & surtout pour conter des bagatelles avec grace, croit toûjours que *Racine n'ira pas loin*. Elle en jugeait comme du caffé, dont elle dit *qu'on se désabusera bientôt*. Il faut du tems, pour que les réputations meurissent.

La singuliére destinée de ce siécle rendit *Moliére* contemporain de *Corneille* & de *Racine*. Il n'est pas vrai que *Moliére*, quand il parut, eût trouvé le Théâtre absolument dénué de bonnes

Moliére.

P 2

Ch.
XXXII.

bonnes Comédies. *Corneille* lui-même avait donné le *Menteur*, piéce de caractère & d'intrigue, prise du Théâtre Espagnol; & *Moliére* n'avait encor fait paraître que deux de ses chefs-d'œuvre, lorsque le public avait la *Mère coquette* de *Quinault*; piéce à la fois de caractère & d'intrigue, & même modèle d'intrigue. Elle est de 1664.; c'est la prémiére Comédie, où l'on ait peint ceux que l'on a appellés depuis les *Marquis*. La plûpart des grands Seigneurs de la Cour de *Louis XIV*. voulaient imiter cet air de grandeur, d'éclat & de dignité qu'avait leur Maître. Ceux d'un ordre inférieur copiaient la hauteur des prémiers; & il y en avait enfin, & même en grand nombre, qui poussaient cet air avantageux, & cette envie dominante de se faire valoir, jusqu'au plus grand ridicule.

Ce défaut dura longtems. *Moliére* l'attaqua souvent; & il contribua à défaire le public de ces importans subalternes, ainsi que de l'affectation des *Précieuses*, du pédantisme des *Femmes savantes*, de la robe & du Latin des *Médecins*. *Moliére* fut, si on ose le dire, un Législateur des bienséances du monde. Je ne parle ici que de ce service rendu à son siécle; on sait assez ses autres mérites.

C'était un tems digne de l'attention des tems à venir, que celui où les Héros de *Corneille* & de *Racine*, les personnages de *Moliére*, les symphonies de *Lulli* toutes nouvelles pour la nation, & (puisqu'il ne s'agit ici que des Arts)

Arts) les voix des *Boſſuet* & des *Bourdaloue* se faisaient entendre à *Louïs XIV.*, à Madame si célèbre par son goût, à un *Condé*, à un *Turenne*, à un *Colbert*, & à cette foule d'hommes supérieurs qui parurent en tout genre. Ce tems ne se retrouvera plus, où un Duc de la *Rochefoucault*, l'Auteur des *Maximes*, au sortir de la conversation d'un *Paſcal* & d'un *Arnauld*, allait au Théâtre de *Corneille*.

C ʜ.
XXXII.

Despréaux s'élevait au niveau de tant de grands-hommes, non point par ses prémiéres satyres, car les regards de la postérité ne s'arrêteront pas sur les *Embarras de Paris*, & sur les noms des *Caſſaignes* & des *Cotins*; mais il instruisait cette postérité, par ses belles Epitres, & surtout par son Art Poétique, où *Corneille* eût trouvé beaucoup à apprendre.

Boileau.

La Fontaine, bien moins châtié dans son stile, bien moins correct dans son langage, mais unique dans sa naïveté & dans les graces qui lui sont propres, se mit, par les choses les plus simples, presqu'à côté de ces hommes sublimes.

La Fontaine.

Quinault, dans un genre tout nouveau, & d'autant plus difficile qu'il paraît plus aisé, fut digne d'être placé avec tous ces illustres contemporains. On sait, avec quelle injustice *Boileau* voulut le décrier. Il manquait à *Boileau* d'avoir sacrifié aux Graces. Il chercha en vain toute sa vie à humilier un homme, qui n'était connu que par elles. Le véritable éloge d'un Poëte, c'est qu'on retienne ses vers. On sait

Quinault

Ch. XXXII.

par cœur des scènes entiéres de *Quinault*; c'est un avantage qu'aucun Opéra d'Italie ne pourrait obtenir. La Musique Française est demeurée dans une simplicité qui n'est plus du goût d'aucune nation. Mais la simple & belle nature, qui se montre souvent dans *Quinault* avec tant de charmes, plaît encor dans toute l'Europe, à ceux qui possédent notre langue & qui ont le gout cultivé. Si on trouvait dans l'Antiquité un Poëme comme *Armide*, ou comme *Atys*, avec quelle idolâtrie il serait reçu! mais *Quinault* était moderne.

Tous ces grands-hommes furent connus & protégés de *Louïs XIV*. excepté *la Fontaine*. Son extrème simplicité, poussée jusqu'à l'oubli de soi-même, l'écartait d'une Cour, qu'il ne cherchait pas. Mais le Duc de Bourgogne l'accueillit; & il reçut dans sa vieillesse quelques bienfaits de ce Prince. Il était, malgré son génie, presque aussi simple que les Héros de ses Fables. Un Prêtre de l'Oratoire nommé *Pouget*, se fit un grand mérite, d'avoir traité cet homme de mœurs si innocentes, comme s'il eût parlé à la *Brinvilliers* & à la *Voisin*. Ses contes ne sont que ceux du *Pogge*, de l'*Arioste* & de la Reine de Navarre. Si la volupté est dangereuse, ce ne sont pas des plaisanteries qui inspirent cette volupté. On pourrait appliquer à *la Fontaine* son admirable fable *des animaux malades de la peste*, qui s'accusent de leurs fautes: on y pardonne tout aux lions, aux loups & aux ours: & un animal inno-

innocent est dévoué pour avoir mangé un peu d'herbe.

Dans l'école de ces génies, qui feront les délices & l'instruction des siécles à venir, il se forma une foule d'esprits agréables, dont on a une infinité de petits ouvrages délicats, qui font l'amusement des honnêtes gens, ainsi que nous avons eu beaucoup de Peintres gracieux, qu'on ne met pas à côté des *Poussin*, des *le Sueur*, des *le Brun*, des *le Moine* & des *Vanlo*.

Cependant, vers la fin du régne de *Louïs XIV.* deux hommes percèrent la foule des génies médiocres, & eurent beaucoup de réputation. L'un était *la Motte-Houdart*, * homme d'un esprit plus sage & plus étendu que sublime, Ecrivain délicat & méthodique en prose, mais manquant souvent de feu & d'élégance dans sa poësie, & même de cette exactitude qu'il n'est permis de négliger qu'en faveur du sublime. Il donna d'abord de belles Stances plûtôt que de belles Odes. Son talent déclina bientôt après, mais beaucoup de beaux morceaux, qui nous restent de lui en plus d'un genre, empêcheront toûjours qu'on ne le mette au rang des Auteurs méprisables. Il prouva, que dans l'art d'écrire, on peut être encor quelque chose au second rang.

L'autre était *Rousseau*, qui avec moins d'esprit, moins de finesse & de facilité que *la Motte*, eut

* Voyez le catalogue des Ecrivains à l'article *la Motte*.

Ch. XXXII. eut beaucoup plus de talent pour l'art des vers. Il ne fit des Odes qu'après *la Motte*; mais il les fit plus belles, plus variées, plus remplies d'images. Il égala dans ses Psaumes l'onction & l'harmonie qu'on remarque dans les Cantiques de *Racine*. Ses épigrammes sont mieux travaillées que celles de *Marot*. Il réussit bien moins dans les Opéra qui demandent de la sensibilité, dans les Comédies qui veulent de la gayeté, & dans les Epitres morales qui veulent de la vérité; tout cela lui manquait. Ainsi il échoua dans ces genres, qui lui étaient étrangers.

Il aurait corrompu la Langue Française, si le stile Marotique, qu'il employa dans des ouvrages sérieux, avait été imité. Mais heureusement ce mélange de la pureté de nôtre Langue avec la difformité de celle qu'on parlait il y a deux cent ans, n'a été qu'une mode passagère. Quelques-unes de ses épitres sont des imitations un peu forcées de *Despréaux*, & ne sont pas fondées sur des idées aussi claires, & sur des vérités reconnues: *le vrai seul est aimable*.

Il dégénéra beaucoup dans les pays étrangers; soit que l'âge & les malheurs eussent affaibli son génie, soit que son principal mérite consistât dans le choix des mots & dans les tours heureux, mérite plus nécessaire & plus rare qu'on ne pense, il ne fut plus à portée des mêmes secours. Il pouvait, loin de sa patrie, compter parmi ses malheurs, celui de n'avoir plus de critiques sévères. Ses

Ses longues infortunes eurent leur source dans un amour-propre trop indomptable, & trop mêlé de jalousie & d'animosité. Son exemple doit être une leçon frapante pour tout homme à talens ; mais on ne le considère ici, que comme un Ecrivain qui n'a pas peu contribué à l'honneur des Lettres.

Il ne s'éleva guères de grands génies depuis les beaux jours de ces Artistes illustres ; & à peu-près vers le tems de la mort de *Louïs XIV.* la Nature sembla se reposer.

La route était difficile au commencement du siécle, parce que personne n'y avait marché : elle l'est aujourd'hui, parce qu'elle a été battuë. Les grands-hommes du siécle passé ont enseigné à penser & à parler, ils ont dit ce qu'on ne savait pas. Ceux qui leur succèdent, ne peuvent guères dire que ce qu'on sait. Enfin, une espèce de dégoût est venue de la multitude des chefs-d'œuvre.

Le siécle de *Louïs XIV.* a donc en tout la destinée des siécles de *Léon X.*, d'*Auguste*, d'*Alexandre*. Les terres qui firent naître dans ces tems illustres tant de fruits du génie avaient été longtems préparées auparavant. On a cherché en vain dans les causes morales & dans les causes physiques la raison de cette tardive fécondité suivie d'une longue stérilité. La véritable raison est que chez les Peuples qui cultivent les beaux Arts, il faut beaucoup d'années pour épurer la langue & le gout. Quand les prémiers pas sont faits, alors les génies se déve-

dévelopent, l'émulation, la faveur publique prodiguée à ces nouveaux efforts excitent tous les talens. Chaque Artiste saisit en son genre les beautés naturelles que ce genre comporte. Quiconque aprofondit la théorie des Arts purement de génie, doit, s'il a quelque génie lui-même, savoir que ces prémiéres beautés, ces grands traits naturels qui appartiennent à ces Arts, & qui conviennent à la nation pour laquelle on travaille, sont en petit nombre. Les sujets & les embellissemens propres aux sujets ont des bornes bien plus resserrées qu'on ne pense. L'Abbé *du Bos*, homme d'un très grand sens, qui écrivait son traité sur la Poësie & sur la Peinture vers l'an 1714., trouva que dans toute l'histoire de France il n'y avait de vrai sujet de Poëme épique que la destruction de la Ligue par *Henri le Grand*. Il devait ajouter que les embellissemens de l'épopée convenables aux Grecs, aux Romains, aux Italiens du quinziéme & du seiziéme siécle, étant proscrits parmi les Français, les Dieux de la Fable, les Oracles, les Héros invulnérables, les monstres, les sortiléges, les métamorphoses, les avantures romanesques n'étant plus de saison, les beautés propres au Poëme épique sont renfermées dans un cercle très étroit. Si donc il se trouve jamais quelque Artiste qui s'empare de ces ornemens convenables au tems, au sujet, à la nation, & qui exécute ce qu'on a tenté, ceux qui viendront après lui trouveront la carriére remplie.

Il

Il en est de même dans l'art de la Tragédie. Il ne faut pas croire que les grandes passions tragiques, & les grands sentimens, puissent se varier à l'infini d'une manière neuve & frappante. Tout a ses bornes.

Ch. XXXII.

La haute Comédie a les siennes. Il n'y a dans la Nature humaine qu'une douzaine tout au plus de caractères vraiment comiques & marqués de grands traits. L'Abbé *du Bos* faute de génie croit que les hommes de génie peuvent encor trouver une foule de nouveaux caractères; mais il faudrait que la Nature en fit. Il s'imagine que ces petites différences, qui sont dans les caractères des hommes, peuvent être maniées aussi heureusement que les grands sujets. Les nuances à la vérité sont innombrables, mais les couleurs éclatantes sont en petit nombre; & ce sont ces couleurs primitives qu'un grand Artiste ne manque pas d'employer.

L'éloquence de la Chaire, & surtout celle des Oraisons funèbres, sont dans ce cas. Les vérités morales une fois annoncées avec éloquence, les tableaux des misères & des faiblesses humaines, des vanités de la grandeur, des ravages de la mort, étant faits par des mains habiles, tout cela devient lieu commun. On est réduit ou à imiter ou à s'égarer. Un nombre suffisant de fables étant composé par un *la Fontaine*, tout ce qu'on y ajoute rentre dans la même Morale, & presque dans les mêmes avantures. Ainsi donc le génie n'a qu'un siécle, après quoi il faut qu'il dégénère.

CH. XXXII.

Les genres dont les sujets se renouvellent sans cesse, comme l'Histoire, les observations physiques, & qui ne demandent que du travail, du jugement, & un esprit commun, peuvent plus aisément se soutenir ; & les Arts de la main, comme la Peinture, la Sculpture, peuvent ne pas dégénérer, quand ceux qui gouvernent ont, à l'exemple de *Louis XIV.* l'attention de n'employer que les meilleurs Artistes. Car on peut en peinture & en sculpture traiter cent fois les mêmes sujets : on peint encor la Sainte Famille, quoique *Raphaël* ait déployé dans ce sujet toute la supériorité de son art : mais on ne serait pas reçu à traiter *Cinna*, *Andromaque*, l'*Art Poëtique*, le *Tartuffe*.

Il faut encor observer que le siécle passé ayant instruit le siécle présent, il est devenu si facile d'écrire des choses médiocres, qu'on a été inondé de livres frivoles, & ce qui est encor pis, de livres sérieux inutiles : mais parmi cette multitude de médiocres écrits, mal devenu nécessaire dans une ville immense, opulente, & oisive, où une partie des citoyens s'occupe sans cesse à amuser l'autre, il se trouve de tems en tems d'excellens ouvrages, ou d'Histoire, ou de réflexions, ou de cette Littérature légére qui délasse toutes sortes d'esprits.

La Nation Française est de toutes les Nations celle qui a produit le plus de ces ouvrages. Sa Langue est devenue la Langue de l'Europe ; tout y a contribué, les grands Auteurs

teurs du siécle de *Louïs XIV.*, ceux qui les ont suivis, les Pasteurs Calvinistes réfugiés, qui ont porté l'éloquence, la méthode dans les pays étrangers ; un *Bayle* surtout, qui écrivant en Hollande s'est fait lire de toutes les Nations ; un *Rapin-Toiras*, qui a donné en Français la seule bonne histoire d'Angleterre ; un *St. Evremond*, dont toute la Cour de Londres recherchait le commerce ; la Duchesse de *Mazarin*, à qui l'on ambitionnait de plaire ; Madame *d'Olbreuse* devenue Duchesse *de Zell*, qui porta en Allemagne toutes les graces de sa patrie. L'esprit de société est le partage naturel des Français : C'est un mérite & un plaisir dont les autres Peuples ont senti le besoin. La Langue Française est de toutes les Langues celle qui exprime avec le plus de facilité, de netteté & de délicatesse tous les objets de la conversation des honnêtes gens, & par là elle contribuë dans toute l'Europe à un des plus grands agrémens de la vie.

CHA-

CHAPITRE TRENTE-TROISIEME.

SUITE DES ARTS.

Mufique. A L'égard des Arts qui ne dépendent pas uniquement de l'efprit, comme la Mufique, la Peinture, la Sculpture, l'Architecture; ils n'avaient fait que de faibles progrès en France, avant le tems qu'on nomme *le fiécle de Louïs XIV*. La Mufique était au berceau : quelques chanfons languiffantes, quelques airs de violon, de guitarre & de téorbe, la plupart mème compofés en Efpagne, étaient

Lulli. tout ce qu'on connaiffait. *Lulli* étonna par fon goût & par fa fcience. Il fut le prémier en France qui fit des baffes, des milieux & des fugues. On avait d'abord quelque peine à exécuter fes compofitions, qui paraiffent aujourd'hui fi fimples & fi aifées. Il y a de nos jours mille perfonnes qui favent la Mufique, pour une qui la favait du tems de *Louïs XIII*. ; & l'Art s'eft perfectionné dans cette progreffion. Il n'y a point de grande ville, qui n'ait des concerts publics ; & Paris mème alors n'en avait pas. Vingt-quatre violons du Roi étaient toute la Mufique de la France.

Les connaiffances, qui appartiennent à la Mufique & aux Arts qui en dépendent, ont fait tant de progrès, que fur la fin du régne

de *Louis XIV*. on a inventé l'art de noter CH.
la danſe ; de ſorte qu'aujourd'hui il eſt vrai de XXXIII.
dire, qu'on danſe à livre ouvert.

Nous avions eu de très grands Architectes, Archi-
du tems de la Régence de *Marie de Medicis*. tecture.
Elle fit élever le Palais du Luxembourg dans
le goût Toſcan, pour honorer ſa patrie, &
pour embellir la nôtre. Le même *Desbroſſes*,
dont nous avons le portail de St. Gervais, bâtit le Palais de cette Reine, qui n'en jouit jamais. Il s'en falut beaucoup, que le Cardinal
de Richelieu, avec autant de grandeur dans
l'eſprit, eût autant de goût qu'elle. Le Palais
Cardinal, qui eſt aujourd'hui le Palais Royal,
en eſt la preuve. Nous conçumes les plus
grandes eſpérances, quand nous vimes élever
cette belle façade du Louvre, que nous voyons
aujourd'hui offuſquée, avec douleur. Beaucoup de citoyens ont conſtruit des édifices
magnifiques, mais plus recherchés pour l'intérieur, que recommandables par des dehors
dans le grand goût, & qui ſatisfont le luxe
des particuliers, encor plus qu'ils n'embelliſſent
la ville.

Colbert, le *Mécéne* de tous les Arts, forma
une Académie d'Architecture en 1671. C'eſt
peu d'avoir des *Vitruves*, il faut que les *Au-
guſtes* les employent.

Il faut auſſi que les Magiſtrats municipaux
ſoient animés par le zéle, & éclairés par le
goût. S'il y avait eu deux ou trois Prévôts
des Marchands comme le Préſident *Turgot*,
on

Ch. XXXIII. on ne reprocherait pas à la ville de Paris cet Hôtel de ville mal conſtruit & mal ſitué; cette place ſi petite & ſi irréguliére, qui n'eſt célèbre que par des gibets & de petits feux de joye; ces ruës étroites dans les quartiers les plus fréquentés; & enfin un reſte de barbarie, au milieu de la grandeur & dans le ſein de tous les Arts.

Peinture   La Peinture commença ſous *Louïs XIII.* avec *le Pouſſin.* Il ne faut point compter les Peintres médiocres qui l'ont précédé. Nous avons eu toûjours depuis lui de grands Peintres; non pas dans cette profuſion qui fait une des richeſſes de l'Italie; mais ſans nous arrêter à un *le Sueur* qui n'eut d'autre Maître que lui-même, à un *le Brun* qui égala les Italiens dans le deſſein & dans la compoſition; nous avons eu plus de trente Peintres, qui ont laiſſé des morceaux très-dignes de recherche. Les étrangers commencent à nous les enlever. J'ai vû chez un grand Roi des galeries & des appartemens, qui ne ſont ornés que de nos tableaux, dont peut-être nous ne voulions pas connaître aſſez le mérite. J'ai vû en France refuſer douze mille livres d'un tableau de *Santerre.* Il n'y a guères dans l'Europe de plus vaſte ouvrage de peinture, que le plafond de *le Moine* à Verſailles; & je ne ſai s'il y en a de plus beaux.

Nous avons aujourd'hui un Peintre, qui chez les étrangers même paſſe pour le prémier de l'Europe. Non-ſeulement *Colbert* donna à l'Académie de Peinture la forme qu'elle a aujourd'hui; mais en 1667. il engagea *Louïs XIV.* à en établir une à Rome. On acheta dans cette Métropole un Palais où loge le Directeur. On y envoye les éléves, qui ont remporté des prix à l'Académie de Paris. Ils y sont conduits & entretenus aux fraix du Roi. Ils y deſſinent les antiques. Ils étudient *Raphaël* & *Michel-Ange*. C'eſt un noble hommage que rendit à Rome ancienne & nouvelle le déſir de l'imiter; & on n'a pas même ceſſé de rendre cet hommage, depuis que les immenſes collections de tableaux d'Italie amaſſées par le Roi & par le Duc d'Orléans, & les chefs-d'œuvre de ſculpture que la France a produits, nous ont mis en état de ne point chercher ailleurs des Maîtres.

C'eſt principalement dans la Sculpture que nous avons excellé, & dans l'art de jetter en fonte d'un ſeul jet des figures équeſtres coloſſales.

Si l'on trouvait un jour, ſous des ruines, des morceaux tels que les bains d'*Apollon*, expoſés aux injures de l'air dans les boſquets de Verſailles, le tombeau du Cardinal de *Richelieu* trop peu montré au public dans la chapelle de Sorbonne, la ſtatuë équeſtre de *Louïs XV.* faite à Paris pour décorer Bordeaux, le *Mercure* dont *Louïs XV.* a fait préſent au Roi de Pruſſe, & tant d'autres ouvrages égaux à ceux que je cite; il eſt à croire, que ces productions de nos jours ſeraient miſes à côté

CH. XXXIII.

Académie de Peintres Français à Rome.

Sculpture.

H. G. Tom. VII. Suite Tom. II.   Q   de

de la plus belle Antiquité Grecque.

Médailles. Nous avons égalé les Anciens dans les médailles. *Varin* fut le prémier, qui tira cet art de la médiocrité, sur la fin du régne de *Louis XIII*. C'est maintenant une chose admirable que ces poinçons & ces quarrés, qu'on voit rangés par ordre historique dans l'endroit de la galerie du Louvre occupé par les Artistes. Il y en a pour deux millions, & dont la plupart sont des chefs-d'œuvres.

Gravure. On n'a pas moins réussi dans l'art de graver les pierres précieuses. Celui de multiplier les tableaux, de les éterniser par le moyen des planches en cuivre, de transmettre facilement à la postérité toutes les représentations de la Nature & de l'Art, était encor très-informe en France avant ce siécle. C'est un des Arts des plus agréables & des plus utiles. On le doit aux Florentins, qui l'inventèrent vers le milieu du quinziéme siécle; & il a été plus loin en France, que dans le lieu même de sa naissance, parce qu'on y a fait un plus grand nombre d'ouvrages en ce genre. Les recueils des estampes du Roi ont été souvent un des plus magnifiques présens qu'il ait fait aux Ambassadeurs. La ciselure en or & en argent, qui dépend du dessein & du goût, a été portée à la plus grande perfection, dont la main de l'homme soit capable.

Après avoir ainsi parcouru tous ces Arts, qui contribuent aux délices des particuliers & à la gloire de l'Etat; ne passons pas sous silence

le

le plus utile de tous les Arts, dans lequel les Français surpassent toutes les Nations du Monde : je veux parler de la Chirurgie, dont les progrès furent si rapides & si célèbres dans ce siécle, qu'on venait à Paris des bouts de l'Europe, pour toutes les cures & pour toutes les opérations qui demandaient une dextérité non commune. Non-seulement il n'y avait guères d'excellens Chirurgiens qu'en France ; mais c'était dans ce seul pays qu'on fabriquait parfaitement les instrumens nécessaires : il en fournissait tous ses voisins ; & je tiens du célèbre *Chezelden*, le plus grand Chirurgien de Londres, que ce fut lui qui commença à faire fabriquer à Londres en 1715. les instrumens de son Art. La Médecine, qui servait à perfectionner la Chirurgie, ne s'éleva pas en France au-dessus de ce qu'elle était en Angleterre, & sous le fameux *Boerhaave* * en Hollande ; mais il arriva à la Médecine comme à la Philosophie, d'atteindre à la perfection dont elle est capable, en profitant des lumiéres de nos voisins.

Voilà en général un tableau fidéle des progrès de l'esprit humain chez les Français dans ce siécle, qui commença au tems du Cardinal *de Richelieu*, & qui finit de nos jours. Il sera difficile qu'il soit surpassé ; & s'il l'est en quelques genres, il restera le modéle des Ages encor plus fortunés, qu'il aura fait naître.

Cн. XXXIII.

Chirurgie.

* Chez les Hollandais la diphtongue *oe* se prononce *ou*.

CHAPITRE TRENTE-QUATRIEME.

DES BEAUX ARTS EN EUROPE,

DU TEMS

DE LOUIS XIV.

Nous avons aſſez inſinué dans tout le cours de cette Hiſtoire, que les déſaſtres publics dont elle eſt compoſée, & qui ſe ſuccédent les uns aux autres preſque ſans relâche, font à la longue effacés des régiſtres des tems. Les détails & les reſſorts de la Politique tombent dans l'oubli. Les bonnes loix, les inſtituts, les monumens produits par les Sciences & par les Arts, ſubſiſtent à jamais.

La foule des étrangers qui voyagent aujourd'hui à Rome, non en pélerins, mais en hommes de goût, s'informe peu de *Grégoire VII.* & de *Boniface VIII.*; ils admirent les Temples, que les *Bramante* & les *Michel-Ange* ont élevés, les tableaux des *Raphaël*, les ſculptures des *Bernini*; s'ils ont de l'eſprit, ils liſent l'*Arioſte* & le *Taſſe*; & ils reſpectent la cendre de *Galilée*. En Angleterre on parle un moment de *Cromwell*; on ne s'entretient plus des guerres de la *Roſe blanche* : mais on étudie *Newton* des années entiéres; on n'eſt point étonné de lire dans ſon épitaphe *qu'il a été la gloire du genre*

genre humain, & on le ferait beaucoup ſi on voyait en ce pays les cendres d'aucun homme d'Etat honorées d'un pareil titre.

Ch. XXXIV.

Je voudrais ici pouvoir rendre juſtice à tous les grands-hommes qui ont comme lui illuſtré leur patrie dans le dernier ſiécle. J'ai appellé ce ſiécle celui de *Louïs XIV.*, non-ſeulement parce que ce Monarque a protégé les Arts beaucoup plus que tous les Rois ſes contemporains enſemble, mais encor parce qu'il a vû renouveller trois fois toutes les générations des Princes de l'Europe. J'ai fixé cette époque à quelques années avant *Louïs XIV.*, & à quelques années après lui ; c'eſt en effet dans cet eſpace de tems que l'eſprit humain a fait les plus grands progrès.

Pourquoi ce ſiécle eſt celui de Louïs XIV ?

Les Anglais ont plus avancé vers la perfection preſqu'en tous les genres depuis 1660. juſqu'à nos jours, que dans tous les ſiécles précédens. Je ne répéterai point ici ce que j'ai dit ailleurs de *Milton*. Il eſt vrai que pluſieurs Critiques lui reprochent de la bizarrerie dans ſes peintures, ſon Paradis des ſots, ſes murailles d'albâtre qui entourent le Paradis terreſtre ; ſes Diables qui de Géans qu'ils étaient ſe transforment en Pigmées pour tenir moins de place au Conſeil, dans une grande ſalle toute d'or bâtie en Enfer : les canons qu'on tire dans le Ciel, les montagnes qu'on s'y jette à la tête ; des Anges à cheval, des Anges qu'on coupe en deux, & dont les parties ſe rejoignent ſoudain. On ſe plaint de ſes longueurs,

Milton.

de ſes répétitions; on dit qu'il n'a égalé ni *Ovide*, ni *Héſiode*, dans ſa longue deſcription de la maniére dont la Terre, les animaux & l'homme furent formés. On cenſure ſes diſſertations ſur l'Aſtronomie qu'on croit trop ſéches, & ſes inventions qu'on croit plus extravagantes que merveilleuſes, plus dégoutantes que fortes; telles ſont une longue chauſſée ſur le Cahos; le Péché & la Mort amoureux l'un de l'autre, qui ont des enfans de leur inceſte; & la Mort *qui léve le nez pour renifler, à travers l'immenſité du Cahos; le changement arrivé à la Terre, comme un corbeau qui ſent les cadavres;* cette Mort qui flaire l'odeur du péché, qui frape de ſa maſſue pétrifique ſur le froid & ſur le ſec; ce froid & ce ſec, avec le chaud & l'humide, qui devenus quatre braves Généraux d'armée, conduiſent en bataille des embrions d'atômes armés à la légére. Enfin on s'eſt épuiſé ſur les critiques, mais on ne s'épuiſera jamais ſur les louanges. *Milton* reſtera la gloire & l'admiration de l'Angleterre; on le comparera toûjours à *Homére*, dont les défauts ſont auſſi grands; & on le mettra au-deſſus du *Dante*, dont les imaginations ſont encor plus bizarres.

Dans le grand nombre des Poetes agréables qui décorèrent le régne de *Charles II.*, comme les *Waller*, les Comtes de *Dorſet* & de *Rocheſter*, le Duc de *Buckingham*, &c. on diſtingue le célèbre *Dryden*, qui s'eſt ſignalé dans tous les genres de Poéſie; ſes ouvrages ſont pleins de détails

détails naturels à la fois & brillans, animés, vigoureux, hardis, passionnés; mérite qu'aucun Poëte de sa nation n'égale, & qu'aucun ancien n'a surpassé. Si *Pope*, qui est venu après lui, n'avait pas sur la fin de sa vie fait son *Essai sur l'homme*, il ne serait pas comparable à *Dryden*.

Nulle Nation n'a traité la Morale en vers, avec plus d'énergie & de profondeur, que la Nation Anglaise; c'est-là, ce me semble, le plus grand mérite de ses Poëtes.

Il y a une autre sorte de Littérature variée, qui demande un esprit encor plus cultivé & plus universel; c'est celle qu'*Addisson* a possédée; non-seulement il s'est immortalisé par son *Caton*, la seule Tragédie Anglaise écrite avec une élégance & une noblesse continue; mais ses autres ouvrages de Morale & de Critique respirent le gout; on y voit partout le bon sens paré des fleurs de l'imagination; sa manière d'écrire est un excellent modèle en tout pays. Il y a du Doyen *Swift* plusieurs morceaux dont on ne trouve aucun exemple dans l'Antiquité; c'est *Rabelais* perfectionné.

Les Anglais n'ont point connu les oraisons funébres; ce n'est pas la coutume chez eux de louer des Rois & des Reines dans les Eglises; mais l'éloquence de la Chaire, qui était très grossiére à Londres avant *Charles II*. se forma tout d'un coup. L'Evêque *Burnet* avoue dans ses Mémoires, que ce fut en imitant les Français. Peut-être ont-ils surpassé leurs maîtres:

Cн. XXXIV. leurs sermons sont moins compassés, moins affectés, moins déclamateurs qu'en France.

Il est encor remarquable, que ces Insulaires séparés du reste du Monde, & instruits si tard, ayent acquis pour le moins autant de connaissances de l'Antiqué qu'on en a pu rassembler dans Rome, qui a été si longtems le centre des Nations. *Masham* a percé dans les ténèbres de l'ancienne Egypte; il n'y a point de Persan qui ait connu la Religion de *Zoroastre* comme le savant *Hyde*. L'histoire de *Mahomet* & des tems qui le précèdent, était ignorée des Turcs. & a été dévelopée par l'Anglais *Hales* qui a voyagé si utilement en Arabie.

Il n'y a point de pays au Monde où la Religion Chrétienne ait été si fortement combattuë, & défendue si savamment, qu'en Angleterre. Depuis *Henri VIII.* jusqu'à *Cromwell* on avait disputé & combattu comme cette ancienne espèce de Gladiateurs qui descendaient dans l'Aréne, un cimeterre à la main, & un bandeau sur les yeux. Quelques légéres différences dans le culte & dans le dogme avaient produit des guerres horribles; & quand depuis la restauration jusqu'à nos jours on a attaqué tout le Christianisme presque chaque année, ces disputes n'ont pas excité le moindre trouble; on n'a répondu qu'avec de la science: autrefois c'était avec le fer & la flamme.

C'est surtout en Philosophie que les Anglais ont été les Maîtres des autres Nations. Il ne s'agiss'agissait plus de systêmes ingénieux. Les Fables des Grecs devaient disparaître depuis longtems, & les Fables des modernes ne devaient jamais paraître. Le Chancelier *Bacon* avait commencé par dire qu'on devait interroger la Nature d'une manière nouvelle, qu'il fallait faire des expériences: *Boyle* passa sa vie à en faire. Ce n'est pas ici le lieu d'une Dissertation Physique; il suffit de dire qu'après trois mille ans de vaines recherches, *Newton* est le prémier qui ait découvert & démontré la grande loi de la Nature, par laquelle toute partie de la matiére pése vers un centre, & tous les Astres sont retenus dans leur cours. Il est le prémier qui ait vû en effet la lumiére; avant lui on ne la connaissait pas.

Ch. XXXIV.

Newton.

Ses Principes Mathématiques, où régne une Physique toute nouvelle & toute vraie, sont fondés sur la découverte du calcul qu'on appelle, de *l'infini*, dernier effort de la Géométrie, & effort qu'il avait fait à vingt-quatre ans. C'est ce qui a fait dire à un grand Philosophe, au savant *Halley*, qu'*il n'est pas permis à un mortel d'atteindre de plus près à la Divinité*.

Une foule de bons Géomètres, de bons Physiciens, fut éclairée par ses découvertes, & animée par lui. *Bradley* trouva enfin l'aberration de la lumiére des étoiles fixes placées à douze millions de millions de lieuës loin de nôtre petit Globe.

Ce même *Halley* que je viens de citer, eut,
quoi-

Ch. XXXIV. quoique simple Astronome, le commandement d'un vaisseau du Roi en 1698. C'est sur ce vaisseau qu'il détermina la position des étoiles du Pole Antarctique, & qu'il marqua toutes les variations de la boussole dans toutes les parties du Globe connu. Le voyage des Argonautes n'était en comparaison que le passage d'une barque d'un bord de riviére à l'autre. A peine a-t-on parlé dans l'Europe du voyage de *Halley*.

Cette indifférence que nous avons pour les grandes choses devenues trop familiéres, & cette admiration des anciens Grecs pour les petites, est encor une preuve de la prodigieuse supériorité de notre siécle sur les anciens. *Boileau* en France, le Chevalier *Temple* en Angleterre, s'obstinaient à ne pas reconnaître cette supériorité : ils voulaient déprifer leur siécle, pour se mettre eux-mêmes au-dessus de lui. Cette dispute entre les Anciens & les Modernes, est enfin décidée, du moins en Philosophie. Il n'y a pas un ancien Philosophe qui serve aujourd'hui à l'instruction de la jeunesse chez les Nations éclairées.

Locke bien au-dessus de Platon.

Le seul *Locke* serait un grand exemple de cet avantage que nôtre siécle a eu sur les plus beaux âges de la Grèce. Depuis *Platon* jusqu'à lui, il n'y a rien : personne dans cet intervalle n'a dévelopé les opérations de nôtre ame : & un homme qui saurait tout *Platon*, & qui ne saurait que *Platon*, saurait peu, & saurait mal.

C'était

C'était à la vérité un Grec éloquent; son apologie de *Socrate* est un service rendu aux Sages de toutes les Nations; il est juste de le respecter, puisqu'il a rendu si respectable la vertu malheureuse, & les persécuteurs si odieux. On crut longtems que sa belle Morale ne pouvait être accompagnée d'une mauvaise Métaphysique; on en fit presque un Pére de l'Eglise, à cause de son *Ternaire* que personne n'a jamais compris. Mais que penserait-on aujourd'hui d'un Philosophe qui nous dirait que la matiére est *l'autre*, que le Monde est une figure de douze pentagones? que le feu qui est une pyramide, est lié à la Terre par des nombres? Serait-on bien reçu à prouver l'immortalité & les métempsychoses de l'ame, en disant que le sommeil nait de la veille, la veille du sommeil, le vivant du mort, & le mort du vivant? Ce sont là les raisonnemens qu'on a admirés pendant tant de siécles; & des idées plus extravagantes encor ont été employées depuis à l'éducation des hommes.

Locke seul a dévelopé *l'Entendement humain* dans un livre où il n'y a que des vérités; & ce qui rend l'ouvrage parfait, toutes ces vérités sont claires.

Si on veut achever de voir en quoi ce dernier siécle l'emporte sur tous les autres, on peut jetter les yeux sur l'Allemagne & sur le Nord. Un *Hevelius* à Dantzick est le prémier Astronome qui ait bien connu la Planète de la Lune; aucun homme avant lui n'avait

Cᴴ. XXXIV.

Hevelius

mieux

Ch.
XXXIV.

Munificence singuliére de Louïs XIV. envers Hevelius.

mieux examiné le Ciel. Parmi les grands hommes que cet âge a produits, nul ne fait mieux voir que ce siécle peut être appellé celui de LOUIS XIV. *Hevelius* perdit par un incendie une immense Bibliothéque : le Monarque de France gratifia l'Astronome de Dantzick d'un présent fort au-dessus de sa perte.

Mercator dans le Holstein fut en Géométrie le précurseur de *Newton*; les *Bernoulli* en Suisse ont été les dignes disciples de ce grand homme. *Leibnitz* passa quelque tems pour son rival.

Leibnitz.

Ce fameux *Leibnitz* nâquit à Leipsick : il mourut en sage à Hanovre, adorant un DIEU comme *Newton*, sans consulter les hommes. C'était peut-être le savant le plus universel de l'Europe : Historien infatigable dans ses recherches, Jurisconsulte profond, éclairant l'étude du Droit par la Philosophie, toute étrangère qu'elle parait à cette étude : Métaphysicien assez délié pour vouloir réconcilier la Théologie avec la Métaphysique ; Poëte Latin même, & enfin Mathématicien assez bon pour disputer au grand *Newton* l'invention du calcul de *l'infini*, & pour faire douter quelque tems entre *Newton* & lui.

C'était alors le bel âge de la Géométrie ; les Mathématiciens s'envoyaient souvent des défis, c'est-à-dire des problèmes à résoudre, à peu près comme on dit que les anciens Rois de l'Egypte & de l'Asie s'envoyaient réciproquement des énigmes à deviner. Les problèmes

mes que se proposaient les Géomètres, étaient plus difficiles que ces énigmes ; il n'y en eut aucun qui demeurât sans solution en Allemagne, en Angleterre, en Italie, en France. Jamais la correspondance entre les Philosophes, ne fut plus universelle ; *Leibnitz* servait à l'animer. On a vû une République Littéraire établie insensiblement dans l'Europe malgré les guerres, & malgré les Religions différentes. Toutes les Sciences, tous les Arts ont reçu ainsi des secours mutuels ; les Académies ont formé cette République. L'Italie & la Russie ont été unies par les Lettres. L'Anglais, l'Allemand, le Français, allaient étudier à Leyde. Le célébre Médecin *Boerhaave* était consulté à la fois par le Pape & par le Czar. Ses plus grands éléves ont attiré ainsi les étrangers, & sont devenus en quelque sorte les Médecins des Nations ; les véritables Savans dans chaque genre ont resserré les liens de cette grande societé des esprits répanduë partout & partout indépendante. Cette correspondance dure encore ; elle est une des consolations des maux que l'ambition & la politique répandent sur la Terre.

L'Italie dans ce siécle a conservé son ancienne gloire, quoiqu'elle n'ait eu ni de nouveaux *Tasses*, ni de nouveaux *Raphaels*. C'est assez de les avoir produits une fois. Les *Chiabrera*, & ensuite les *Zappi*, les *Filicaia*, ont fait voir que la délicatesse est toûjours le partage de cette Nation. La *Mérope* de *Maffei*, & les ouvrages
Dramati-

Ch. XXXIV. Dramatiques de *Metastasio*, sont de beaux monumens du siécle.

L'étude de la vraie Physique établie par *Galilée*, s'est toûjours soutenuë malgré les contradictions d'une ancienne Philosophie trop consacrée. Les *Cassini*, les *Viviani*, les *Manfredi*, les *Bianchini*, les *Zanotti* & tant d'autres ont répandu sur l'Italie la même lumiére qui éclairait les autres pays; & quoique les principaux rayons de cette lumiére vinssent de l'Angleterre, les écoles Italiennes n'en ont point enfin détourné les yeux.

Tous les genres de Littérature ont été cultivés dans cette ancienne patrie des Arts, autant qu'ailleurs, excepté dans les matières où la liberté de penser donne plus d'essor à l'esprit chez d'autres Nations. Ce siécle surtout a mieux connu l'antiquité que les précédens. L'Italie fournit plus de monumens que toute l'Europe ensemble; & plus on a déterré de ces monumens, plus la Science s'est étendue.

On doit ces progrès à quelques Sages, à quelques génies répandus en petit nombre dans quelques parties de l'Europe; presque tous longtems obscurs & souvent persécutés, ils ont éclairé & consolé la Terre, pendant que les guerres la désolaient. On peut trouver ailleurs des listes de tous ceux qui ont illustré l'Allemagne, l'Angleterre, l'Italie. Un étranger serait peut-être trop peu propre à apprécier le mérite de tous ces hommes illustres. Il suffit ici d'avoir fait voir que dans le siécle passé sé les hommes ont acquis plus de lumiéres d'un bout de l'Europe à l'autre que dans tous les âges précédens.

CHAPITRE TRENTE-CINQUIEME.

AFFAIRES ECCLESIASTIQUES:

DISPUTES MEMORABLES.

DEs trois Ordres de l'Etat, le moins nombreux, qui eſt l'Egliſe, eſt celui qui a toûjours exigé du Souverain la conduite la plus délicate & la plus ménagée. Conſerver à la fois l'union avec le Siége de Rome, & ſoûtenir les libertés de l'Egliſe Gallicane, qui ſont les droits de l'ancienne Egliſe ; ſavoir faire obéir les Evêques comme ſujets, ſans toucher aux droits de l'Epiſcopat; les ſoûmettre en beaucoup de choſes à la Juriſdiction ſéculiére, & les laiſſer juges en d'autres; les faire contribuer aux beſoins de l'Etat, & ne pas choquer leurs privilèges: tout cela demande un mélange de dextérité & de fermeté, que *Louïs XIV.* eut preſque toûjours.

Le Clergé en France fut remis peu-à-peu dans un ordre & dans une décence, dont les guerres civiles & la licence des tems l'avaient écarté. Le Roi ne ſouffrit plus enfin, ni que les ſéculiers poſſédaſſent des Bénéfices, ſous le nom

Ch. XXXV.

Evêques non Prêtres.

nom de Confidentiaires, ni que ceux qui n'étaient pas Prêtres eussent des Evêchés, comme le Cardinal *Mazarin*, qui avait possédé l'Evêché de Metz n'étant pas même Sous-diacre, & le Duc de *Verneuil* qui en avait aussi joui étant séculier.

Ce que payait au Roi le Clergé de France & des villes conquises, allait année commune à environ deux millions cinq cent mille livres; & depuis, la valeur des espèces ayant augmenté numériquement, ils ont secouru l'Etat d'environ quatre millions par année, sous le nom de décimes, de subvention extraordinaire, de don gratuit. Ce mot & ce privilège

Don gratuit.

de *don gratuit* se sont conservés, comme une trace de l'ancien usage, où étaient tous les Seigneurs de Fiefs, d'accorder des dons gratuits aux Rois dans les besoins de l'Etat. Les Evêques & les Abbés, étant Seigneurs de Fiefs, ne devaient que des soldats, dans le tems de l'Anarchie féodale. Les Rois alors n'avaient que leurs domaines, comme les autres Seigneurs. Lorsque tout changea depuis, le Clergé ne changea pas; il conserva l'usage d'aider l'Etat par des dons gratuits.

A cette ancienne coûtume, qu'un Corps qui s'assemble souvent conserve, & qu'un Corps qui ne s'assemble point perd nécessairement se joint l'immunité toûjours réclamée par l'Eglise; & cette maxime, que *son bien est le bien des pauvres*: non, qu'elle prétende ne devoir rien à l'Etat, dont elle tient tout; car le Royaume

aume, quand il a des besoins, est le prémier pauvre : mais elle allègue pour elle le droit de ne donner que des secours volontaires ; & *Louis XIV.* exigea toûjours ces secours, de manière à n'être pas refusé.

CH. XXXV.

On s'étonne dans l'Europe & en France, que le Clergé paye si peu ; on se figure qu'il jouït du tiers du Royaume. S'il possédait ce tiers, il est indubitable qu'il devrait payer le tiers des charges ; ce qui se monterait année commune à près de trente millions, indépendamment des droits sur les consommations, qu'il paye comme les autres sujets ; mais on se fait des idées vagues & des préjugés sur tout. On dit que l'Eglise posséde le tiers du Royaume, comme on dit au hazard qu'il y a un million d'habitans dans Paris. Si on se donnait seulement la peine de supputer le revenu des Evêchés, on verrait par le prix des Baux faits il y a environ cinquante ans, que tous les Evêchés n'étaient évalués alors que sur le pied d'un revenu annuel de quatre millions ; & les Abbaïes Commandataires allaient à quatre millions cinq cent mille livres. Il est vrai, que l'énoncé de ce prix des Baux fut un tiers au-dessous de la valeur : & si on ajoûte encor l'augmentation des revenus en terres, la somme totale des rentes de tous les Bénéfices Consistoriaux sera portée à environ seize millions ; & il ne faut pas oublier, que de cet argent il en va tous les ans à Rome une somme considérable, qui ne revient jamais, & qui est en

Richesses du Clergé.

H. G. Tom. VII. Suite Tom. II.   R   pure

pure perte. C'est une grande libéralité du Roi envers le St. Siége : elle dépouille l'Etat dans l'espace d'un siécle de plus de quatre cent mille marcs d'argent ; ce qui dans la suite des tems appauvrirait le Royaume, si le Commerce ne réparait pas abondamment cette perte.

A ces Bénéfices qui payent des Annates à Rome, il faut joindre les Cures, les Couvens, les Collégiales, les Communautés & tous les autres Bénéfices ensemble. Mais s'ils sont évalués à cinquante millions par année dans toute l'étendue actuelle du Royaume, on ne s'éloigne pas beaucoup de la vérité.

Ceux qui ont examiné cette matiére avec des yeux aussi sévères qu'attentifs, n'ont pu porter les revenus de toute l'Eglise Gallicane séculiére & réguliére, au-delà de quatre-vingt millions. Ce n'est pas une somme exorbitante, pour l'entretien de quatre-vingt-dix mille personnes Religieuses, & environ cent soixante mille Ecclésiastiques, que l'on comptait en 1700. Et sur ces quatre-vingt-dix mille Moines, il y en a plus d'un tiers qui vivent de quêtes & de Messes. Beaucoup de Moines Conventuels ne coûtent pas deux cent livres par an à leur Monastère : il y a des Moines Abbés réguliers, qui jouïssent de deux cent mille livres de rentes. C'est cette énorme disproportion, qui frape & qui excite les murmures. On plaint un Curé de Campagne, dont les travaux pénibles ne lui procurent que sa portion congrue de trois cent livres de droit

en

en rigueur, & de quatre à cinq cent livres par libéralité, tandis qu'un Religieux oisif, devenu Abbé & non moins oisif, possède une fortune immense, & qu'il reçoit des titres fastueux de ceux qui lui sont soûmis. Ces abus vont beaucoup plus loin en Flandre, en Espagne, & surtout dans les Etats Catholiques d'Allemagne, où l'on voit des Moines Princes.

<small>Ch. XXXV.</small>

Les abus servent de Loix dans presque toute la Terre ; & si les plus sages des hommes s'assemblaient pour faire des Loix, où est l'Etat dont la forme subsistât entière ?

Le Clergé de France observe toûjours un usage onéreux pour lui, quand il paye au Roi un don gratuit de plusieurs millions pour quelques années. Il emprunte ; & après en avoir payé les intérêts, il rembourse le capital aux créanciers : ainsi il paye deux fois. Il eût été plus avantageux pour l'Etat & pour le Clergé en général, & plus conforme à la raison, que ce Corps eût subvenu aux besoins de la patrie, par des contributions proportionnées à la valeur de chaque Bénéfice. Mais les hommes sont toûjours attachés à leurs anciens usages. C'est par le même esprit, que le Clergé, en s'assemblant tous les cinq ans, n'a jamais eu, ni une salle d'assemblée, ni un meuble qui lui appartînt. Il est clair, qu'il eût pû, en dépensant moins, aider le Roi davantage, & se bâtir dans Paris un Palais, qui eût été un nouvel ornement de cette Capitale.

<small>Usage du Clergé dans ses subsides.</small>

Ch. XXXV.

Anciennes maximes du Clergé.

Les maximes du Clergé de France n'étaient pas encor entiérement épurées dans la minorité de *Louïs XIV.* du mélange que la Ligue y avait apporté. On avait vu, dans la jeuneſſe de *Louïs XIII.* & dans les derniers Etats tenus en 1614. la plus nombreuſe partie de la Nation, qu'on appelle le Tiers Etat & qui eſt le fond de l'Etat, demander en vain avec le Parlement, qu'on poſât pour loi fondamentale, „ qu'aucune puiſſance ſpirituelle ne peut „ priver les Rois de leurs droits ſacrés, qu'ils „ ne tiennent que de Dieu ſeul; & que c'eſt „ un crime de Léze-Majeſté au prémier chef, „ d'enſeigner qu'on peut dépoſer & tuer les „ Rois." C'eſt la ſubſtance en propres paroles de la demande de la Nation. Elle fut faite dans un tems, où le ſang de *Henri le Grand* fumait encore. Cependant un Evêque de France né en France, le Cardinal *du Perron*, s'oppoſa violemment à cette propoſition, ſous prétexte que ce n'était pas au Tiers Etat à propoſer des Loix ſur ce qui peut concerner l'Egliſe. Que ne faiſait-il donc, avec le Clergé, ce que le Tiers Etat voulait faire? mais il en était ſi loin, qu'il s'emporta juſqu'à dire, „ que la puiſſance du Pape était pleine, plé- „ niſſime, directe au ſpirituel, indirecte au „ temporel; & qu'il avait charge du Clergé de dire, „ qu'on excommunierait ceux qui „ avanceraient, que le Pape ne peut dépoſer „ les Rois." On gagna la Nobleſſe, on fit taire le Tiers Etat. Le Parlement renouvella

ſes

ÉGLISE.

ses anciens Arrêts, pour déclarer la Couronne indépendante, & la personne des Rois sacrée. La Chambre Ecclésiastique, en avouant que la personne était sacrée, persista à soutenir que la Couronne était dépendante. C'était le même esprit qui avait autrefois déposé *Louis le débonnaire*. Cet esprit prévalut au point, que la Cour subjuguée fut obligée de faire mettre en prison l'Imprimeur qui avait publié l'Arrêt du Parlement sous le titre de *Loi fondamentale*. C'était, disait-on, pour le bien de la paix ; mais c'était punir ceux qui fournissaient des armes défensives à la Couronne. De telles scènes ne se passaient point à Vienne ; c'est qu'alors la France craignait Rome, & que Rome craignait la Maison d'*Autriche*.

La cause, qui succomba, était tellement la cause de tous les Rois, que *Jacques I.* Roi d'Angleterre, écrivit contre le Cardinal *du Perron* ; & c'est le meilleur ouvrage de ce Monarque. C'était aussi la cause des Peuples, dont le repos exige que leurs Souverains ne dépendent pas d'une Puissance étrangère. Peu-à-peu la raison a prévalu ; & *Louis XIV.* n'eut pas de peine à faire écouter cette raison, soutenuë du poids de sa puissance.

Antonio Pérès avait recommandé trois choses à *Henri IV.*, *Roma*, *Consejo*, *Pielago*. *Louis XIV.* eut les deux derniéres avec tant de supériorité, qu'il n'eut pas besoin de la prémiére. Il fut attentif à conserver l'usage de l'appel

Ch. XXXV.

Conduite du Roi avec le Clergé.

l'appel comme d'abus au Parlement des Ordonnances Ecclésiastiques, dans tous les cas où ces Ordonnances intéressent la Jurisdiction Royale. Le Clergé s'en plaignit souvent, & s'en loua quelquefois; car si d'un côté ces appels soutiennent les droits de l'Etat contre l'autorité Episcopale, elles assurent de l'autre cette autorité même, en maintenant les privilèges de l'Eglise Gallicane contre les prétentions de la Cour de Rome : desorte que les Evêques ont regardé les Parlemens comme leurs adversaires & comme leurs défenseurs; & le Gouvernement eut soin, que malgré toutes les querelles de Religion, les bornes aisées à franchir ne fussent passées de part ni d'autre. Il en est de la puissance des Corps & des Compagnies, comme des intérêts des Villes commerçantes ; c'est au Législateur à les balancer.

De la Régale. L'affaire de ce genre la plus importante & la plus délicate, fut celle de la Régale. C'est un droit qu'ont les Rois de France, de pourvoir à tous les Bénéfices simples d'un Diocèse pendant la vacance du Siége, & d'économiser à leur gré les revenus de l'Evêché. Cette prérogative est particulière aujourd'hui aux Rois de France ; mais chaque Etat a les siennes. Les Rois de Portugal jouissent du tiers du revenu des Evêchés de leur Royaume. L'Empereur a le droit des prémiéres priéres ; il a toûjours conféré tous les prémiers Bénéfices qui vaquent. Les Rois de Naples & de Sicile ont de plus grands droits. Ceux de Rome sont

pour

pour la plupart fondés sur l'usage, plutôt que sur des titres primitifs.

Ch. XXXV.

Les Rois de la race de *Mérovée* conféraient, de leur seule autorité, les Evêchés & toutes les Prélatures. On voit qu'en 742. *Carloman* créa Archevêque de Mayence ce même *Boniface,* qui depuis sacra *Pepin* par reconnaissance. Il reste encor beaucoup de monumens du pouvoir qu'avaient les Rois de disposer de ces places importantes ; plus elles le font, plus elles doivent dépendre du Chef de l'Etat. Le concours d'un Evêque étranger paraissait dangereux ; & la nomination reservée à cet Evêque étranger, a souvent passé pour une usurpation plus dangereuse encore. Elle a plus d'une fois excité une guerre civile. Puisque les Rois conféraient les Evêchés, il semblait juste qu'ils conservassent le faible privilège de disposer du revenu, & de nommer à quelques Bénéfices simples, dans le court espace qui s'écoule entre la mort d'un Evêque & le serment de fidélité enregistré de son successeur. Plusieurs Evêques de villes réunies à la Couronne sous la troisiéme race, ne voulurent pas reconnaître ce droit, que des Seigneurs particuliers trop faibles n'avaient pû faire valoir : les Papes se déclarèrent pour les Evêques ; & ces prétentions restèrent toûjours envelopées d'un nuage. Le Parlement en 1608. sous *Henri IV.* déclara que la Régale avait lieu dans tout le Royaume : le Clergé se plaignit ; & ce Prince, qui ménageait les Evêques & Rome,

Autrefois les Rois donnaient tous les Bénéfices.

Ch.
XXXV.
me, évoqua l'affaire à son Conseil, & se garda bien de la décider.

Les Cardinaux de *Richelieu* & *Mazarin* firent rendre plusieurs Arrêts du Conseil, par lesquels les Evêques, qui se disaient exemts, étaient tenus de montrer leurs titres. Tout resta indécis jusqu'en 1673.; & le Roi n'osait pas alors donner un seul Bénéfice, dans presque tous les Diocèses situés au-delà de la Loire, pendant la vacance d'un Siége.

Résistance de l'Evêque de Pamiers.

Enfin, en 1673. le Chancelier *Michel le Tellier* scèla un Edit, par lequel tous les Evêchés du Royaume étaient soumis à la Régale. Deux Evêques, qui étaient malheureusement les deux plus vertueux hommes du Royaume, refusèrent opiniâtrément de se soumettre; c'était *Pavillon* Evêque d'Alet, & *Caulet* Evêque de Pamiers. Ils se défendirent d'abord par des raisons plausibles : on leur en opposa d'aussi fortes. Quand des hommes éclairés disputent longtems, il y a grande apparence que la question n'est pas claire; elle était très-obscure; mais il était évident, que ni la Religion ni le bon ordre n'étaient intéressés à empêcher un Roi de faire dans deux Diocèses ce qu'il faisait dans tous les autres. Cependant les deux Evêques furent inflexibles. Ni l'un ni l'autre n'avait fait enrégistrer son serment de fidélité; & le Roi se croyait en droit de pourvoir aux Canonicats de leurs Eglises.

Les deux Prélats excommunièrent les pourvus en Régale. Tous deux étaient suspects de
Jansé-

Janſéniſme. Ils avaient eu contre eux le Pape Innocent X. ; mais quand ils ſe déclarèrent contre les prétentions du Roi, ils eurent pour eux *Innocent XI. Odeſcalchi* : ce Pape, vertueux & opiniâtre comme eux, prit entiérement leur parti.

Le Roi ſe contenta d'abord d'exiler les principaux Officiers de ces Evêques. Il montra plus de modération, que deux hommes qui ſe piquaient de ſainteté. On laiſſa mourir paiſiblement l'Evêque d'Alet, dont on reſpectait la grande vieilleſſe. L'Evêque de Pamiers reſtait ſeul, & n'était point ébranlé. Il redoubla ſes excommunications, & perſiſta de plus à ne point faire enrégiſtrer ſon ſerment de fidélité, perſuadé que dans ce ſerment on ſoumet trop l'Egliſe à la Monarchie. Le Roi ſaiſit ſon temporel. Le Pape & les *Janſéniſtes* le dédommagèrent. Il gagna à être privé de ſes revenus ; & il mourut en 1680. convaincu qu'il avait ſoutenu la cauſe de DIEU contre le Roi. Sa mort n'éteignit pas la querelle : des Chanoines nommés par le Roi viennent pour prendre poſſeſſion ; des Religieux, qui ſe prétendaient Chanoines & grands Vicaires, les font ſortir de l'Egliſe & les excommunient. Le Métropolitain *Montpéſat* Archevêque de Toulouſe, à qui cette affaire reſſortit de droit, donne en vain des ſentences contre ces prétendus grands Vicaires. Ils en appellent à Rome, ſelon l'uſage de porter à la Cour de Rome les cauſes eccléſiaſtiques jugées par les Archevêques de France,

Ch. XXXV.

Grand Vicaire traîné sur la claye.

France, usage qui contredit les libertés Gallicanes: mais tous les gouvernemens des hommes sont des contradictions. Le Parlement donne des Arrêts. Un Moine nommé *Cerle*, qui était l'un de ces grands Vicaires, casse & les sentences du Métropolitain & les Arrêts du Parlement. Ce Tribunal le condamne par contumace à perdre la tête & à être traîné sur une claie. On l'exécute en effigie. Il insulte du fond de sa retraite, à l'Archevêque & au Roi; & le Pape le soûtient. Ce Pontife fait plus; persuadé, comme l'Evêque de Pamiers, que le droit de Régale est un abus dans l'Eglise, & que le Roi n'a aucun droit dans Pamiers, il casse les ordonnances de l'Archevêque de Toulouse; il excommunie les nouveaux grands Vicaires que ce Prélat a nommés, & les pourvus en Régale, & leurs fauteurs.

Fameuse assemblée du Clergé.

Le Roi convoque une Assemblée du Clergé, composée de trente-cinq Evêques, & d'autant de Députés du second ordre. Les Jansénistes prenaient pour la première fois le parti d'un Pape; & ce Pape, ennemi du Roi, les favorisait sans les aimer. Il se fit toûjours un honneur de résister à ce Monarque, dans toutes les occasions; & depuis même, en 1689. il s'unit avec les Alliés contre le Roi *Jacques*, parce que *Louïs XIV*. protégeait ce Prince: de sorte qu'alors on dit, que pour mettre fin aux troubles de l'Europe & de l'Eglise, il falait que le Roi *Jacques* se fit Huguenot & le Pape Catholique.

Cepen-

Cependant l'assemblée du Clergé de 1681. & 1682. d'une voix unanime se déclare pour le Roi. Il s'agissait encor d'une autre petite querelle devenue importante : l'élection d'une Prieure dans un fauxbourg de Paris, commettait ensemble le Roi & le Pape. Le Pontife Romain avait cassé une ordonnance de l'Archevêque de Paris, & annullé sa nomination à ce Prieuré. Le Parlement avait jugé la procédure de Rome abusive. Le Pape avait ordonné par une Bulle, que l'Inquisition fît brûler l'Arrêt du Parlement; & le Parlement avait ordonné la suppression de la Bulle. Ces combats sont, depuis longtems, les effets ordinaires & inévitables de cet ancien mélange de la liberté naturelle de se gouverner soi-même dans son pays, & de la soumission à une Puissance étrangère.

Ch. XXXV.

L'Assemblée du Clergé prit un parti, qui montre que des hommes sages peuvent céder avec dignité à leur Souverain, sans l'intervention d'un autre pouvoir. Elle consentit à l'extension du droit de Régale à tout le Royaume; mais ce fut autant une concession de la part du Clergé, qui se relâchait de ses prétentions par reconnaissance pour son Protecteur, qu'un aveu formel du droit absolu de la Couronne.

L'Assemblée se justifia auprès du Pape, par une lettre dans laquelle on trouve un passage, qui seul devrait servir de régle éternelle dans toutes les disputes : c'est, *qu'il vaut mieux sacrifier*

Ch. XXXV.

La France prête à se séparer de Rome.

crifier quelque chose de ses droits, que de troubler la paix. Le Roi, l'Eglise Gallicane, les Parlemens, furent contens. Les Janfénistes écrivirent quelques libelles. Le Pape fût inflexible: il cassa par un Bref toutes les résolutions de l'Assemblée, & manda aux Evêques de se retracter. Il y avait là de quoi séparer à jamais l'Eglise de France de celle de Rome. On avait parlé, sous le Cardinal *de Richelieu* & sous *Mazarin*, de faire un Patriarche. Le vœu de tous les Magistrats était, qu'on ne payât plus à Rome le tribut des Annates; que Rome ne nommât plus, pendant six mois de l'année, aux Bénéfices de Bretagne; que des Evêques de France ne s'appellassent plus Evêques *par la permission du Saint Siége*. Si le Roi l'avait voulu, il n'avait qu'à dire un mot; il était Maître de l'Assemblée du Clergé, & il avait pour lui la Nation. Rome eût tout perdu par l'inflexibilité d'un Pontife vertueux, qui seul de tous les Papes de ce siécle ne savait pas s'accommoder au tems. Mais il y a d'anciennes bornes, qu'on ne remuë pas sans de violentes secousses. Il fallait de plus grands intérêts, de plus grandes passions & plus d'effervescence dans les esprits, pour rompre tout d'un coup avec Rome; & il était bien difficile de faire cette scission, tandis qu'on voulait extirper le Calvinisme. On crut même faire un coup hardi, lorsqu'on publia les quatre fameuses décisions de la même Assemblée du Clergé en 1682., dont voici la substance:

I. Dieu

1. Dieu n'a donné à *Pierre* & à ses successeurs, aucune puissance ni directe ni indirecte sur les choses temporelles.

2. L'Eglise Gallicane approuve le Concile de *Constance*, qui déclare les Conciles généraux supérieurs au Pape dans le spirituel.

3. Les régles, les usages, les pratiques reçuës dans le Royaume & dans l'Eglise Gallicane, doivent demeurer inébranlables.

4. Les décisions du Pape, en matiéres de foi, ne sont sûres, qu'après que l'Eglise les a acceptées.

Tous les Tribunaux & toutes les Facultés de Théologie enregistrèrent ces quatre propositions dans toute leur étenduë : & il fut défendu par un Edit, de rien enseigner jamais de contraire.

Cette fermeté fut regardée à Rome comme un attentat de rebelles ; & par tous les Protestans de l'Europe, comme un faible effort d'une Eglise née libre, qui ne rompait que quatre chaînons de ses fers.

Les quatre maximes furent d'abord soûtenuës avec entousiasme dans la Nation, ensuite avec moins de vivacité. Sur la fin du régne de *Louïs XIV.* elles commencèrent à devenir problématiques ; & le Cardinal de *Fleuri* les fit depuis désavouer en partie par une Assemblée du Clergé, sans que ce désaveu causât le moindre bruit, parce que les esprits n'étaient pas alors échauffés, & que dans le Ministère du Cardinal de *Fleuri* rien n'eut de l'éclat. Cepen-

Ch.
XXXV.

Innocent XI. ennemi de Louis XIV.

Cependant *Innocent XI.* s'aigrit plus que jamais; il refusa des Bulles à tous les Evêques & à tous les Abbés Commandataires que le Roi nomma; deforte qu'à la mort de ce Pape en 1689. il y avait vingt-neuf Diocèses en France dépourvus d'Evêques. Ces Prélats n'en touchaient pas moins leurs revenus; mais ils n'ofaient fe faire facrer, ni faire les fonctions Epifcopales. L'idée de créer un Patriarche fe renouvella. La querelle des franchifes des Ambaffadeurs à Rome, qui acheva d'envenimer les plaies, fit penfer qu'enfin le tems était venu d'établir en France une Eglife *Catholique-Apoftolique*, qui ne ferait point *Romaine*. Le Procureur-Général de *Harlai*, & l'Avocat-Général *Talon*, le firent affez entendre, quand ils appellèrent comme d'abus en 1687. de la Bulle contre les franchifes, & qu'ils éclatèrent contre l'opiniâtreté du Pape, qui laiffait tant d'Eglifes fans Pafteurs. Mais jamais le Roi ne voulut confentir à cette démarche, qui était plus aifée qu'elle ne paraiffait hardie.

La caufe d'*Innocent XI.* devint cependant la caufe du Saint Siége. Les quatre propofitions du Clergé de France attaquaient le fantôme de l'infaillibilité (qu'on ne croit pas à Rome, mais qu'on y foutient,) & le pouvoir réel attaché à ce fantôme. *Alexandre VIII.* & *Innocent XII.* fuivirent les traces du fier *Odefcalchi*, quoique d'une maniére moins dure; ils confirmèrent la condamnation portée contre l'Affemblée du Clergé : ils refufèrent les Bulles es aux Evêques; enfin ils en firent trop, parce que *Louïs XIV.* n'en avait pas fait assez. Les Evêques, lassés de n'être que nommés par le Roi & de se voir sans fonctions, demandèrent à la Cour de France la permission d'apaiser la Cour de Rome.

Le Roi, dont la fermeté était fatiguée, le permit. Chacun d'eux écrivit séparément, qu'il était *douloureusement affligé des procédés de l'Assemblée*; chacun déclare dans sa lettre, qu'il ne reçoit point comme décidé, ce qu'on y a décidé, ni comme ordonné ce qu'on y a ordonné. *Pignatelli* (*Innocent XII.*) plus conciliant qu'*Odescalchi*, se contenta de cette démarche. Les quatre propositions n'en furent pas moins enseignées en France de tems en tems. Mais ces armes se rouillèrent, quand on ne combattit plus; & la dispute resta couverte d'un voile, sans être décidée, comme il arrive presque toûjours, dans un Etat qui n'a pas sur ces matiéres des principes invariables & reconnus. Ainsi, tantôt on s'élève contre Rome, tantôt on lui cède, suivant les caractères de ceux qui gouvernent, & suivant les intérêts particuliers de ceux par qui les principaux de l'Etat sont gouvernés.

Louïs XIV. d'ailleurs n'eut point d'autre démêlé Ecclésiastique avec Rome, & n'essuya aucune opposition du Clergé dans les affaires temporelles.

Sous lui, ce Clergé devint respectable, par une décence ignorée dans la barbarie des deux
pré-

Ch. XXXV.

Reforme du Clergé.

prémiéres races, dans le tems encor plus barbare du gouvernement féodal ; abfolument inconnuë pendant les guerres civiles & dans les agitations du régne de *Louïs XIII.*, & furtout pendant la Fronde, à quelques exceptions près qu'il faut toûjours faire dans les vices comme dans les vertus qui dominent.

Ce fut alors feulement, que l'on commença à deffiller les yeux du peuple fur les fuperftitions qu'il mêle toûjours à fa Religion. Il fut permis, malgré le Parlement d'Aix & malgré les Carmes, de favoir que *Lazare* & *Magdeleine* n'étaient point venus en Provence. Les Bénédictins ne purent faire croire, que *Denys l'Aréopagite* eût gouverné l'Eglife de Paris. Les Saints fuppofés, les faux Miracles, les fauffes Reliques, commencèrent à être décriés. La faine raifon, qui éclairait les Philofophes, pénétrait partout, mais lentement & avec difficulté.

Superftitions fupprimées en partie.

L'Evêque de Châlons, *Gafton-Louïs de Noailles* frére du Cardinal, eut une piété affez éclairée, pour enlever en 1702. & faire jetter une relique, confervée précieufement depuis plufieurs fiécles dans l'Eglife de Nôtre-Dame, & adorée fous le nom du *Nombril* de JESUS-CHRIST. Tout Châlons murmura contre l'Evêque. Préfidens, Confeillers, gens du Roi, Tréforiers de France, Marchands, Notables, Chanoines, Curés, proteftèrent unanimément par un acte juridique contre l'entreprife de l'Evêque, réclamant le *Saint Nombril*, & alléguant

ayant la robe de Jesus-Christ conservée à Argenteuil, son mouchoir à Turin & à Laon, un des cloux de la Croix à St. Denis, & son prépuce à Rome ; mais la sage fermeté de l'Evêque l'emporta à la fin sur la crédulité du peuple.

Ch. XXXV.

Quelques autres superstitions, attachées à des usages respectables, ont subsisté. Les Protestans en ont triomphé. Mais ils sont obligés de convenir, qu'il n'y a point d'Eglise Catholique, où ces abus soient moins communs & plus méprisés qu'en France.

L'esprit vraiment philosophique, qui n'a pris racine que vers le milieu de ce siécle, n'éteignit point les anciennes & nouvelles querelles Théologiques, qui n'étaient pas de son ressort. On va parler de ces dissentions, qui font la honte de la raison humaine.

CHAPITRE TRENTE-SIXIEME.

DU CALVINISME,

AU TEMS DE LOUIS XIV.

IL est affreux sans doute, que l'Eglise Chrétienne ait toûjours été déchirée par les querelles, & que le sang ait coulé pendant tant de siécles par des mains qui portaient le Dieu de la paix. Cette fureur fut inconnue au Paga-

Pourquoi y a-t-il toûjours eu des querelles Théologiques?

Ch. XXXVI.

nisme. Il couvrit la Terre de ténébres, mais il ne l'arrosa guères que du sang des animaux; & si quelquefois chez les Juifs & chez les Payens on dévoua des victimes humaines, ces dévouemens, tout horribles qu'ils étaient, ne causèrent point de guerres civiles. La Religion des Payens ne consistait que dans la Morale & dans des Fêtes. La Morale qui est commune aux hommes de tous les tems & de tous les lieux, & les Fêtes qui n'étaient que des rejouïssances, ne pouvaient troubler le Genre humain.

L'esprit dogmatique apporta chez les hommes la fureur des guerres de Religion. J'ai recherché longtems, comment & pourquoi cet esprit dogmatique, qui divisa les écoles de l'Antiquité Payenne sans causer le moindre trouble, en a produit parmi nous de si horribles. Ce n'est pas le seul fanatisme qui en est cause ; car les Gymnosophistes & les Bramins, les plus fanatiques des hommes, ne firent jamais de mal qu'à eux-mêmes. Ne pourrait-on pas trouver l'origine de cette nouvelle peste qui a ravagé la Terre, dans ce combat naturel de l'esprit républicain qui anima les prémiéres Eglises contre l'autorité qui hait la résistance en tout genre ? Les assemblées secrettes, qui bravaient d'abord dans des caves & dans des grottes l'autorité des Empereurs Romains, formèrent peu-à-peu un Etat dans l'Etat. C'était une République cachée au milieu de l'Empire. *Constantin* la tira de dessous terre,

pour

pour la mettre à côté du Trône. Bientôt l'autorité attachée aux grands Siéges se trouva en opposition avec l'esprit populaire, qui avait inspiré jusqu'alors toutes les assemblées des Chrétiens. Souvent, dès que l'Evêque d'une Métropole faisait valoir un sentiment, un Evêque suffragant, un Prêtre, un Diacre, en avaient un contraire. Toute autorité blesse en secret les hommes, d'autant plus que toute autorité veut toûjours s'accroître. Lorsqu'on trouve pour lui résister un prétexte qu'on croit sacré, on se fait bientôt un devoir de la révolte. Ainsi les uns deviennent persécuteurs, les autres rebelles, en attestant DIEU des deux côtés.

Ch. XXXVI.

Nous avons vû combien depuis les disputes du Prêtre *Arius* contre un Evêque, la fureur de dominer sur les ames a troublé la Terre. Donner son sentiment pour la volonté de DIEU, commander de croire sous peine de la mort du corps & des tourmens éternels de l'ame, a été le dernier période du despotisme de l'esprit dans quelques hommes : & résister à ces deux menaces, a été dans d'autres le dernier effort de l'indépendance. Cette Histoire générale que vous avez parcouruë, vous a fait voir depuis *Théodose* une lutte perpétuelle entre la Jurisdiction séculiére & l'ecclésiastique, & depuis *Charlemagne* les efforts réitérés des grands Fiefs contre les Souverains, les Evêques élevés souvent contre les Rois, les Papes aux prises avec les Rois & les Evêques.

On disputait peu dans l'Eglise Latine aux
S 2   pré-

Ch. XXXVI.

Origine des Sectes du seizième siécle.

prémiers siécles. Les invasions continuelles des Barbares permettaient à peine de penser; & il y avait peu de dogmes qu'on eût assez dévelopés pour fixer la créance universelle. Presque tout l'Occident rejetta le culte des images au siécle de *Charlemagne*. Un Evêque de Turin nommé *Claude* les proscrivit avec chaleur, & retint plusieurs dogmes qui font encor aujourd'hui le fondement de la créance des Protestans. Ces opinions se perpétuèrent dans les Vallées du Piémont, du Dauphiné, de la Provence, du Languedoc : elles éclatèrent au douziéme siécle : elles produisirent bientôt après la guerre des Albigeois; & ayant passé ensuite dans l'Université de Prague, elles excitèrent la guerre des Hussites. Il n'y eut qu'environ cent ans d'intervalle entre la fin des troubles qui nâquirent de la cendre de *Jean Hus* & de *Jérôme de Prague*, & ceux que la vente des Indulgences fit renaître. Les anciens dogmes embrassés par les Vaudois, les Albigeois, les Hussites, renouvellés & différemment expliqués par *Luther* & par *Zuingle*, furent reçus avec avidité dans l'Allemagne, comme un prétexte pour s'emparer de tant de terres, dont les Evêques & les Abbés s'étaient mis en possession, & pour résister au pouvoir des Empereurs; ils triomphèrent en Suéde & en Danemarck, pays où les Peuples étaient libres sous des Rois.

Les Anglais, dans qui la Nature a mis l'esprit d'indépendance, les adoptèrent, les mitigèrent,

gèrent, & en composèrent une Religion pour eux seuls. Le Presbitérianisme établit en Ecosse, dans les tems malheureux, une espèce de République dont le pédantisme & la dureté étaient beaucoup plus intolérables que la rigueur du climat. Il n'a cessé d'être dangereux en Ecosse que quand la raison, les loix & la force l'ont reprimé. La Réforme pénétra en Pologne, & y fit beaucoup de progrès dans les seules villes où le peuple n'est point esclave. La plus grande & la plus riche partie de la Suisse n'eut pas de peine à la recevoir, parce qu'elle était République. Elle fut sur le point d'être établie à Venise par la même raison ; & elle y eût pris racine, si Venise n'eût pas été voisine de Rome, & peut-être si le Gouvernement n'eût pas craint la Démocratie, à laquelle le peuple aspire naturellement dans toute République, & qui était alors le grand but de la plûpart des Prédicans. Les Hollandais ne prirent cette Religion, que quand ils secouèrent le joug de l'Espagne. Genève devint un Etat entièrement Républicain, en devenant Calviniste.

Toute la Maison d'*Autriche* écarta ces Religions de ses Etats, autant qu'il lui fut possible. Elles n'approchèrent presque point de l'Espagne. Elles ont été extirpées par le fer & par le feu dans les Etats du Duc de Savoie, qui ont été leur berceau. Les habitans des Vallées Piémontaises ont éprouvé en 1655. ce que les Peuples de Mérindol & de Cabriére éprouvèrent en France sous *François I.* Le

Ces Sectes bannies des Etats Monarchiques.

CH. XXXVI.

Pourquoi établies en France.

Duc de Savoie abſolu a exterminé chez lui la Secte dès qu'elle lui a paru dangereuſe : il n'en reſte que quelques faibles rejettons ignorés dans les rochers qui les renferment. On ne vit point les Luthériens & les Calviniſtes cauſer de grands troubles en France ſous le Gouvernement ferme de *François I.* & de *Henri II.* Mais dès que le Gouvernement fut faible & partagé, les querelles de Religion furent violentes. Les *Condé* & les *Coligni*, devenus Calviniſtes parce que les *Guiſes* étaient Catholiques, bouleverſèrent l'Etat à l'envi. La légéreté & l'impétuoſité de la Nation, la fureur de la nouveauté & l'entouſiaſme, firent pendant quarante ans, du peuple le plus poli, un peuple de Barbares.

Henri IV. né dans cette ſecte, qu'il aimait ſans être entêté d'aucune, ne put malgré ſes victoires & ſes vertus, régner ſans abandonner le Calviniſme : devenu Catholique, il ne fut pas aſſez ingrat pour vouloir détruire un parti ſi longtems ennemi des Rois, mais auquel il devait en partie ſa Couronne; & s'il avait voulu diſſiper cette faction, il ne l'aurait pas pu. Il la chérit, la protégea & la réprima.

Les Huguenots en France faiſaient alors à peu près la douziéme partie de la Nation. Il y avait parmi eux des Seigneurs puiſſans : des villes entiéres étaient Proteſtantes. Ils avaient fait la guerre aux Rois : on avait été contraint de leur donner des Places de ſûreté : *Henri III.* leur en avait accordé quatorze dans

le

le feul Dauphiné; Montauban, Nimes, dans le Languedoc; Saumur, & fur-tout la Rochelle, qui faifait une République à part, & que le Commerce & la faveur de l'Angleterre pouvaient rendre puiffante. Enfin, *Henri IV.* fembla fatisfaire fon goût, fa politique & même fon devoir, en accordant au parti le célèbre Edit de Nantes en 1598. Cet Edit n'était au fonds que la confirmation des priviléges que les Proteftans de France avaient obtenus des Rois précédens les armes à la main, & que *Henri le Grand* affermi fur le Trône leur laiffa par bonne volonté.

Par cet Edit de Nantes, que le nom de *Henri IV.* rendit plus célèbre que tous les autres, tout Seigneur de Fief haut Jufticier pouvait avoir dans fon Château plein exercice de la Religion prétendue Reformée : tout Seigneur fans haute-Juftice pouvait admettre trente perfonnes à fon Prèche. L'entier exercice de cette Religion était autorifé dans tous les lieux qui reffortiffaient immédiatement à un Parlement.

Les Calviniftes pouvaient faire imprimer, fans s'adreffer aux Supérieurs, tous leurs livres, dans les villes où leur Religion était permife.

Ils étaient déclarés capables de toutes les Charges & Dignités de l'Etat; & il y parut bien en effet, puifque le Roi fit Ducs & Pairs les Seigneurs de *la Trimouille* & de *Rôni.*

On créa une Chambre exprès au Parlement

de Paris, composée d'un Président & de seize Conseillers, laquelle jugea tous les procès des Réformés, non-seulement dans le district immense du ressort de Paris, mais dans celui de Normandie & de Bretagne. Elle fut nommée *la Chambre de l'Edit*. Il n'y eut jamais à la vérité qu'un seul Calviniste admis de droit parmi les Conseillers de cette Jurisdiction. Cependant, comme elle était destinée à empêcher les vexations dont le parti se plaignait, & que les hommes se piquent toûjours de remplir un devoir qui les distingue; cette Chambre composée de Catholiques rendit toûjours aux Huguenots, de leur aveu même, la justice la plus impartiale.

Ils avaient une espèce de petit Parlement à Castres, indépendant de celui de Toulouse. Il y eut à Grenoble & à Bordeaux des Chambres mi-parties, Catholiques & Calvinistes. Leurs Eglises s'assemblaient en Synodes, comme l'Eglise Gallicane. Ces priviléges & beaucoup d'autres incorporèrent ainsi les Calvinistes au reste de la Nation. C'était à la vérité attacher des ennemis ensemble; mais l'autorité, la bonté & l'adresse de ce grand Roi, les continrent pendant sa vie.

Après la mort à jamais effrayante & déplorable de *Henri IV.* dans la faiblesse d'une minorité & sous une Cour divisée, il était bien difficile que l'esprit républicain des Réformés n'abusât de ses priviléges, & que la Cour, toute faible qu'elle était, ne voulût les restraintraindre. Les Huguenots avaient déja établi en France des *Cercles*, à l'imitation de l'Allemagne. Les députés de ces Cercles étaient souvent féditieux ; & il y avait dans le parti des Seigneurs pleins d'ambition. Le Duc de *Bouillon*, & furtout le Duc de *Rohan*, le Chef le plus accrédité des Huguenots, précipitèrent bientôt dans la révolte l'efprit remuant des Prédicans, & le zèle aveugle des Peuples. L'affemblée générale du parti ofa dès 1615. préfenter à la Cour un caïer, par lequel, entre autres articles injurieux, elle demandait qu'on réformât le Confeil du Roi. Ils prirent les armes en quelques endroits dès l'an 1616 ; & l'audace des Huguenots fe joignant aux divifions de la Cour, à la haine contre les Favoris, à l'inquiétude de la Nation, tout fut longtems dans le trouble. C'était des féditions, des intrigues, des menaces, des prifes d'armes, des paix faites à la hâte & rompuës de même ; c'eft ce qui faifait dire au célèbre Cardinal *Bentivoglio* alors Nonce en France, qu'il n'y avait vû que des orages.

Dans l'année 1621. les Eglifes Réformées de France offrirent à *Lefdiguières*, devenu depuis Connétable, le Généralat de leurs armées, & cent mille écus par mois. Mais *Lefdiguières*, plus éclairé dans fon ambition qu'eux dans leurs factions, & qui les connaiffait pour les avoir commandés, aima mieux alors les combattre que d'être à leur tête, & pour réponfe à leurs offres, il fe fit Catholique.

Ch. XXXVI.

Séditions des Réformés.

que. Les Huguenots s'adreſſèrent enſuite au Maréchal Duc de *Bouillon*, qui dit qu'il était trop vieux ; & enfin ils donnèrent cette malheureuſe place au Duc de *Rohan*, qui conjointement avec ſon frére *Soubiſe*, oſa faire la guerre au Roi de France.

Nouvelles guerres civiles des Réformés.

La même année, le Connétable de *Luines* mena *Louïs XIII.* de province en province. Il ſoumit plus de cinquante villes, preſque ſans réſiſtance ; mais il échoua devant Montauban : le Roi eut l'affront de décamper. On aſſiégea en vain la Rochelle : elle réſiſtait & par elle-même & par les ſecours de l'Angleterre ; & le Duc de *Rohan*, coupable du crime de Léze-Majeſté, traita de la paix avec ſon Roi, preſque de Couronne à Couronne.

Après cette paix, & après la mort du Connétable de *Luines*, il falut encor recommencer la guerre & aſſiéger de nouveau la Rochelle, toûjours liguée contre ſon Souverain avec l'Anglais & avec les Calviniſtes du Royaume. Une femme (c'était la mére du Duc de *Rohan*) défendit cette ville pendant un an, contre l'armée Royale, contre l'activité du Cardinal de *Richelieu*, & contre l'intrépidité de *Louïs XIII.* qui affronta plus d'une fois la mort à ce ſiége. La ville ſouffrit toutes les extrémités de la faim ; & on ne dut la reddition de la Place, qu'à cette digue de cinq cent pieds de long, que le Cardinal de *Richelieu* fit conſtruire, à l'exemple de celle qu'*Alexandre* fit autrefois élever devant Tyr. Elle domta la Mer & les
Ro-

Rochellois. Le Maire *Guiton*, qui voulait s'enfevelir fous les ruines de la Rochelle, eut l'audace, après s'être rendu à difcrétion, de paraître avec fes gardes devant le Cardinal de *Richelieu*. Les Maires des principales villes des Huguenots en avaient. On ôta les fiens à *Guiton*, & les privilèges à la ville. Le Duc de *Rohan*, Chef des hérétiques rebelles, continuait toûjours la guerre contre fon Roi : & abandonné des Anglais quoique Proteftans, il fe liguait avec les Efpagnols quoique Catholiques. Mais la conduite ferme du Cardinal de *Richelieu* força les Huguenots, battus de tous côtés, à fe foûmettre.

CH. XXXVI.

Edit de grace aux Réformés.

Tous les Edits, qu'on leur avait accordés jufqu'alors, avaient été des Traités avec les Rois. *Richelieu* voulut que celui qu'il fit rendre, fût appellé *l'Edit de grace*. Le Roi y parla en Souverain qui pardonne. On ôta l'exercice de la nouvelle Religion à la Rochelle, à l'Ifle de Ré, à Oleron, à Privas, à Pamiers ; du refte on laiffa fubfifter l'Edit de Nantes, que les Calviniftes regardèrent toûjours comme leur loi fondamentale.

Il paraît étrange que le Cardinal de *Richelieu*, fi abfolu & fi audacieux, n'abolit pas ce fameux Edit ; il eut alors une autre vue, plus difficile peut-être à remplir, mais non moins conforme à l'étendue de fon ambition & à la hauteur de fes penfées. Il rechercha la gloire de fubjuguer les efprits ; il s'en croyait capable par fes lumières, par fa puiffance & par

fa

CH.
XXXVI.

Richelieu veut en vain réunir les deux Religions.

sa politique. Son projet était de gagner des Ministres, de leur faire d'abord avouer que le Culte Catholique n'était pas un crime devant Dieu, de les mener ensuite par degrés, de leur accorder quelques points peu importans, & de paraître aux yeux de la Cour de Rome ne leur avoir rien accordé. Il comptait éblouir une partie des Réformés, séduire l'autre par les présens & par les graces, & avoir enfin toutes les apparences de les avoir réunis à l'Eglise; laissant au tems à faire le reste, & n'envisageant que la gloire d'avoir ou fait ou préparé ce grand ouvrage, & de passer pour l'avoir fait. Le fameux Capucin *Joseph* d'un côté, & deux Ministres gagnés de l'autre, entamèrent cette négociation. Mais il parut que le Cardinal de *Richelieu* avait trop présumé, & qu'il est plus difficile d'accorder des Théologiens, que de faire des digues sur l'Océan.

Richelieu rebuté se proposa d'écraser les Calvinistes. D'autres soins l'en empêchèrent. Il avait à combattre à la fois les Grands du Royaume, la Maison Royale, toute la Maison d'Autriche, & souvent *Louïs XIII.* lui-même. Il mourut enfin au milieu de tous ces orages, d'une mort prématurée. Il laissa tous ses desseins encor imparfaits, & un nom plus éclatant que cher & vénérable.

Cependant, après la prise de la Rochelle & l'Edit de grace, les guerres cessèrent, & il n'y eut plus que des disputes. On imprimait de part & d'autre de ces gros livres qu'on ne lit
plus.

plus. Le Clergé, & surtout les Jésuites, cherchaient à convertir des Huguenots. Les Ministres tâchaient d'attirer quelques Catholiques à leurs opinions. Le Conseil du Roi était occupé à rendre des Arrêts, pour un cimetiére que les deux Religions se disputaient dans un village, pour un Temple bâti sur un fonds appartenant autrefois à l'Eglise, pour des écoles, pour des droits de châteaux, pour des enterremens, pour des cloches ; & rarement des Réformés gagnaient leurs procès. Il n'y eut plus, après tant de dévastations & de saccagemens, que ces petites épines. Les Huguenots n'eurent plus de Chef, depuis que le Duc de *Rohan* cessa de l'être, & que la Maison de *Bouillon* n'eut plus Sedan. Ils se firent même un mérite de rester tranquilles, au milieu des factions de la Fronde & des guerres civiles, que des Princes, des Parlemens & des Evêques excitèrent, en prétendant servir le Roi contre le Cardinal *Mazarin*.

Il ne fut presque point question de Religion pendant la vie de ce Ministre. Il ne fit nulle difficulté de donner la place de Contrôleur-général des Finances à un Huguenot étranger, nommé *Hervard*. Tous les Reformés entrèrent dans les Fermes, dans les sous-fermes, dans toutes les places qui en dépendent.

Colbert, qui ranima l'industrie de la Nation, & qu'on peut regarder comme le fondateur du Commerce, employa beaucoup d'Huguenots dans les Arts, dans les Manufactures,
dans

Ch. XXXVI.

Réformés protegés par Colbert.

dans la Marine. Tous ces objets utiles, qui les occupaient, adoucirent peu-à-peu dans eux la fureur épidémique de la Controverse ; & la gloire qui environna cinquante ans *Louïs XIV.*, sa puissance, son Gouvernement ferme & vigoureux, ôtèrent au parti Réformé, comme à tous les Ordres de l'Etat, toute idée de résistance. Les fêtes magnifiques d'une Cour galante jettaient même du ridicule sur le pédantisme des Huguenots. A mesure que le bon goût se perfectionnait, les Psaumes de *Marot* & de *Béze* ne pouvaient plus insensiblement inspirer que du dégoût. Ces Psaumes, qui avaient charmé la Cour de *François II.* n'étaient plus faits que pour la populace sous *Louïs XIV*. La saine Philosophie, qui commença vers le milieu de ce siécle à percer un peu dans le Monde, devait encor dégouter à la longue les honnêtes-gens des disputes de controverse.

Mais, en attendant que la raison se fît peu-à-peu écouter des hommes, l'esprit même de dispute pouvait servir à entretenir la tranquillité de l'Etat. Car les Jansénistes commençant alors à paraître avec quelque réputation, ils partageaient les suffrages de ceux qui se nourrissent de ces subtilités : ils écrivaient à la fois contre les Jésuites & contre les Huguenots : ceux-ci répondaient aux Jansénistes & aux Jésuites : les Luthériens de la Province d'Alsace écrivaient contre eux tous. Une guerre de plume entre tant de partis, pendant que l'E-
tat

tat était occupé de grandes choses, & que le Gouvernement était tout-puissant, ne pouvait devenir en peu d'années qu'une occupation de gens oisifs, qui dégénère tôt ou tard en indifférence.

Louïs XIV. était animé contre les Réformés, par les remontrances continuelles de son Clergé, par les insinuations des Jésuites, par la Cour de Rome, & enfin par le Chancelier *le Tellier* & *Louvois* son fils, tous deux ennemis de *Colbert*, & qui voulaient perdre les Réformés comme rebelles, parce que *Colbert* les protégeait comme des sujets utiles. *Louïs XIV.* nullement instruit d'ailleurs du fonds de leur doctrine, les regardait, non sans quelque raison, comme d'anciens révoltés soûmis avec peine. Il s'appliqua d'abord à miner par degrés de tous côtés l'édifice de leur Religion : on leur ôtait un Temple sur le moindre prétexte : on leur défendit d'épouser des filles Catholiques ; & en cela on ne fut pas peut-être assez politique : c'était ignorer le pouvoir d'un sexe, que la Cour pourtant connaissait si bien. Les Intendans & les Evêques tâchaient, par les moyens les plus plausibles, d'enlever aux Huguenots leurs enfans. *Colbert* eut ordre en 1681. de ne plus recevoir aucun homme de cette Religion dans les Fermes. On les exclut, autant qu'on le put, des Communautés des *Arts & Métiers*. Le Roi en les tenant ainsi sous le joug, ne l'appesantissait pas toûjours. On défendit par des Arrêts toute violence contre

Ch. XXXVI.

Louïs XIV. excité contre eux.

tre eux. On mêla les infinuations aux févéri-
tés ; & il n'y eut alors de rigueur, qu'avec les
formes de la Juftice.

On employa furtout un moyen affez efficace de converfion : ce fut l'argent. Mais on ne
fit pas affez d'ufage de ce reffort. *Péliffon* fut
chargé de ce miniftère fecret. C'eft ce même
Péliffon longtems Calvinifte, fi connu par fes
ouvrages, par une éloquence pleine d'abondance, par fon attachement au Surintendant *Fouquet*, dont il avait été le prémier Commis, le
favori & la victime. Il eut le bonheur d'être
éclairé & de changer de Religion dans un tems
où ce changement pouvait le mener aux Dignités & à la fortune. Il prit l'habit Ecclé-
fiaftique, obtint des Bénéfices, & une place de Maître des Requêtes. Le Roi lui confia
le revenu des Abbaïes de St. Germain des Prés
& de Cluni vers l'année 1677. avec les revenus du tiers des œconomats, pour être dif-
tribués à ceux qui voudraient fe convertir.
Le Cardinal *le Camus*, Archevêque de Grenoble,
s'était déja fervi de cette méthode. *Péliffon*,
chargé de ce département, envoyait l'argent
dans les Provinces. On tâchait d'opérer beaucoup de converfions pour peu d'argent. De
petites fommes, diftribuées à des indigens, en-
flaient la lifte que *Péliffon* préfentait au Roi
tous les trois mois, en lui perfuadant que tout
cédait dans le monde à la puiffance ou à fes
bienfaits.

Le Confeil, encouragé par ces petits fuccès
que

que le tems eût rendus plus confidérables, s'enhardit en 1681. à donner une Déclaration, par laquelle les enfans étaient reçus à renoncer à leur Religion à l'âge de fept ans ; & à l'appui de cette Déclaration, on prit dans les Provinces beaucoup d'enfans pour les faire abjurer, & on logea des gens de guerre chez les parens.

<small>Cʜ. XXXVI. Petits enfans convertis.</small>

Ce fut cette précipitation du Chancelier *le Tellier* & de *Louvois* fon fils, qui fit d'abord déferter en 1681. beaucoup de familles du Poitou, de la Saintonge & des Provinces voifines. Les étrangers fe hâtèrent d'en profiter.

<small>Mefures du Gouvernement.</small>

Les Rois d'Angleterre & de Danemarck, & furtout la ville d'Amfterdam, invitèrent les Calviniftes de France à fe réfugier dans leurs Etats, & leur affûrèrent une fubfiftance. Amfterdam s'engagea même à bâtir mille maifons pour les fugitifs.

Le Confeil vit les fuites dangereufes de l'ufage trop promt de l'autorité, & crut y remédier par l'autorité même. On fentait combien néceffaires étaient les Artifans dans un pays où le Commerce fleuriffait, & les gens de mer dans un tems où l'on établiffait une puiffante Marine. On ordonna la peine des galères contre ceux de ces profeffions, qui tenteraient de s'échaper.

On remarqua, que plufieurs familles Calviniftes vendaient leurs immeubles. Auffi-tôt parut une Déclaration, qui confifqua tous ces immeubles, en cas que les vendeurs fortiffent dans

Ch.
XXXVI.

dans un an du Royaume. Alors la févérité redoubla contre les Miniſtres. On interdiſa leurs Temples ſur la plus légére contravention. Toutes les rentes, laiſſées par teſtament aux Conſiſtoires, furent appliquées aux Hôpitaux du Royaume.

On défendit aux Maîtres d'école Calviniſtes, de recevoir des penſionnaires. On mit les Miniſtres à la Taille. On ôta la nobleſſe aux Maires Proteſtans. Les Officiers de la maiſon du Roi, les Sécretaires du Roi, qui étaient Proteſtans, eurent ordre de ſe défaire de leurs Charges. On n'admit plus ceux de cette Religion, ni parmi les Notaires, ni parmi les Procureurs & les Avocats.

Il était enjoint à tout le Clergé de faire des proſélites; & il était défendu aux Miniſtres d'en faire, ſous peine de banniſſement perpétuel. Tous ces Arrêts étaient publiquement ſollicités par le Clergé de France. C'était après tout les enfans de la maiſon, qui ne voulaient point de partage avec des étrangers introduits par force.

Péliſſon convertit pour de l'argent.

Péliſſon continuait d'acheter des convertis; mais Madame *Hervard*, veuve du Contrôleur-Général des finances, animée de ce zèle de Religion qu'on a remarqué de tout tems dans les femmes, envoyait autant d'argent pour empêcher les converſions, que *Péliſſon* pour en faire.

1682.

Enfin les Huguenots oſèrent déſobéir en quelques endroits. Ils s'aſſemblèrent dans le Viva-

Vivarais & dans le Dauphiné, près des lieux où l'on avait démoli leurs Temples. On les attaqua; ils se défendirent. Ce n'était qu'une très-légére étincelle du feu des anciennes guerres civiles. Deux ou trois cent malheureux, sans Chef, sans Places, & même sans desseins, furent dispersés en un quart d'heure. Les supplices suivirent leur défaite. L'Intendant du Dauphiné fit rouer le petit-fils du Ministre *Chamier* qui avait dressé l'Edit de Nantes. Il est au rang des plus fameux Martyrs de la Secte, & ce nom de *Chamier* a été longtems en vénération chez les Protestans.

CH. XXXVI.

L'Intendant de Languedoc fit rouer vif le Ministre *Chomel*. On condamna trois autres au même supplice, & dix à être pendus : la fuite qu'ils avaient prise les sauva; & ils ne furent exécutés qu'en effigie.

1683. Prédicans roués.

Tout cela inspirait la terreur, & en même tems augmentait l'opiniâtreté. On fait trop, que les hommes s'attachent à leur Religion à mesure qu'ils souffrent pour elle.

Ce fut alors qu'on persuada au Roi, qu'après avoir envoyé des Missionnaires dans toutes les Provinces, il fallait y envoyer des Dragons. Ces violences parurent faites à contretems; elles étaient les suites de l'esprit qui régnait alors à la Cour, que tout devait fléchir au nom de *Louïs XIV*. On ne songeait pas, que les Huguenots n'étaient plus ceux de Jarnac, de Moncontour & de Coutras; que la rage des guerres civiles était éteinte; que cette

T 2 longue

Сн.
XXXVI.

longue maladie était dégénérée en langueur; que tout n'a qu'un tems chez les hommes; que si les péres avaient été rebelles sous *Louïs XIII.* les enfans étaient soumis sous *Louïs XIV.* On voyait en Angleterre, en Hollande, en Allemagne, plusieurs Sectes, qui s'étaient mutuellement égorgées le siécle passé, vivre maintenant en paix dans les mêmes villes. Tout prouvait, qu'un Roi absolu pouvait être également bien servi par des Catholiques & par des Protestans. Les Luthérieus d'Alsace en étaient un témoignage autentique. Il parut enfin que la Reine *Christine* avait eu raison de dire dans une de ses lettres, à l'occasion de ces violences & de ces émigrations: *Je considére la France comme un malade à qui l'on coupe bras & jambes, pour le traiter d'un mal que la douceur & la patience auraient entiérement guéri.*

Louïs XIV. qui en se saisissant de Strasbourg en 1681. y protégeait le Luthéranisme, pouvait tolérer dans ses Etats le Calvinisme que le tems aurait aboli, comme il diminuë chaque jour le nombre des Luthériens en Alsace.

Les Huguenots s'enfuient.

Pouvait-on imaginer, qu'en forçant un grand nombre de sujets on n'en perdrait pas un plus grand nombre, qui malgré les Edits & malgré les gardes, échaperait par la fuite à une violence regardée comme une horrible persécution? pourquoi enfin vouloir faire haïr à un million d'hommes un nom cher & précieux, auquel & Protestans & Catholiques, & Français & étrangers avaient alors joint celui de *Grand*?

Grand? La politique même semblait pouvoir engager à conserver les Calvinistes, pour les oppoſer aux prétentions continuelles de la Cour de Rome. C'était en ce tems-là même que le Roi avait ouvertement rompu avec *Innocent XI.* ennemi de la France. Mais *Louïs XIV.* conciliant les intérêts de ſa Religion & ceux de ſa grandeur, voulut à la fois humilier le Pape d'une main, & écraſer le Calviniſme de l'autre.

Ch. XXXVI.

Il enviſageait dans ces deux entrepriſes cet éclat de gloire, dont il était idolâtre en toutes choſes. Les Evêques, pluſieurs Intendans, tout le Conſeil, lui perſuadèrent que ſes ſoldats, en ſe montrant ſeulement, achéveraient ce que ſes bienfaits & les Miſſions avaient commencé. Il crut n'uſer que d'autorité; mais ceux à qui cette autorité fut commiſe, uſèrent d'une extrême rigueur.

Vers la fin de 1684. & au commencement de 1685. tandis que *Louïs XIV.* toûjours puiſſamment armé, ne craignait aucun de ſes voiſins, les troupes furent envoyées dans toutes les villes, & dans tous les châteaux, où il y avait le plus de Proteſtans; & comme les Dragons, aſſez mal diſciplinés dans ce tems-là, furent ceux qui commirent le plus d'excès, on appella cette exécution *la Dragonade*.

Dragonade.

Les frontiéres étaient auſſi ſoigneuſement gardées qu'on le pouvait, pour prévenir la fuite de ceux qu'on voulait réunir à l'Egliſe. C'était une eſpèce de chaſſe qu'on faiſait dans une grande enceinte.

Un Evêque, un Intendant, ou un Subdélégué, ou un Curé, ou quelqu'un d'autorisé, marchait à la tête des soldats. On assemblait les principales familles Calvinistes, surtout celles qu'on croyait les plus faciles. Elles renonçaient à leur Religion au nom des autres: & les obstinés étaient livrés aux soldats, qui eurent toute licence, excepté celle de tuer. Il y eut pourtant plusieurs personnes si cruellement maltraitées, qu'elles en moururent. Les enfans des refugiés dans les pays étrangers jettent encor des cris sur cette persécution de leurs péres. Ils la comparent aux plus violentes, que souffrit l'Eglise dans les prémiers tems.

Lettre Apostolique de Louvois.

C'était un étrange contraste, que du sein d'une Cour voluptueuse, où régnaient la douceur des mœurs, les graces, les charmes de la société, il partit des ordres si durs & si impitoyables. Le Marquis de *Louvois* porta dans cette affaire l'inflexibilité de son caractère; on y reconnut le même génie, qui avait voulu ensevelir la Hollande sous les eaux, & qui depuis mit le Palatinat en cendres. Il y a encor des lettres de sa main de cette année 1685. conçues en ces termes: ,, Sa Majesté veut, ,, qu'on fasse éprouver les derniéres rigueurs à ,, ceux qui ne voudront pas se faire de sa Re- ,, ligion; & ceux qui auront la sotte gloire ,, de vouloir demeurer les derniers, doivent ,, être poussés jusqu'à la derniére extrémité.

Paris ne fut point exposé à ces véxations: les cris se feraient fait entendre au Trône de trop

trop près. On veut bien faire des malheureux, mais on souffre d'entendre leurs clameurs.

CH. XXXVI.

Tandis qu'on faisait ainsi tomber partout les Temples, & qu'on demandait dans les Provinces des abjurations à main armée, l'Edit de Nantes fut enfin cassé au mois d'Octobre 1685.; & on acheva de ruiner l'édifice, qui était déja miné de toutes parts.

Edit de Nantes révoqué.

La Chambre de l'Edit avait déja été supprimée. Il fut ordonné aux Conseillers Calvinistes du Parlement, de se défaire de leurs Charges. Une foule d'Arrêts du Conseil parut coup sur coup, pour extirper les restes de la Religion proscrite. Celui qui paraissait le plus fatal, fut l'ordre d'arracher les enfans aux prétendus Réformés, pour les remettre entre les mains des plus proches parens Catholiques; ordre, contre lequel la Nature réclamait à si haute voix, qu'il ne fut pas exécuté.

Mais dans ce célèbre Edit qui révoqua celui de Nantes, il parait qu'on prépara un événement tout contraire au but qu'on s'était proposé. On voulait la réunion des Calvinistes à l'Eglise, dans le Royaume. *Gourville* homme très-judicieux, consulté par *Louvois*, lui avait proposé, comme on sait, de faire enfermer tous les Ministres, & de ne relâcher que ceux qui gagnés par des pensions secrettes, abjureraient en public, & serviraient à la réunion plus que des Missionnaires & des soldats. Au lieu de suivre cet avis politique, il fut ordonné par l'Edit à tous les Ministres qui ne

1685.

T 4 vou-

Cн.
XXXVI.

voulaient pas se convertir, de sortir du Royaume dans quinze jours. C'était s'aveugler, que de penser qu'en chaffant les Pasteurs une grande partie du troupeau ne suivrait pas. C'était bien présumer de sa puissance, & mal connaître les hommes, de croire que tant de cœurs ulcérés & tant d'imaginations échauffées par l'idée du martyre, surtout dans les pays méridionaux de la France, ne s'exposeraient pas à tout, pour aller chez les étrangers publier leur constance & la gloire de leur exil, parmi tant de Nations envieuses de *Louis XIV.* qui tendaient les bras à ces troupes fugitives.

Le vieux Chancelier *le Tellier*, en signant l'Edit, s'écria plein de joye: *Nunc dimittis servum tuum, Domine, quia viderunt oculi mei salutare tuum.* Il ne savait pas qu'il signait un des grands malheurs de la France. *

Louvois son fils se trompait encore, en croyant qu'il suffirait d'un ordre de sa main pour garder toutes les frontières & toutes les côtes, contre ceux qui se faisaient un devoir de la fuite. L'industrie occupée à tromper la loi,

* Si vous lisez l'oraison funèbre de *le Tellier* par *Bossuet*, ce Chancelier est un juste, & un grandhomme. Si vous lisez les Annales de l'Abbé de *St. Pierre*, c'est un lâche & dangereux Courtisan, un calomniateur adroit, dont le Comte de *Grammont* disait en le voyant sortir d'un entretien particulier avec le Roi: ,, Je crois voir une fouïne qui ,, vient d'égorger des poulets, en se léchant le mu- ,, seau plein de leur sang. "

loi, est toûjours plus forte que l'autorité. Il suffisait de quelques gardes gagnés, pour favoriser la foule des réfugiés. Près de cinquante mille familles en trois ans de tems sortirent du Royaume, & furent après suivies par d'autres. Elles allèrent porter chez les étrangers les Arts, les Manufactures, la richesse. Presque tout le Nord de l'Allemagne, pays encor agreste & dénué d'industrie, reçut une nouvelle face de ces multitudes transplantées. Elles peuplèrent des villes entiéres. Les étoffes, les galons, les chapeaux, les bas, qu'on achetait auparavant de la France, furent fabriqués par eux. Un fauxbourg entier de Londres fut peuplé d'ouvriers Français en soie; d'autres y portèrent l'art de donner la perfection aux cristaux, qui fut alors perdu en France. On trouve encor très communément dans l'Allemagne l'or que les réfugiés y répandirent. * Ainsi la France perdit environ cinq cent mille habitans, une quantité prodigieuse d'espèces, & surtout des Arts dont ses ennemis s'enrichirent. La Hollande y gagna d'excellens Officiers & des soldats. Le Prince d'Orange & le Duc de Savoie eurent des Régimens entiers de réfugiés. Il y en eut qui s'établirent jusques vers le Cap de Bonne-Espérance. Le neveu du célébre *du Quéne*, Lieutenant-Général de la Mari-

Ch. XXXVI.

Peuples, argent & manufactures transportés.

* Le Comte d'*Avaux* dans ses lettres dit qu'on lui rapporta qu'à Londres on frappa soixante mille guinées de l'or que les Refugiés y avaient fait passer: on lui avait fait un rapport trop exagéré.

Ch. XXXVI.

Prisons & galères.

Marine, fonda une petite Colonie à cette extrémité de la Terre ; mais elle n'a pas prospéré, & ceux qui s'embarquèrent périrent pour la plûpart.

Ce fut en vain qu'on remplit les prisons & les galères de ceux qu'on arrêta dans leur fuite. Que faire de tant de malheureux, affermis dans leur créance par les tourmens ? comment laisser aux galères des gens de loi, des vieillards infirmes ? On en fit embarquer quelques centaines pour l'Amérique. Enfin le Conseil imagina, que quand la sortie du Royaume ne serait plus défendue, les esprits n'étant plus animés par le plaisir secret de désobéir, il y aurait moins de désertions. On se trompa encor ; & après avoir ouvert les passages, on les referma inutilement une seconde fois.

On leur défendit en 1685. de se faire servir par des Catholiques, de peur que les maîtres ne pervertissent les domestiques ; & l'année d'après un autre Edit leur ordonna de n'être servis que par des Huguenots. Il n'y avait rien de stable dans la manière de les persécuter, que le dessein de les opprimer pour les convertir.

Tous les Temples détruits, tous les Ministres bannis, il s'agissait de retenir dans la Communion Romaine tous ceux qui avaient changé par persuasion ou par crainte. Il en restait plus * de quatre cent mille dans le Royaume.

Ils

* On a imprimé plusieurs fois qu'il y a encor en Fran-

Ils étaient obligés d'aller à la Messe & de com-   Ch.
munier. Quelques-uns, qui rejettèrent l'Hostie XXXVI.
après l'avoir reçuë, furent condamnés à être
brulés vifs. Les corps de ceux qui ne voulaient
pas recevoir les Sacremens à la mort, étaient
trainés sur la claye & jettés à la voirie.

Toute persécution fait des prosélites, quand
elle frape pendant la chaleur de l'entousiasme.
Les Calvinistes s'assemblèrent partout pour
chanter leurs Psaumes, malgré la peine de
mort décernée contre ceux qui tiendraient des
assemblées. Il y avait aussi peine de mort contre les Ministres qui rentreraient dans le Royaume, & cinq mille cinq cent livres de récompense pour qui les dénoncerait. Il en revint plusieurs, qu'on fit périr par la corde ou par la rouë.

La Secte subsista en paraissant écrasée. Elle
espéra en vain dans la guerre de 1689. que
le Roi *Guillaume*, qui avait détrôné son beau-
pére Catholique, soûtiendrait en France le Calvinisme. Mais dans la guerre de 1701. la
rébellion & le fanatisme éclatèrent en Languedoc & dans les contrées voisines.

Cette rébellion fut excitée par des prophéties. Les prédictions ont été de tout tems un

moyen

France trois millions de Réformés. Cette exagéra-
tion est intolerable. Mr. de *Baville* n'en comptait
pas cent mille en Languedoc, & il était exact Il
n'y en a pas quinze mille dans Paris: beaucoup de
villes, & des provinces entiéres n'en ont point.

Ch. XXXVI.

Rebelles & Prophètes.

moyen dont on s'est servi pour séduire les simples, & pour enflammer les fanatiques. De cent événemens que la fourberie ose prédire, si la fortune en amène un seul, les autres sont oubliés, & celui-là reste comme un gage de la faveur de DIEU, & comme la preuve d'un prodige. Si aucune prédiction ne s'accomplit, on les explique, on leur donne un nouveau sens ; les entousiastes l'adoptent, & les imbécilles le croyent.

Le Ministre *Jurieu* fut un des plus ardens Prophètes. Il commença par se mettre au-dessus d'un *Cotterus*, de je ne sçai quelle *Christine*, d'un *Justus Velsius*, d'un *Drabitius*, qu'il regarde comme gens inspirés de DIEU. Ensuite il se mit presque à côté de l'Auteur de l'Apocalypse, & de *St. Paul* ; ses partisans firent frapper une médaille en Hollande avec cette exergue, *Jurius Propheta*. Il promit la délivrance du peuple de DIEU pendant huit années. Son école de Prophétie s'était établie dans les montagnes du Dauphiné, du Vivarais & des Cevennes, pays tout propre aux prédictions, peuplé d'ignorans, & de cervelles chaudes, échauffées par la chaleur du climat, & plus encor par leurs Prédicans.

Prophètes Verriers.

La prémiére école de Prophétie fut établie dans une Verrerie, sur une montagne du Dauphiné, appellée *Peira* ; un vieil Huguenot, nommé *De Serre*, y annonça la ruine de Babilone, & le rétablissement de Jérusalem. Il montrait aux enfans les paroles de l'E-
criture,

eriture, qui difent : „ Quand trois ou qua- Ch.
„ tre font affemblés en mon nom, mon ef- XXXVI.
„ prit eft parmi eux ; & avec un grain de foi
„ on tranfportera des montagnes. " Enfuite il
recevait l'Efprit : il était hors de lui-même :
il avait des convulfions : il changeait de voix :
il reftait immobile, égaré, les cheveux hérif-
fés, felon l'ancien ufage de toutes les Nations,
& felon ces régles de démence tranfmifes de
fiécle en fiécle. Les enfans recevaient ainfi le
don de prophétie ; & s'ils ne tranfportaient
pas des montagnes, c'eft qu'ils avaient affez
de foi pour recevoir l'Efprit, & pas affez pour
faire des miracles : ainfi ils redoublaient de
ferveur pour obtenir ce dernier don.

Tandis que les Cévennes étaient ainfi l'école
de l'entoufiafme, des Miniftres qu'on appellait
Apôtres, revenaient en fecret prêcher les peuples.

Claude Bronffon, d'une famille de Nîmes Miniftre
confidérée, homme éloquent & plein de zèle, roué.
très-eftimé chez les étrangers, retourna dans
fa patrie en 1698., y fut convaincu, non-
feulement d'avoir rempli fon Miniftère malgré
les Edits, mais d'avoir eu dix ans auparavant
des correfpondances avec les ennemis de l'Etat.
En effet, il avait formé le projet d'introduire
des troupes Anglaifes & Savoyardes dans le
Languedoc. Ce projet, écrit de fa main, &
adreffé au Duc de *Schomberg*, avait été inter-
cepté depuis longtems, & était entre les mains
de l'Intendant de la Province. *Brouffon*, errant
de

Ch. XXXVI. de ville en ville, fut faisi enfin à Oléron, & transféré à la Citadelle de Montpellier. L'Intendant & ses Juges l'interrogèrent ; il répondit qu'il était l'Apôtre de Jesus-Christ, qu'il avait reçu le St. Esprit, qu'il ne devait pas trahir le dépôt de la foi, que son devoir était de distribuer le pain de la parole à ses frères. On lui demanda si les Apôtres avaient écrit des projets pour faire révolter des Provinces ? On lui montra son fatal écrit, & les Juges le condamnèrent tous d'une voix à être roué vif.

1698. Il mourut comme mouraient les prémiers Martyrs. Toute la Secte, loin de le regarder comme un criminel d'Etat, ne vit en lui qu'un Saint, qui avait scélé sa foi de son sang ; & on imprima le martyre de Mr. *de Brousson*.

Alors les Prophêtes se multiplient, & l'esprit de fureur redouble. Il arrive malheureusement, qu'en 1703. un Abbé de la Maison *du Chaila*, Inspecteur des Missions, obtient un ordre de la Cour, de faire enfermer dans un Couvent deux filles d'un Gentilhomme nouveau converti. Au lieu de les conduire au Couvent, il les méne d'abord dans son château. Les Calvinistes s'attroupent : on enfonce les portes : on délivre les deux filles & quelques autres prisonniers. Les séditieux saisissent l'Abbé *du Chaila* ; ils lui offrent la vie, s'il veut être de leur Religion.

Prophêtes assassins. Il la refuse. Un Prophête lui crie : *Meurs donc, l'Esprit te condamne, ton péché est contre toi :* & il est tué à coups de fusil. Aussi-tôt après ils saisissent les Receveurs de la Capitation,
&

& les pendent avec leurs rôles au cou. De-là Cн.
ils se jettent sur les Prêtres qu'ils rencontrent, XXXVI.
& les massacrent. On les poursuit : ils se retirent au milieu des bois & des rochers. Leur nombre s'accroit : leurs Prophètes & leurs Prophétesses leur annoncent de la part de Dieu le rétablissement de Jérusalem & la chûte de Babylone. Un Abbé de *la Bourlie* paraît tout à coup au milieu d'eux dans leurs retraites sauvages, & leur apporte de l'argent & des armes.

 C'était le fils du Marquis de *Guiscard* Sous- L'Abbé,
Gouverneur du Roi, l'un des plus sages hom- de la
mes du Royaume. Le fils était bien indigne Bourlie.
d'un tel pére. Refugié en Hollande pour un crime, il va exciter les Cevennes à la révolte. On le vit quelque tems après passer à Londres, où il fut arrêté en 1711. pour avoir trahi le Ministère Anglais, après avoir trahi son pays. Amené devant le Conseil, il prit sur la table un de ces longs canifs, avec lesquels on peut commettre un meurtre ; il en frapa le grand Trésorier *Harlay*, & on le conduisit en prison chargé de fers. Il prévint son supplice en se donnant la mort lui-même. Ce fut donc cet homme, qui au nom des Anglais, des Hollandais & du Duc de Savoie, vint encourager les fanatiques, & leur promettre de puissans secours.

 Une grande partie du pays les favorisait se- 1703.
crettement. Leur cri de guerre était : *Point d'impôts, & liberté de conscience.* Ce cri séduit
par-

partout la populace. Ces fureurs justifiaient le dessein qu'avait eu *Louïs XIV.* d'extirper le Calvinisme. Mais sans la révocation de l'Edit de Nantes, on n'aurait pas eu à combattre ces fureurs.

Le Roi envoye d'abord le Maréchal de *Mont-Revel* avec quelques troupes. Il fit la guerre à ces misérables comme ils méritaient qu'on la leur fît. On roue, on brûle les prisonniers. Mais aussi les soldats, qui tombent entre les mains des révoltés, périssent par des morts cruelles. Le Roi, obligé de soutenir la guerre partout, ne pouvait envoyer contre eux que peu de troupes. Il était difficile de les surprendre, dans des rochers presque inaccessibles alors, dans des cavernes, dans des bois où ils se rendaient par des chemins non-frayés, & dont ils descendaient tout à coup comme des bêtes féroces. Ils défirent même dans un combat réglé des troupes de la Marine. On employa contre eux successivement trois Maréchaux de France.

Au Maréchal de *Mont-Revel* succéda en 1704. le Maréchal de *Villars*. Comme il lui était plus difficile encor de les trouver que de les battre, le Maréchal de *Villars*, après s'être fait craindre, leur fit proposer une amnistie. Quelques-uns d'entre eux y consentirent, détrompés des promesses d'être secourus par la Savoie.

Le plus accrédité de leurs Chefs, & le seul qui mérite d'être nommé, était *Cavalier*. Je l'ai

j'ai vû depuis en Hollande & en Angleterre. C'était un petit homme blond, d'une physionomie douce & agréable. On l'appellait *David* dans son parti. De garçon boulanger, il était devenu Chef d'une assez grande multitude, à l'âge de vingt-trois ans, par son courage & à l'aide d'une Prophétesse qui le fit reconnaître sur un ordre exprès du St. Esprit. On le trouva à la tête de huit cent hommes qu'il enrégimentait, quand on lui proposa l'amnistie. Il demanda des ôtages : on lui en donna. Il vint suivi d'un des Chefs à Nîmes, où il traita avec le Maréchal de *Villars*.

Un garçon boulanger fait la guerre à Louis XIV.

Il promit de former quatre Régimens des révoltés, qui serviraient le Roi sous quatre Colonels, dont il serait le prémier, & dont il nomma les trois autres. Ces Régimens devaient avoir l'exercice libre de leur Religion, comme les troupes étrangéres à la solde de France. Mais cet exercice ne devait point être permis ailleurs.

1704.

On acceptait ces conditions, quand des émissaires de Hollande vinrent en empêcher l'effet avec de l'argent & des promesses. Ils détachèrent de *Cavalier* les principaux fanatiques. Mais ayant donné sa parole au Maréchal de *Villars*, il la voulut tenir. Il accepta le Brévet de Colonel, & commença à former son Régiment avec cent-trente hommes qui lui étaient affectionnés.

J'ai entendu souvent de la bouche du Maréchal de *Villars*, qu'il avait demandé à ce jeu-

Ch.
XXXVII

jeune homme, comment il pouvait à son âge avoir eu tant d'autorité sur des hommes si féroces & si indisciplinables. Il répondit, que quand on lui désobéissait, sa Prophétesse, qu'on appellait *la grande Marie*, était sur le champ inspirée, & condamnait à mort les refractaires qu'on tuait sans raisonner. * Ayant fait depuis la même question à *Cavalier*, j'en eus la même réponse.

Le garçon boulanger traite avec le Maréchal de Villars.

Cette négociation singulière se faisait après la bataille de Hochstet. *Louïs XIV.* qui avait proscrit le Calvinisme avec tant de hauteur, fit la paix, sous le nom d'amnistie, avec un garçon boulanger; & le Maréchal de *Villars* lui présenta le brevet de Colonel & celui d'une pension de douze cent livres.

Le nouveau Colonel alla à Versailles; il y reçut les ordres du Ministre de la guerre. Le Roi le vit, & haussa les épaules. *Cavalier*, observé par le Ministère, craignit, & se retira en Piémont. De-là il passa en Hollande & en Angleterre. Il fit la guerre en Espagne, & y commanda un Régiment de Réfugiés Français à la bataille d'Almanza. Ce qui arriva à ce Régiment sert à prouver la rage des guerres civiles, & combien la Religion ajoûte à cette fureur.

* Ce trait doit se trouver dans les véritables Mémoires du Maréchal de *Villars*. Le prémier Tome est certainement de lui : il est conforme au Manuscrit que j'ai vû : les deux autres sont d'une main étrangére & bien différente.

eur. La troupe de *Cavalier* se trouva opposée à un Régiment Français. Dès qu'ils se reconnurent, ils fondirent l'un sur l'autre avec la bayonnette, sans tirer. On a déja remarqué que la bayonnette agit peu dans les combats. La contenance de la prémiére ligne composée de trois rangs, après avoir fait feu, décide du sort de la journée; mais ici la fureur fit ce que ne fait presque jamais la valeur. Il ne resta pas trois cent hommes de ces Régimens. Le Maréchal de *Barwick* contait souvent avec étonnement cette avanture.

Cavalier est mort Officier-Général & Gouverneur de l'Ile de Jersey, avec une grande réputation de valeur, n'ayant de ses prémiéres fureurs conservé que le courage, & ayant peu-à-peu substitué la prudence à un fanatisme qui n'était plus soûtenu par l'exemple.

Le Maréchal de *Villars*, rappellé du Languedoc, fut remplacé par le Maréchal de *Barwick*. Les malheurs des armes du Roi enhardissaient alors les fanatiques du Languedoc, qui espéraient les secours du Ciel & en recevaient des Alliés. On leur faisait toucher de l'argent par la voie de Genéve. Ils attendaient des Officiers, qui devaient leur être envoyés de Hollande & d'Angleterre. Ils avaient des intelligences dans toutes les villes de la Province.

On peut mettre au rang des plus grandes conspirations, celle qu'ils formèrent, de saisir dans Nimes le Duc de *Barwick* & l'Intendant *Baville*, de faire révolter le Languedoc & le

Ch. XXXVI.

Fureur singulière.

Conspiration des Prophétes.

Dau-

Dauphiné, & d'y introduire les ennemis. Le secret fut gardé par plus de mille conjurés. L'indiscrétion d'un seul fit tout découvrir. Plus de deux-cent personnes périrent dans les supplices. Le Maréchal de *Barwick* fit exterminer par le fer & par le feu tout ce qu'on rencontra de ces malheureux. Les uns moururent les armes à la main, les autres sur les rouës ou dans les flammes. Quelques-uns, plus adonnés à la prophétie qu'aux armes, trouvèrent moyen d'aller en Hollande. Les Réfugiés Français les y reçurent comme des Envoyés célestes. Ils marchèrent au-devant d'eux, chantant des Pseaumes & jonchant leur chemin de branches d'arbres. Plusieurs de ces Prophétes allèrent en Angleterre : mais trouvant que l'Eglise Episcopale tenait trop de l'Eglise Romaine, ils voulurent faire dominer la leur. Leur persuasion était si pleine, que ne doutant pas qu'avec beaucoup de foi on ne fît beaucoup de miracles, ils offrirent de ressusciter un mort, & même tel mort que l'on voudrait choisir. Partout le peuple est peuple ; & les Presbytériens pouvaient se joindre à ces fanatiques contre le Clergé Anglican. Le Ministère Anglais prit le parti qu'on aurait dû toûjours prendre avec les hommes à miracles. On leur permit de déterrer un mort dans le cimétière de l'Eglise Cathédrale. La place fut entourée de gardes. Tout se passa juridiquement. La scéne finit par mettre au pilori les Prophêtes.

Ces excès du fanatisme ne pouvaient guères

Ch. XXXVI.

Prophêtes réfugiés à Londres proposent de resusciter un mort.

res réuſſir en Angleterre, où la Philoſophie commençait à dominer. Ils ne troublaient plus l'Allemagne, depuis que les trois Religions, la Catholique, l'Evangélique & la Reformée y étaient également protégées par les Traités de Weſtphalie. Les Provinces-Unies admettaient dans leur ſein toutes les Religions par une tolérance politique. Enfin il n'y eut ſur la fin de ce ſiécle que la France qui eſſuia de grandes querelles eccléſiaſtiques malgré les progrès de la raiſon. Cette raiſon ſi lente à s'introduire chez les doctes, pouvait à peine encor percer chez les Docteurs, encor moins dans le commun des citoyens. Il faut d'abord qu'elle ſoit établie dans les principales têtes ; elle deſcend aux autres de proche en proche, & gouverne enfin le peuple même qui ne la connait pas, mais qui voyant que ſes ſupérieurs ſont modérés, apprend auſſi à l'être. C'eſt un des grands ouvrages du tems, & ce tems n'était pas encor venu.

CHAPITRE TRENTE-SEPTIEME.
DU JANSENISME.

Jansénisme moins turbulent que Calvinisme.

LE Calvinisme devait nécessairement enfanter des guerres civiles, & ébranler les fondemens des Etats. Le Jansénisme ne pouvait exciter que des querelles Théologiques & des guerres de plume ; car les Réformateurs du seizième siécle ayant déchiré tous les liens par qui l'Eglise Romaine tenait les hommes, ayant traité d'idolatrie ce qu'elle avait de plus sacré, ayant ouvert les portes de ses Cloîtres, & remis ses trésors dans les mains des séculiers ; il fallait qu'un des deux partis pérît par l'autre. Il n'y a point de pays en effet, où la Religion de *Calvin* & de *Luther* ait paru, sans exciter des persécutions & des guerres.

Mais les Jansénistes n'attaquant point l'Eglise, n'en voulant ni aux dogmes fondamentaux, ni aux biens, & écrivant sur des questions abstraites, tantôt contre les Réformés, tantôt contre les Constitutions des Papes, n'eurent enfin de crédit nulle part ; & ils ont fini par voir leur secte méprisée dans presque toute l'Europe, quoiqu'elle ait eu plusieurs partisans très respectables par leurs talens & par leurs mœurs.

Dans le tems même où les Huguenots attiraient

tiraient une attention sérieuse, le Jansénisme inquiéta la France plus qu'il ne la troubla. Ces disputes étaient venues d'ailleurs comme bien d'autres. D'abord un certain Docteur de Louvain nommé *Michel Bay*, qu'on appellait *Baïus* selon la coutume du pédantisme de ces tems-là, s'avisa de soûtenir, vers l'an 1552. quelques propositions sur la Grace & sur la Prédestination. Cette question, ainsi que presque toute la Métaphysique, rentre pour le fonds dans le labyrinthe de la fatalité & de la liberté, où toute l'Antiquité s'est égarée, & où l'homme n'a guères de fil qui le conduise.

L'esprit de curiosité donné de Dieu à l'homme, cette impulsion nécessaire pour nous instruire, nous emporte sans cesse au-delà du but, comme tous les autres ressorts de notre ame, qui, s'ils ne pouvaient nous pousser trop loin, ne nous exciteraient peut-être jamais assez.

Ainsi, on a disputé sur tout ce qu'on connaît & sur tout ce qu'on ne connaît pas. Mais les disputes des anciens Philosophes furent toûjours paisibles ; & celles des Théologiens, souvent sanglantes, & toûjours turbulentes.

Des Cordeliers, qui n'entendaient pas plus ces questions que *Michel Baïus*, crurent le libre arbitre renversé & la doctrine de *Scot* en danger. Fâchés d'ailleurs contre *Baïus* au sujet d'une querelle à-peu-près dans le même goût, ils déférèrent soixante & seize propositions de *Baïus* au Pape *Pie V*. Ce fut *Sixte-Quint*,

CH. XXXVII.

Baïus inintelligible.

Cн.
XXXVII

Rome se mocque de Baïus.

alors Général des Cordeliers, qui dressa la Bulle de condamnation en 1567.

Soit crainte de se compromettre, soit dégoût d'examiner de telles subtilités, soit indifférence & mépris pour des thèses de Louvain, on condamna respectivement les soixante & seize propositions en gros, comme hérétiques, sentant l'hérésie, mal-sonantes, téméraires & suspectes, sans rien spécifier & sans entrer dans aucun détail. Cette méthode tient de la suprême puissance, & laisse peu de prise à la dispute. Les Docteurs de Louvain furent très empêchés en recevant la Bulle; il y avait surtout une phrase, dans laquelle une virgule, mise à une place ou à une autre, condamnait ou tolérait quelques opinions de *Michel Baïus*. L'Université députa à Rome, pour savoir du Saint-Père où il fallait mettre la virgule. La Cour de Rome, qui avait d'autres affaires, envoya pour toute réponse à ces Flamans un exemplaire de la Bulle, dans lequel il n'y avait point de virgule du tout. On le déposa dans les Archives. Le grand Vicaire nommé *Morillon* dit, qu'il fallait recevoir la Bulle du Pape, *quand même il y aurait des erreurs*. Ce *Morillon* avait raison en politique; car assûrément il vaut mieux recevoir cent Bulles erronées, que de mettre cent villes en cendres, comme ont fait les Huguenots & leurs adversaires. *Baïus* crut *Morillon* & se rétracta paisiblement.

Quelques années après, l'Espagne aussi fertile en Auteurs Scholastiques que stérile en Phi-

Philosophes, produisit *Molina* le Jésuite, qui crut avoir découvert précisément, comment Dieu agit sur les créatures, & comment les créatures lui résistent. Il distingua l'ordre naturel & l'ordre surnaturel, la prédestination à la grace & la prédestination à la gloire, la grace prévenante & la coopérante. Il fut l'inventeur du Concours concomitant, de la Science moyenne & du Congruisme. Cette Science moyenne & ce Congruisme étaient surtout des idées rares, Dieu par sa Science moyenne consulte habilement la volonté de l'homme, pour savoir ce que l'homme fera quand il aura eu sa grace ; & ensuite, selon l'usage qu'il devine que fera le libre arbitre, il prend ses arrangemens en conséquence pour déterminer l'homme ; & ces arrangemens sont le *Congruisme*.

CH. XXXVII

Molina visionnaire.

Les Dominicains Espagnols, qui n'entendaient pas plus cette explication que les Jésuites, mais qui étaient jaloux d'eux, écrivirent que le livre de *Molina était le précurseur de l'Antechrist*.

La Cour de Rome évoqua la dispute, qui était déja entre les mains des Grands-Inquisiteurs ; & ordonna, avec beaucoup de sagesse, le silence aux deux partis, qui ne le gardèrent ni l'un ni l'autre.

Enfin on plaida sérieusement devant *Clément VIII*. ; & à la honte de l'esprit humain, tout Rome prit parti dans le procès. Un Jésuite nommé *Achilles Gaillard*, assûra le Pape, qu'il avait un moyen sûr de rendre la paix à l'Eglise ;

Procès à Rome pour ces visions.

l'Eglise ; il proposa gravement d'accepter la Prédestination gratuite, à condition que les Dominicains admettraient la Science moyenne, & qu'on ajusterait ces deux systêmes comme on pourrait. Les Dominicains refusèrent l'accommodement d'*Achilles Gaillard*. Leur célèbre *Lemos* soûtint le concours prévenant & le complément de la vertu active. Les Congrégations se multiplièrent sans que personne s'entendît.

Clément VIII. mourut avant d'avoir pu réduire les argumens pour & contre à un sens clair. *Paul V.* reprit le procès. Mais comme lui-même en eut un plus important avec la République de Venise, il fit cesser toutes les Congrégations, qu'on appela & qu'on appelle encor *de auxiliis*. On leur donnait ce nom, aussi peu clair par lui-même que les questions qu'on agitait, parce que ce mot signifie *secours*, & qu'il s'agissait, dans cette dispute, des secours que DIEU donne à la volonté faible des hommes. *Paul V.* finit par ordonner aux deux partis de vivre en paix.

Pendant que les Jésuites établissaient leur Science moyenne & leur Congruisme, *Cornélius Jansenius*, Evêque d'Ypres, renouvellait quelques idées de *Baius* dans un gros livre sur *St. Augustin*, qui ne fut imprimé qu'après sa mort ; de sorte qu'il devint Chef de Secte, sans jamais s'en douter. Presque personne ne lut ce livre, qui a causé tant de troubles. Mais *du Verger de Haurane* Abbé de St. Cyran, ami

ami de *Janfenius*, homme auffi ardent qu'é- crivain diffus & obfcur, vint à Paris, & per- fuada de jeunes Docteurs & quelques vieilles femmes. Les Jéfuites demandèrent à Rome la condamnation du livre de *Janfénius* comme une fuite de celle de *Baïus*, & l'obtinrent en 1641. Mais à Paris la Faculté de Théologie, & tout ce qui fe mêlait de raifonner, fut par- tagé. Il ne paraît pas qu'il y ait beaucoup à gagner, à penfer avec *Janfénius* que DIEU commande des chofes impoffibles. Cela n'eft ni philofophique ni confolant. Mais le plaifir fecret d'être d'un parti, la haine que s'atti- raient les Jéfuites, l'envie de fe diftinguer & l'inquiétude d'efprit, formèrent une Secte.

CH. XXXVII

Janfe- nius tout comme Baïus.

La Faculté condamna cinq propofitions de *Janfénius* à la pluralité des voix. Ces cinq pro- pofitions étaient extraites du livre très fidéle- ment quant au fens, mais non pas quant aux propres paroles. Soixante Docteurs appellèrent au Parlement comme d'abus ; & la Chambre des Vacations ordonna que les parties compa- raîtraient.

Les parties ne comparurent point. Mais d'un côté, un Docteur nommé *Habert* foule- vait les efprits contre *Janfénius* ; de l'autre, le fameux *Arnauld*, difciple de *St. Cyran*, dé- fendait le Janfénifme avec l'impétuofité de fon éloquence. Il haïffait les Jéfuites encor plus qu'il n'aimait la grace efficace ; & il était encor plus haï d'eux, comme né d'un pére qui s'é- tant donné au Barreau avait violemment plai-
dé

Cн. XXXVII

Arnauld digne de ne point entrer dans ces querelles.

dé pour l'Univerſité contre leur établiſſement. Ses parens s'étaient acquis beaucoup de conſidération dans la robe & dans l'épée. Son génie, & les circonſtances où il ſe trouva, le déterminèrent à la guerre de plume & à ſe faire Chef de parti, eſpèce d'ambition devant qui toutes les autres diſparaiſſent. Il combattit contre les Jéſuites & contre les Réformés, juſqu'à l'âge de quatre-vingt ans. On a de lui cent-quatre volumes, dont preſqu'aucun n'eſt aujourd'hui au rang de ces bons livres claſſiques, qui honorent le ſiécle de *Louïs XIV.* & qui font la Bibliothéque des Nations. Tous ſes ouvrages eurent une grande vogue de ſon tems, & par la réputation de l'Auteur, & par la chaleur des diſputes. Cette chaleur s'eſt attiédie; les livres ont été oubliés. Il n'eſt reſté que ce qui appartenait ſimplement à la raiſon, ſa Géométrie, la Grammaire raiſonnée, la Logique, auxquelles il eut beaucoup de part. Perſonne n'était né avec un eſprit plus philoſophique ; mais ſa Philoſophie fut corrompuë en lui par la faction qui l'entraina, & qui plongea ſoixante ans dans de miſérables diſputes de l'école, & dans les malheurs attachés à l'opiniâtreté, un eſprit fait pour éclairer les hommes.

L'Univerſité étant partagée ſur ces cinq fameuſes propoſitions, les Evêques le furent auſſi. Quatre-vingt-huit Evêques de France écrivirent en corps à *Innocent X.* pour le prier de décider, & onze autres écrivirent pour le prier de n'en n'en rien faire. *Innocent X.* jugea ; il condamna chacune des cinq propoſitions à part, mais toûjours ſans citer les pages dont elles étaient tirées, ni ce qui les précédait & ce qui les ſuivait.

Ch.
XXXVII.

Cette omiſſion, qu'on n'aurait pas faite dans une affaire civile au moindre des Tribunaux, fut faite & par la Sorbonne, & par les Janſéniſtes, & par les Jéſuites, & par le Souverain Pontife. Le fonds des cinq propoſitions condamnées, eſt évidemment dans *Janſénius*. Il n'y a qu'à ouvrir le troiſiéme tome à la page 138. édition de Paris 1641. on y lira mot-à-mot:
„ Tout cela démontre pleinement & évidem-
„ ment, qu'il n'eſt rien de plus certain & de
„ plus fondamental dans la doctrine de *St.*
„ *Auguſtin*, qu'il y a certains commandemens
„ impoſſibles, non-ſeulement aux infidéles,
„ aux aveugles, aux endurcis; mais aux fidé-
„ les & aux juſtes, malgré leurs volontés &
„ leurs efforts, ſelon les forces qu'ils ont ; &
„ que la Grace, qui peut rendre ces comman-
„ demens poſſibles, leur manque. " On peut auſſi lire à la page 165. que „ Jesus-Christ
„ n'eſt pas, ſelon *St. Auguſtin*, mort pour
„ tous les hommes. "

Les cinq propoſitions auſſi ridicules que cinq cent autres.

Le Cardinal *Mazarin* fit recevoir unanimement la Bulle du Pape par l'aſſemblée du Clergé. Il était bien alors avec le Pape ; il n'aimait pas les Janſéniſtes, & il haïſſait avec raiſon les factions.

La paix ſemblait renduë à l'Egliſe de France:

ce : mais les Jansénistes écrivirent tant de lettres, on cita tant *St. Augustin*, on fit agir tant de femmes, qu'après la Bulle acceptée il y eut plus de Jansénistes que jamais.

Un Prêtre de *St. Sulpice* s'avisa de refuser l'absolution à Mr. de *Liancourt*, parce qu'on disait qu'il ne croyait pas que les cinq propositions fussent dans *Jansénius*, & qu'il avait dans sa maison des hérétiques. Ce fut un nouveau scandale, un nouveau sujet d'écrits. Le Docteur *Arnauld* se signala ; & dans une nouvelle lettre à un Duc & Pair ou réel ou imaginaire, il soûtint que les propositions de *Jansénius* condamnées n'étaient pas dans *Jansénius*, mais qu'elles se trouvaient dans *St. Augustin* & dans plusieurs Péres. Il ajouta, que *St. Pierre était un juste, à qui la Grace, sans laquelle on ne peut rien, avait manqué.*

Il est vrai, que *St. Augustin* & *St. Jean Chrysostome* avaient dit la même chose ; mais les conjonctures, qui changent tout, rendirent *Arnauld* coupable. On disait, qu'il fallait mettre de l'eau dans le vin des saints Péres ; car ce qui est un objet si sérieux pour les uns, est toûjours pour les autres un sujet de plaisanterie. La Faculté s'assembla ; le Chancelier *Séguier* y vint même de la part du Roi. *Arnauld* fut condamné & exclus de la Sorbonne en 1654. La présence du Chancelier parmi des Théologiens eut un air de despotisme qui déplut au Public ; & le soin qu'on eut de garnir la salle d'une foule de Docteurs Moines mendians,

DU JANSENISME. 319

dians, qui n'étaient pas accoutumés de s'y trouver en si grand nombre, fit dire à *Pascal* dans ses Provinciales, *qu'il était plus aisé de trouver des Moines que des raisons.*

CH. XXXVII

La plûpart de ces Moines n'admettaient point le Congruisme, la Science moyenne, la Grace versatile de *Molina*: mais ils soutenaient une grace suffisante à laquelle la volonté peut consentir & ne consent jamais, une grace efficace à laquelle on peut résister, & à laquelle on ne résiste pas; & ils expliquaient cela clairement, en disant qu'on pouvait résister à cette grace dans le sens divisé, & non pas dans le sens composé.

Disputes insensées.

Si ces choses sublimes ne sont pas trop d'accord avec la raison humaine, le sentiment d'*Arnauld* & des Jansénistes semblait trop d'accord avec le pur Calvinisme. C'était précisément le fonds de la querelle des Gomaristes & des Arminiens. Elle divisa la Hollande, comme le Jansénisme divisa la France; mais elle devint en Hollande une faction politique, plus qu'une dispute de gens oisifs; elle fit couler sur un échafaut le sang du Pensionnaire *Barnewelt*: violence atroce que les Hollandais détestent aujourd'hui, après avoir ouvert les yeux sur l'absurdité de ces disputes, sur l'horreur de la persécution, & sur l'heureuse nécessité de la tolérance; ressource des sages qui gouvernent, contre l'entousiasme passager de ceux qui argumentent. Cette dispute ne produisit en France que des Mandemens, des Bulles, des let-

lettres de cachet & des brochures, parce qu'il y avait alors des querelles plus importantes.

Arnauld fut donc feulement exclus de la Faculté. Cette petite perfécution lui attira une foule d'amis : mais lui & les Janféniftes eurent toûjours contre eux l'Eglife & le Pape. Une des prémiéres démarches d'*Alexandre VII.* fucceffeur d'*Innocent X.* fut de renouveller les cenfures contre les cinq propofitions. Les Evêques de France, qui avaient déja dreffé un Formulaire, en firent encor un nouvaau, dont la fin était conçue en ces termes : „ Je condamne „ de cœur & de bouche la doctrine des cinq „ propofitions contenuës dans le livre de *Cor-* „ *nélius Janfénius*, laquelle doctrine n'eft point „ celle de *St. Auguftin*, que *Janfénius* a mal „ expliquée. "

Il falut depuis foufcrire cette formule ; & les Evêques la préfentèrent dans leurs Diocèfes à tous ceux qui étaient fufpects. On la voulut faire figner aux Religieufes de Port-Royal de Paris & de Port-Royal des Champs. Ces deux maifons étaient le Sanctuaire du Janfénifme : *St. Cyran* & *Arnauld* les gouvernaient.

Ils avaient établi auprès du Monaftère de Port-Royal des Champs, une maifon où s'étaient retirés plufieurs favans vertueux, mais entêtés, liés enfemble par la conformité des fentimens : Ils y inftruifaient de jeunes gens choifis. C'eft de cette école qu'eft forti *Racine*, le Poëte de l'Univers qui a le mieux connu le cœur humain. *Pafcal* le prémier des Satiriques
Fran-

Français, car *Despréaux* ne fut que le second, était intimement lié avec ces illustres & dangereux Solitaires. On présenta le Formulaire à signer aux filles de Port-Royal de Paris & de Port-Royal des Champs; elles répondirent, qu'elles ne pouvaient en conscience avouer après le Pape & les Evêques, que les cinq propositions fussent dans le livre de *Jansénius* qu'elles n'avaient pas lû ; qu'assurément on n'avait pas pris sa pensée ; qu'il se pouvait faire que ces cinq propositions fussent erronées, mais que *Jansénius* n'avait pas tort.

Ch. **XXXVII**

Formulaire à signer des filles.

Un tel entêtement irrita la Cour. Le Lieutenant-Civil *d'Aubrai* (il n'y avait point encor de Lieutenant de Police) alla à Port-Royal des Champs faire sortir tous les Solitaires qui s'y étaient retirés, & tous les jeunes gens qu'ils élevaient. On menaça de détruire les deux Monastères : un miracle les sauva.

Mlle. *Perrier* pensionnaire de Port-Royal de Paris, niéce du célèbre *Pascal*, avait mal à un œil; on fit à Port-Royal la cérémonie de baiser une épine de la couronne qu'on mit autrefois sur la tête de Jesus-Christ. Cette épine était depuis longtems à Port-Royal. Il n'est pas trop aisé de prouver comment elle avait été conservée & transportée de Jérusalem au fauxbourg St. Jacques. La malade la baisa ; elle fut guérie quelque tems après. On ne manqua pas d'affirmer & d'attester, qu'elle avait été guérie en un clin d'œil d'une fistule lacrymale désespérée. Cette fille n'est morte

Grand miracle d'un œil guéri.

Cн. XXXVII

qu'en 1728. Des personnes qui ont longtems vécu avec elle, m'ont assûré que sa guérison avait été fort longue ; & c'est ce qui est bien vraisemblable : mais ce qui ne l'est guères, c'est que Dieu, qui ne fait point de miracles pour amener à notre Religion les trois quarts de la Terre à qui cette Religion est ou inconnue ou en horreur, eût en effet interrompu l'ordre de la Nature en faveur d'une petite fille, pour justifier une douzaine de Religieuses, qui prétendaient que *Cornélius Jansénius* n'avait point écrit une douzaine de lignes qu'on lui attribuë, ou qu'il les avait écrites dans une autre intention que celle qui lui est imputée.

Jésuites font aussi leurs Miracles.

Le Miracle eut un si grand éclat, que les Jésuites n'osèrent le nier. Ils prirent le parti de faire aussi des miracles de leur côté ; mais ils n'eurent point la vogue : ceux des Jansénistes étaient les seuls à la mode alors. Ils firent encor quelques années après un autre Miracle. Il y eut à Port-Royal une Sœur *Gertrude* guérie d'une enflure à la jambe. Ce prodige-là n'eut point de succès : le tems était passé ; & Sœur *Gertrude* n'avait point un *Pascal* pour oncle.

Les Jésuites, qui avaient pour eux les Papes & les Rois, étaient entiérement décriés dans l'esprit des Peuples. On renouvellait contre eux les anciennes Histoires de l'assassinat de *Henri le Grand*, médité par *Barriére*, exécuté par *Châtel* leur écolier ; le suplice du Pére *Guignard*, leur bannissement de France &
de

DU JANSENISME. 323

de Venife : la conjuration des poudres, la banqueroute de Seville. On tentait toutes les voies de les rendre odieux. *Pafcal* fit plus : il les rendit ridicules. Ses *Lettres Provinciales*, qui paraiffaient alors, étaient un modéle d'éloquence & de plaifanterie. Les meilleures Comédies de *Moliére* n'ont pas plus de fel que les prémiéres Lettres Provinciales. *Boffuet* n'a rien de plus fublime que les derniéres.

<small>Cʜ. XXXVII
Lettres Provinciales chef-d'œuvre.</small>

Il eft vrai que tout le livre portait fur un fondement faux. On attribuait adroitement à toute la Société des opinions extravagantes de plufieurs Jéfuites Efpagnols & Flamans. On les aurait déterrées auffi-bien chez des Cafuiftes Dominicains & Francifcains ; mais c'était aux feuls Jéfuites qu'on en voulait. On tâchait dans ces Lettres de prouver, qu'ils avaient un deffein formé de corrompre les mœurs des hommes ; deffein qu'aucune Secte, aucune Société, n'a jamais eu & ne peut avoir. Mais il ne s'agiffait pas d'avoir raifon, il s'agiffait de divertir le public.

Les Jéfuites, qui n'avaient alors aucun bon Ecrivain, ne purent effacer l'opprobre dont les couvrit le livre le mieux écrit qui eût encor paru en France. Mais il leur arriva dans leurs querelles la même chofe à-peu-près qu'au Cardinal *Mazarin*. Les *Blots*, les *Marigni* & les *Barbançon* avaient fait rire toute la France à fes dépens ; & il fut le Maître de la France. Ces Péres eurent le crédit de faire brûler les Lettres Provinciales, par un Arrêt du Parlement de Provence ; ils n'en furent pas moins ridicules, & en devinrent plus odieux à la Nation.

<small>Ce chef-d'œuvre brûlé.</small>

X 2 On

CH. XXXVII

Religieuses enlevées.

On enleva les principales Religieuses de l'Abbaye de Port-Royal de Paris avec deux cent gardes, & on les dispersa dans d'autres Couvens: on ne laissa que celles qui voulurent signer le Formulaire. La dispersion de ces Religieuses intéressa tout Paris. Sœur *Perdreau* & Sœur *Passart*, qui signèrent & en firent signer d'autres, furent le sujet des plaisanteries & des chansons, dont la ville fut inondée par cette espèce d'hommes oisifs, qui ne voit jamais dans les choses que le côté plaisant, & qui se divertit toûjours, tandis que les persuadés gémissent, que les frondeurs déclament, & que le Gouvernement agit.

Les Janséniftes s'affermirent par la persécution. Quatre Prélats, *Arnauld* Evêque d'Angers frére du Docteur, *Buzenval* de Beauvais, *Pavillon* d'Alet, & *Caulet* de Pamiers, le même qui depuis résista à *Louïs XIV*. sur la Régale, se déclarèrent contre le Formulaire. C'était un nouveau Formulaire composé par le Pape *Alexandre VII*. lui-même, semblable en tout pour le fonds aux prémiers, reçu en France par les Evêques & même par le Parlement. *Alexandre VII*. indigné nomma neuf Evêques Français, pour faire le procès aux quatre Prélats réfractaires. Alors les esprits s'aigrirent plus que jamais.

Mais lorsque tout était en feu, pour savoir si les cinq propositions étaient ou n'étaient pas dans *Jansénius*, *Rospigliosi*, devenu Pape sous le nom de *Clément IX*., pacifia tout pour quelque

que tems. Il engagea les quatre Evêques à signer *sincérement* le Formulaire, au lieu de *purement & simplement*. Ainsi il sembla permis de croire, en condamnant les cinq propositions, qu'elles n'étaient point extraites de *Jansénius*. Les quatre Evêques donnèrent quelques petites explications : l'accortise Italienne calma la vivacité Française. Un mot substitué à un autre opéra cette paix, qu'on appella *la paix de Clément IX*. & même *la paix de l'Eglise*, quoiqu'il ne s'agit que d'une dispute ignorée ou méprisée dans le reste du Monde. Il parait que depuis le tems de *Baïus* les Papes eurent toûjours pour but d'étouffer ces controverses dans lesquelles on ne s'entend point, & de réduire les deux partis à enseigner la même Morale que tout le Monde entend. Rien n'était plus raisonnable. Mais on avait affaire à des hommes.

CH. XXXVII
Paix de Clément IX.

Le Gouvernement mit en liberté les Jansénistes qui étaient prisonniers à la Bastille, & entre autres *Saci* Auteur de la version du Testament. On fit revenir les Religieuses exilées ; elles signèrent *sincérement*, & crurent triompher par ce mot. *Arnauld* sortit de la retraite où il s'était caché, & fut présenté au Roi, accueilli du Nonce, regardé par le public comme un Pére de l'Eglise ; & il s'engagea dès-lors à ne combattre que les Calvinistes, car il fallait qu'il fit la guerre. Ce tems de tranquillité produisit son livre de *la perpétuité de la foi*, dans lequel il fut aidé par *Nicole* ; & ce fut le

Ch.
XXXVII le sujet de la grande controverse entre eux & *Claude* le Ministre, controverse dans laquelle chaque parti se crut victorieux, selon l'usage.

La paix de *Clément IX.* ayant été donnée à des esprits peu pacifiques qui étaient tous en mouvement, ne fut qu'une trève passagère. Les cabales sourdes, les intrigues & les injures continuèrent des deux côtés.

Port-Royal. La Duchesse de *Longueville* sœur du grand *Condé*, si connuë par les guerres civiles & par ses amours, devenuë vieille & sans occupation, se fit dévote; & comme elle haïssait la Cour, & qu'il lui fallait de l'intrigue, elle se fit Janséniste. Elle bâtit un corps de logis à Port-Royal des Champs, où elle se retirait quelquefois avec les Solitaires. Ce fut leur tems le plus florissant. Les *Arnauld*, les *Nicole*, les *le Maitre*, les *Herman*, les *Saci*, beaucoup d'hommes qui quoique moins célèbres avaient pourtant beaucoup de mérite & de réputation, s'assemblaient chez elle. Ils substituaient au bel esprit que la Duchesse de *Longueville* tenait de l'Hôtel de *Rambouillet*, leurs conversations solides, & ce tour d'esprit mâle, vigoureux & animé, qui faisait le caractère de leurs livres & de leurs entretiens. Ils ne contribuèrent pas peu à répandre en France le bon goût & la vraye éloquence. Mais malheureusement ils étaient encor plus jaloux d'y répandre leurs opinions. Ils semblaient être eux-mêmes une preuve de ce système de la fatalité, qu'on leur reprochait. On eût dit,

qu'ils

qu'ils étaient entraînés par une détermination invincible à s'attirer des persécutions sur des chimères, tandis qu'ils pouvaient jouir de la plus grande considération & de la vie la plus heureuse, en renonçant à ces vaines disputes.

Ch. XXXVII

La faction des Jésuites toûjours irritée des *Lettres Provinciales*, remua tout contre le parti. Madame de *Longueville*, ne pouvant plus cabaler pour la Fronde, cabala pour le Jansénisme. Il se tenait des assemblées à Paris, tantôt chez elle, tantôt chez *Arnauld*. Le Roi, qui avait déja résolu d'extirper le Calvinisme, ne voulait point d'une nouvelle secte. Il menaça; & enfin *Arnauld*, craignant des ennemis armés de l'autorité souveraine, privé de l'appui de Madame de *Longueville* que la mort enleva, prit le parti de quitter pour jamais la France, & d'aller vivre dans les Pays-Bas, inconnu, sans fortune, même sans domestiques; lui, dont le neveu avait été Ministre d'Etat; lui, qui aurait pû être Cardinal. Le plaisir d'écrire en liberté lui tint lieu de tout. Il vécut jusqu'en 1694. dans une retraite ignorée du monde & connue à ses seuls amis, toûjours écrivant, toûjours Philosophe, supérieur à la mauvaise fortune, & donnant jusqu'au dernier moment l'exemple d'une ame pure, forte & inébranlable.

Assemblées Jansénistes.

1679.

Son parti fut toûjours persécuté dans les Pays-Bas Catholiques, pays qu'on nomme *d'obédience*, & où les Bulles des Papes sont des Loix souveraines. Il le fut encor plus en France. Ce

CH.
XXXVII

Cas de conscience aussi ridicule que tout ce que dessus.

Ce qu'il y a d'étrange, c'est que la question, *si les cinq propositions se trouvaient en effet dans Jansénius*, était toûjours le seul prétexte de cette petite guerre intestine. La distinction du *fait* & du *droit* occupait les esprits. On proposa enfin en 1701. un problème théologique, qu'on appella *le cas de conscience par excellence*: ,, Pouvait-on donner les Sacremens ,, à un homme qui aurait signé le formulaire, ,, en croyant dans le fond de son cœur, que ,, le Pape & même l'Eglise peut se tromper ,, sur les faits? " Quarante Docteurs signèrent, qu'on pouvait donner l'absolution à un tel homme.

Aussi-tôt la guerre recommence. Le Pape & les Evêques voulaient qu'on les crût sur les faits. L'Archevêque de Paris, *Noailles*, ordonna qu'on crût le *droit* d'une foi divine & le *fait* d'une foi humaine. Les autres, & même l'Archevêque de Cambrai *Fénelon*, qui n'était pas content de Monsieur de *Noailles*, exigèrent la foi divine pour le fait. Il eût mieux valu peut-être se donner la peine de citer les passages du livre; c'est ce qu'on ne fit jamais.

Le Pape *Clément XI.* donna une Bulle en 1705. la Bulle *Vineam Domini*, par laquelle il ordonna de croire le fait, sans expliquer si c'était d'une foi divine ou d'une foi humaine.

C'était une nouveauté introduite dans l'Eglise, de faire signer des Bulles à des filles. On fit encor cet honneur aux Religieuses de Port-Royal

Royal des Champs. Le Cardinal de *Noailles* fut obligé de leur faire porter cette Bulle, pour les éprouver. Elles signèrent, sans déroger à la paix de *Clément IX*. & se retranchant dans le silence respectueux à l'égard du fait.

Ch. XXXVII

On ne sait ce qui est plus singulier, ou l'aveu qu'on demandait à des filles que cinq propositions étaient dans un livre Latin, ou le refus obstiné de ces Religieuses.

Le Roi demanda une Bulle au Pape, pour la suppression de leur Monastère. Le Cardinal de *Noailles* les priva des Sacremens. Leur Avocat fut mis à la Bastille. Toutes les Religieuses furent enlevées & mises chacune dans un Couvent moins désobéissant. Le Lieutenant de Police fit démolir en 1709. leur maison de fond en comble ; & enfin en 1711. on déterra les corps qui étaient dans l'Eglise & dans le cimetiére, pour les transporter ailleurs.

Port-Royal démoli.

Les troubles n'étaient pas détruits avec ce Monastère. Les Jansénistes voulaient toûjours cabaler, & les Jésuites se rendre nécessaires. Le Pére *Quênel* Prêtre de l'Oratoire, ami du célèbre *Arnauld*, & qui fut compagnon de sa retraite jusqu'au dernier moment, avait dès l'an 1671. composé un livre de réflexions pieuses sur le texte du Nouveau Testament. Ce livre contient quelques maximes, qui pourraient paraître favorables au Jansénisme ; mais elles sont confondues dans une si grande foule de maximes saintes & pleines de cette onction qui gagne le cœur, que l'ouvrage fut reçu

Quênel.

Ch. XXXVII

çu avec un applaudissement universel. Le bien s'y montre de tous côtés ; & le mal il faut le chercher. Plusieurs Evêques lui donnèrent les plus grands éloges dans sa naissance, & les confirmèrent quand le livre eut reçu encor par l'Auteur sa dernière perfection. Je sai même que l'Abbé *Renaudot*, l'un des plus savans hommes de France, étant à Rome la prémiére année du Pontificat de *Clément XI.*, allant un jour chez ce Pape qui aimait les savans & qui l'était lui-même, le trouva lisant le livre du Pére *Quênel*. *Voilà*, lui dit le Pape, *un livre excellent. Nous n'avons personne à Rome, qui soit capable d'écrire ainsi. Je voudrais attirer l'Auteur auprès de moi.* C'est le même Pape qui depuis condamna le livre.

Nouvelles querelles pour un livre très médiocre.

Il ne faut pourtant pas regarder ces éloges de *Clément XI.* & les censures qui suivirent les éloges, comme une contradiction. On peut être très touché dans une lecture des beautés frapantes d'un ouvrage, & en condamner ensuite les défauts cachés. Un des Prélats, qui avaient donné en France l'approbation la plus sincère au livre de *Quênel*, était le Cardinal de *Noailles* Archevêque de Paris. Il s'en était déclaré le protecteur, lorsqu'il était Evêque de Châlons ; & le livre lui était dédié. Ce Cardinal plein de vertus & de science, le plus doux des hommes, le plus ami de la paix, protégeait quelques Jansénistes sans l'être, & aimait peu les Jésuites, sans leur nuire & sans les craindre.

Ces

Ces Péres commençaient à joüir d'un grand crédit, depuis que le Pére *de la Chaise*, gouvernant la conscience de *Louïs XIV.* était en effet à la tête de l'Eglise Gallicane. Le Pére *Quênel*, qui les craignait, était retiré à Bruxelles avec le savant Bénédictin *Gerberon*, un Prêtre nommé *Brigode*, & plusieurs autres du même parti. Il en était devenu Chef après la mort du fameux *Arnauld*, & jouïssait comme lui de cette gloire flatteuse, de s'établir un Empire secret indépendant des Souverains, de régner sur des consciences, & d'être l'ame d'une faction composée d'esprits éclairés. Les Jésuites, plus répandus que sa faction & plus puissans, déterrèrent bientôt *Quênel* dans sa solitude. Ils le persécutèrent auprès de *Philippe V.* qui était encor Maître des Pays-Bas, comme ils avaient poursuivi *Arnauld* son Maître auprès de *Louïs XIV.* Ils obtinrent un ordre du Roi d'Espagne, de faire arrêter ces Solitaires. *Quênel* fut mis dans les prisons de l'Archevêché de Malines. Un Gentilhomme, qui crut que le parti Janséniste ferait sa fortune s'il délivrait le Chef, perça les murs, & fit évader *Quênel*, qui se retira à Amsterdam, où il est mort en 1719. dans une extrême vieillesse, après avoir contribué à former en Hollande quelques Eglises de Jansénistes ; troupeau faible qui dépérit tous les jours.

Lorsqu'on l'arrêta, on saisit tous ses papiers; & on y trouva tout ce qui caractérise un parti formé. Il y avait une copie d'un ancien
contrât

Ch. XXXVII

Quênel prisonnier & délivré.

1703.

Ch.
XXXVII

Contract des Janfénistes avec la Bourignon.

contrât fait par les Janfénistes avec *Antoinette Bourignon*, célèbre visionnaire, femme riche & qui avait acheté, fous le nom de fon Directeur, l'Ifle de Nordftrand près du Holftein, pour y raffembler ceux qu'elle prétendait affocier à une Secte de Myftiques, qu'elle avait voulu établir.

Cette *Bourignon* avait imprimé à fes frais dix-neuf gros volumes de pieufes rêveries, & dépenfé la moitié de fon bien à faire des profélites. Elle n'avait réuffi qu'à fe rendre ridicule, & même avait effuyé les perfécutions attachées à toute innovation. Enfin defefpérant de s'établir dans fon Ifle, elle l'avait revenduë aux Janfénistes, qui ne s'y établirent pas plus qu'elle.

Projet fou des Janfénistes.

On trouva encor dans les manufcrits de *Quênel* un projet plus coupable, s'il n'avait été infenfé. *Louïs XIV*. ayant envoyé en Hollande en 1684. le Comte *d'Avaux*, avec plein pouvoir d'admettre à une trêve de vingt années les Puiffances qui voudraient y entrer, les Janfénistes, fous le nom *des difciples de St. Auguftin*, avaient imaginé de fe faire comprendre dans cette trêve, comme s'ils avaient été en effet un parti formidable, tel que celui des Calviniftes le fut fi longtems. Cette idée chimérique était demeurée fans exécution; mais enfin les propofitions de paix des Janfénistes avec le Roi de France, avaient été rédigées par écrit. Il y avait eu certainement dans ce projet une envie de fe rendre trop confidérables;

rables ; & c'en était aſſez pour être criminels. On fit aiſément croire à *Louïs XIV.* qu'ils étaient dangereux.

Ch. XXXVII

Il n'était pas aſſez inſtruit, pour ſavoir que de vaines opinions de ſpéculation tomberaient d'elles-mêmes, ſi on les abandonnait à leur inutilité. C'était leur donner un poids qu'elles n'avaient point, que d'en faire des matiéres d'Etat. Il ne fut pas difficile de faire regarder le livre du Pére *Quênel* comme coupable, après que l'Auteur eut été traité en ſéditieux. Les Jéſuites engagèrent le Roi lui-même à faire demander à Rome la condamnation du livre. C'était en effet faire condamner le Cardinal de *Noailles*, qui en avait été le protecteur le plus zélé. On ſe flattait avec raiſon, que le Pape *Clément XI.* mortifierait l'Archevêque de Paris. Il faut ſavoir, que quand *Clément XI.* était le Cardinal *Albani*, il avait fait imprimer un livre tout Moliniſte de ſon ami le Cardinal de *Sfondrate*, & que Monſieur de *Noailles* avait été le dénonciateur de ce livre. Il était naturel de penſer, qu'*Albani* devenu Pape, ferait au moins contre les approbations données à *Quênel*, ce qu'on avait fait contre les approbations données à *Sfondrate*.

On ne ſe trompa pas : le Pape *Clément XI.* donna vers l'an 1708. un Décret contre le livre de *Quênel*. Mais alors les affaires temporelles empêchèrent que cette affaire ſpirituelle, qu'on avait ſollicitée, ne réuſſit. La Cour était mécontente de *Clément XI.* qui avait reconnu

l'Ar-

Ch.
XXXVII

l'Archiduc *Charles* pour Roi d'Espagne, après avoir reconnu *Philippe V*. On trouva des nullités dans son Décret : il ne fut point reçu en France ; & les querelles furent assoupies jusqu'à la mort du Pére de *la Chaise* Confesseur du Roi, homme doux, avec qui les voies de conciliation étaient toûjours ouvertes, & qui ménageait dans le Cardinal de *Noailles* l'allié de Madame de *Maintenon*.

Le Tellier Confesseur du Roi, fourbe, insolent, & factieux.

Les Jésuites étaient en possession de donner un Confesseur au Roi, comme à presque tous les Princes Catholiques. Cette prérogative est le fruit de leur institut, par lequel ils renoncent aux Dignités Ecclésiastiques. Ce que leur fondateur établit par humilité, est devenu un principe de grandeur. Plus *Louïs XIV*. vieillissait, plus la place de Confesseur devenait un Ministère considérable. Ce poste fut donné au Pére *le Tellier*, fils d'un Procureur de Virre en basse Normandie, homme sombre, ardent, inflexible, cachant ses violences sous un flegme apparent : il fit tout le mal qu'il pouvait faire dans cette place, où il est trop aisé d'inspirer ce qu'on veut, & de perdre qui l'on hait : il avait à venger ses injures particuliéres. Les Jansénistes avaient fait condamner à Rome un de ses livres sur les Cérémonies Chinoises. Il était mal personnellement avec le Cardinal de *Noailles* ; & il ne savait rien ménager. Il remua toute l'Eglise de France. Il dressa en 1711. des Lettres & des Mandemens, que des Evèques devaient signer. Il leur envoyait des accusacusations contre le Cardinal de *Noailles*, au bas desquelles ils n'avaient plus qu'à mettre leur nom. De telles manœuvres dans des affaires profanes sont punies ; elles furent découvertes, & n'en réussirent pas moins. *

Ch. XXXVII

Le Tellier fripon.

La conscience du Roi était allarmée par son Confesseur, autant que son autorité était blessée par l'idée d'un parti rebelle. En vain le Cardinal de *Noailles* lui demanda justice de *ces mistères d'iniquité*. Le Confesseur persuada qu'il s'était servi des voies humaines, pour faire réussir les choses divines ; & comme en effet il défendait l'autorité du Pape, & celle de l'unité de l'Eglise, tout le fonds de l'affaire lui était favorable. Le Cardinal s'adressa au Dauphin

* Il est dit dans la vie du Duc d'Orléans imprimée en 1737. que le Cardinal de *Noailles* accusa le Pére *le Tellier* de vendre les Bénéfices, & que le Jésuite dit au Roi : *Je consens à être brulé vif, si on prouve cette accusation, pourvû que le Cardinal soit brulé vif aussi en cas qu'il ne la prouve pas.*

Ce conte est tiré des piéces qui coururent sur l'affaire de la Constitution ; & ces piéces sont remplies d'autant d'absurdités que la vie du Duc d'Orléans. La plupart de ces écrits sont composés par des malheureux qui ne cherchent qu'à gagner de l'argent : ces gens là ne savent pas qu'un homme qui doit ménager sa considération auprès d'un Roi qu'il confesse, ne lui propose pas, pour se disculper, de faire bruler vif son Archevêque.

Tous les petits contes de cette espèce se retrouvent dans les Mémoires de *Maintenon*. Il faut soigneusement distinguer entre les faits & les ouï-dire.

Cʜ.
XXXVII

phin Duc de Bourgogne ; mais il le trouva prévenu par les lettres & par les amis de l'Archevêque de Cambrai. La faibleffe humaine entre dans tous les cœurs. *Fénélon* n'était pas encor affez Philofophe, pour oublier que le Cardinal de *Noailles* avait contribué à le faire condamner ; & *Quênel* payait alors pour Madame *Guion*.

Madame de Maintenon faible & bigotte autant qu'ambitieufe.

Le Cardinal n'obtint pas davantage du crédit de Madame *de Maintenon*. Cette feule affaire pourrait faire connaître le caractère de cette Dame, qui n'avait guère de fentimens à elle, & qui n'était occupée que de fe conformer à ceux du Roi. Trois lignes de fa main au Cardinal de *Noailles* dévelopent tout ce qu'il faut penfer & d'elle & de l'intrigue du Pére *le Tellier*, & des idées du Roi & de la conjoncture. ,, Vous me connaiffez af-
,, fez, pour favoir ce que je penfe fur la dé-
,, couverte nouvelle ; mais bien des raifons
,, doivent me retenir de parler. Ce n'eft point
,, à moi à juger & à condamner ; je n'ai qu'à
,, me taire & à prier pour l'Eglife, pour le
,, Roi & pour vous. J'ai donné votre lettre
,, au Roi : elle a été luë : c'eft tout ce que
,, je puis vous en dire, étant abbattuë de
,, triftefle.

Le Cardinal Archevêque, opprimé par un Jéfuite, ôta les pouvoirs de prêcher & de confeffer à tous les Jéfuites, excepté à quelques-uns des plus fages & des plus modérés. Sa place lui donnait le droit dangereux d'empêcher

pêcher *le Tellier* de confesser le Roi. Mais il n'osa pas irriter à ce point son Souverain; & il le laissa avec respect entre les mains de son ennemi. * Je crains, écrivit-il à Madame de *Maintenon*, ,, de marquer au Roi trop ,, de soumission en donnant les pouvoirs à ,, celui qui les mérite le moins. Je prie DIEU ,, de lui faire connaître le péril qu'il court, ,, en confiant son ame à un homme de ce ,, caractère. †

On voit dans plusieurs Mémoires, que le Pére *le Tellier* dit, qu'il fallait qu'il perdit sa place ou le Cardinal la sienne. Il est très vraisemblable qu'il le pensa, & peu qu'il l'ait dit.

Quand les esprits sont aigris, les deux partis

---

* Consultez les lettres de Mad. de *Maintenon*. On voit que ces lettres étaient connues de l'Auteur avant qu'on les eût imprimées, & qu'il n'a rien hazardé.

† Quand on a des lettres aussi autentiques, on peut les citer : ce sont les plus précieux matériaux de l'Histoire. Mais quel fonds faire sur une lettre qu'on suppose écrite au Roi par le Card. de *Noailles*.... *J'ai travaillé le premier à la ruine du Clergé pour sauver votre Etat, & pour soutenir vôtre Trône... Il ne vous est pas permis de demander compte de ma conduite.* Est-il vraisemblable qu'un sujet sage & modéré ait écrit à son Souverain une lettre si insolente & si outrée ? Ce n'est qu'une imputation mal adroite : elle se trouve page 141. tome 5. des Mémoires *de Maintenon* ; & comme elle n'a ni autenticité ni vraisemblance, on ne doit y ajouter aucune foi.

tis ne font plus que des démarches funestes. Des partisans du Pére *le Tellier*, des Evêques qui espéraient le Chapeau, employèrent l'autorité Royale pour enflammer ces étincelles qu'on pouvait éteindre. Au lieu d'imiter Rome, qui avait plusieurs fois imposé silence aux deux partis; au lieu de réprimer un Religieux, & de conduire le Cardinal; au lieu de défendre ces combats comme les duëls, & de réduire tous les Prêtres, comme tous les Seigneurs, à être utiles sans être dangereux; au lieu d'accabler enfin les deux partis sous le poids de la puissance suprême, soûtenuë par la raison & par tous les Magistrats : *Louis XIV.* crut bien faire de solliciter lui-même à Rome une déclaration de guerre, & de faire venir la fameuse Constitution, qui remplit le reste de sa vie d'amertume.

Le Jésuite *le Tellier* & son parti envoyèrent à Rome cent-trois propositions à condamner. Le Saint Office en proscrivit cent & une. La Bulle fut donnée au mois de Septembre 1713. Elle vint & souleva contre elle presque toute la France. Le Roi l'avait demandée, pour prévenir un schisme; & elle fut prête d'en causer un. La clameur fut générale, parce que parmi ces cent & une propositions il y en avait, qui paraissaient à tout le monde contenir le sens le plus innocent, & la plus pure Morale. Une nombreuse assemblée d'Evêques fut convoquée à Paris. Quarante acceptèceptèrent la Bulle pour le bien de la paix; mais ils en donnèrent en même tems des explications, pour calmer les scrupules du public. L'acceptation pure & simple fut envoyée au Pape; & les modifications furent pour les Peuples. Ils prétendaient par-là satisfaire à la fois le Pontife, le Roi & la multitude. Mais le Cardinal de *Noailles*, & sept autres Evèques de l'Assemblée qui se joignirent à lui, ne voulurent ni de la Bulle ni de ses correctifs. Ils écrivirent au Pape, pour demander ces correctifs même à Sa Sainteté. C'était un affront qu'ils lui faisaient respectueusement. Le Roi ne le souffrit pas : il empêcha que la lettre ne parût, renvoya les Evèques dans leurs Diocèses, défendit au Cardinal de paraître à la Cour. La persécution donna à cet Archevèque une nouvelle considération dans le public. Sept autres Evèques se joignirent encor à lui. C'était une véritable division dans l'Episcopat, dans tout le Clergé, dans les Ordres Religieux. Tout le monde avouait, qu'il ne s'agissait pas des points fondamentaux de la Religion ; cependant il y avait une guerre civile dans les esprits, comme s'il eût été question du renversement du Christianisme, & on fit agir des deux côtés tous les ressorts de la politique, comme dans l'affaire la plus profane.

Ces ressorts furent employés pour faire accepter la Constitution par la Sorbonne. La pluralité des suffrages ne fut pas pour elle ; &

Crt.
XXXVII

Bulle qui met tout en désordre.

cepen-

Cн. XXXVII

1714.

cependant elle y fut enregistrée. Le Ministère avait peine à suffire aux letttes de cachet, qui envoyaient en prison ou en exil les opposans.

Cette Bulle avait été enregistrée au Parlement, avec la réserve des droits ordinaires de la Couronne, des libertés de l'Eglise Gallicane, du pouvoir & de la jurisdiction des Evêques; mais le cri public perçait toûjours à travers l'obéissance. Le Cardinal de *Bissi*, l'un des plus ardens défenseurs de la Bulle, avoua dans une de ses lettres, qu'elle n'aurait pas été reçuë avec plus d'indignité à Genève qu'à Paris.

Le Jésuite le Tellier en horreur.

Les esprits étaient surtout révoltés contre le Jésuite *le Tellier*. Rien ne nous irrite plus qu'un Religieux devenu puissant. Son pouvoir nous paraît une violation de ses vœux; mais s'il abuse de ce pouvoir, il est en horreur. *Le Tellier* osa présumer de son crédit jusqu'à pro-

1715.

poser de faire déposer le Cardinal de *Noailles*, dans un Concile national. Ainsi un Religieux faisait servir à sa vengeance son Roi, son Pénitent & sa Religion.

Pour préparer ce Concile, dans lequel il s'agissait de déposer un homme devenu l'idole de Paris & de la France, par la pureté de ses mœurs, par la douceur de son caractère, & plus encor par la persécution; on détermina *Louïs XIV*. à faire enrégistrer au Parlement une Déclaration, par laquelle tout Evêque, qui n'aurait pas reçû la Bulle *purement & simplement*, serait tenu d'y souscrire, ou qu'il serait

rait pourſuivi à la requête du Procureur-Général, comme rebelle. Le Chancelier *Voiſin*, Secrétaire d'Etat de la guerre, dur & deſpotique, avait dreſſé cet Edit. Le Procureur-Général *d'Agueſſeau*, plus verſé que le Chancelier *Voiſin* dans les loix du Royaume, & ayant alors ce courage d'eſprit que donne la jeuneſſe, refuſa abſolument de ſe charger d'une telle piéce. Le Premier Préſident *de Meſme* en remontra au Roi les conſéquences. On traina l'affaire en longueur. Le Roi était mourant. Ces malheureuſes diſputes troublèrent & avancèrent ſes derniers momens. Son impitoyable Confeſſeur fatiguait ſa faibleſſe par des exhortations continuelles à conſommer un ouvrage qui ne devait pas faire chérir ſa mémoire. Les domeſtiques du Roi indignés lui refuſèrent deux fois l'entrée de la chambre; & enfin ils le conjurèrent de ne point parler au Roi de Conſtitution. Ce Prince mourut; & tout changea.

CH. XXXVII

Le Duc d'Orléans Régent du Royaume, ayant renverſé d'abord toute la forme du Gouvernement de *Louis XIV.* & ayant ſubſtitué des Conſeils aux Bureaux des Secrétaires d'Etat, compoſa un Conſeil de Conſcience, dont le Cardinal de *Noailles* fut le Préſident. On exila le Pére *le Tellier*, chargé de la haine publique & peu aimé de ſes confréres.

Changement dans ces affaires.

Les Evêques oppoſés à la Bulle appellèrent à un futur Concile, dût-il ne ſe tenir jamais. La Sorbonne, les Curés du Dioceſe de Paris,

Y 3 des

Сн.
XXXVII

Bulle méprisée.

des Corps entiers de Religieux, firent le même appel; & enfin le Cardinal de *Noailles* fit le sien en 1717. mais il ne voulut pas d'abord le rendre public. On l'imprima malgré lui. L'Eglise de France resta divisée en deux factions, les *acceptans* & les *refusans*. Les acceptans étaient les cent Evêques qui avaient adhéré sous *Louis XIV*. avec les Jésuites & les Capucins. Les refusans étaient quinze Evêques & toute la Nation. Les acceptans se prévalaient de Rome ; les autres, des Universités, des Parlemens & du Peuple. On imprimait volume sur volume, lettres sur lettres. On se traitait réciproquement de schismatique & d'hérétique.

Un Archevêque de Rheims, du nom de *Mailly*, grand & heureux partisan de Rome, avait mis son nom au bas de deux écrits que le Parlement fit brûler par le bourreau. L'Archevêque l'ayant su, fit chanter un *Te Deum*, pour remercier DIEU d'avoir été outragé par des schismatiques. DIEU le récompensa ; il fut Cardinal. Un Evêque de Soissons ayant essuyé le même traitement du Parlement, & ayant signifié à ce Corps que *ce n'était pas à lui à le juger, même pour un crime de Lèze Majesté*, il fut condamné à dix-mille livres d'amende. Mais le Régent ne voulut pas qu'il les payât, de peur, dit-il, qu'il ne devînt Cardinal aussi.

Rome éclatait en reproches : on se consumait en négociations : on appellait, on réappellait;

fait ; & tout cela pour quelques paſſages aujourd'hui oubliés du livre d'un Prêtre octogénaire, qui vivait d'aumônes à Amſterdam.

La folie du ſyſtême des finances contribua, plus qu'on ne croit, à rendre la paix à l'Egliſe. Le public ſe jetta avec tant de fureur dans le commerce des Actions ; la cupidité des hommes, excitée par cette amorce, fut ſi générale, que ceux qui parlèrent encor de Janſéniſme & de Bulle, ne trouvèrent perſonne qui les écoutât. Paris n'y penſait pas plus qu'à la guerre qui ſe faiſait ſur les frontiéres d'Eſpagne. Les fortunes rapides & incroyables qu'on faiſait alors, le luxe & la volupté portés au dernier excès, impoſèrent ſilence aux diſputes Eccléſiaſtiques ; & le plaiſir fit ce que *Louïs XIV.* n'avait pu faire.

Le Duc d'Orléans ſaiſit ces conjonctures, pour réunir l'Egliſe de France. Sa politique y était intéreſſée. Il craignait des tems, où il aurait eu contre lui Rome, l'Eſpagne & cent Evêques.

Il fallait engager le Cardinal de *Noailles*, non ſeulement à recevoir cette Conſtitution qu'il regardait comme ſcandaleuſe, mais à rétracter ſon appel qu'il regardait comme légitime. Il fallait obtenir de lui plus que *Louïs XIV.* ſon bienfaiteur ne lui avait en vain demandé. Le Duc d'Orléans devait trouver les plus grandes oppoſitions dans le Parlement, qu'il avait exilé à Pontoiſe ; cependant il vint à bout de tout. On compoſa *un Corps de Doctrine*,

Ch. XXXVII.

Le ſyſtême de Law fait oublier la Bulle.

Cʜ.
XXXVII

Pacification apparente.

trine, qui contenta presque les deux partis. On tira parole du Cardinal, qu'enfin il accepterait. Le Duc d'Orléans alla lui-même au Grand-Conseil, avec les Princes & les Pairs, faire enregistrer un Edit, qui ordonnait l'acceptation de la Bulle, la suppression des appels, l'unanimité & la paix. Le Parlement, qu'on avait mortifié en portant au grand-Conseil des Déclarations qu'il était en possession de recevoir, menacé d'ailleurs d'être transféré de Pontoise à Blois, enregistra ce que le Grand-Conseil avait enregistré; mais toûjours avec les réserves d'usage, c'est-à-dire, le maintien des libertés de l'Eglise Gallicane & des Loix du Royaume.

Le Cardinal Archévêque, qui avait promis de se retracter quand le Parlement obéirait, se vit enfin obligé de tenir parole; & on afficha son Mandement de rétractation le 20. Août 1720.

Le nouvel Archévêque de Cambrai *du-Bois*, fils d'un Apoticaire de Brive la gaillarde, depuis Cardinal & Prémier Ministre, fut celui qui eut le plus de part à cette affaire, dans laquelle la puissance de *Louïs XIV.* avait échoué. Personne n'ignore quelle était la conduite, la manière de penser, les mœurs de ce Ministre. Le licencieux *du-Bois* subjugua le pieux *Noailles*. On se souvient, avec quel mépris le Duc d'Orléans & son Ministre parlaient des querelles qu'ils appaisèrent, quel ridicule ils jettèrent sur cette guerre de controverse.

Cc

DU JANSENISME. 345

Ce mépris & ce ridicule ne fervirent pas peu à la paix. On fe laffe enfin de combattre, pour des querelles dont le monde rit.

CH. XXXVII

Depuis ce tems, tout ce qu'on appellait en France Janfénifme, Quiétifme, Bulles, querelles Théologiques, baiffa fenfiblement. Quelques Evêques appellans reftèrent opiniâtrément attachés à leurs fentimens.

Sous le Miniftère du Cardinal *de Fleuri*, on voulut extirper les reftes du parti, en dépofant un des Prélats des plus obftinés. On choifit, pour faire un exemple, le vieux *Soanin* Evêque de la petite ville de Sénès, homme également pieux & inflexible, d'ailleurs fans parens, fans crédit.

Il fut condamné par le petit Concile Provincial d'Ambrun en 1728., fufpendu de fes fonctions d'Evêque & de Prêtre, & exilé par la Cour en Auvergne à l'âge de plus de quatre-vingt ans. Cette rigueur excita quelques vaines plaintes. Il n'y a point aujourd'hui de Nation, qui murmure plus que la Françaife, qui obéiffe mieux, & qui oublie plus vite.

Singulier Concile d'Ambrun.

Un refte de fanatifme fubfifta dans une petite partie du peuple de Paris. Des entoufiaftes s'imaginèrent, qu'un Diacre nommé *Pâris*, frère d'un Confeiller au Parlement, appellant & réappellant, enterré dans le cimetière de *St. Médard*, devait faire des miracles. Quelques perfonnes du parti, qui allèrent prier fur fon tombeau, eurent l'imagination fi frappée, que leurs organes ébranlés leur donnèrent de légéres

Ch. XXXVII

Convulsionnaires.

gées convulsions. Auſſi-tôt la tombe fut environnée de peuple : la foule s'y preſſait jour & nuit. Ceux qui montaient ſur la tombe donnaient à leurs corps des ſecouſſes, qu'ils prenaient eux-mêmes pour des prodiges. Les fauteurs ſecrets du parti encourageaient cette frénéſie. On priait en langue vulgaire autour du tombeau : on ne parlait que de ſourds qui avaient entendu quelques paroles, d'aveugles qui avaient entrevu, d'eſtropiés qui avaient marché droit quelques momens. Ces prodiges étaient même juridiquement atteſtés par une foule de témoins qui les avaient preſque vus parce qu'ils étaient venus dans l'eſpérance de les voir. Le Gouvernement abandonna pendant un mois cette maladie épidémique à elle-même. Mais le concours augmentait ; les miracles redoublaient ; & il falut enfin fermer le cimetiére, & y mettre une garde. Alors les mêmes entouſiaſtes allèrent faire leurs miracles dans les maiſons. Ce tombeau du Diacre *Pâris* fut en effet le tombeau du Janſéniſme, dans l'eſprit de tous les honnêtes gens. Ces farces auraient eu des ſuites ſérieuſes dans des tems moins éclairés. Il ſemblait que ceux qui les protégeaient, ignoraſſent à quel ſiécle ils avaient à faire.

La ſuperſtition alla ſi loin, qu'un Conſeiller du Parlement eut la démence de préſenter au Roi en 1736. un recueil de tous ces prodiges, munis d'un nombre conſidérable d'atteſtations. Cet homme inſenſé, organe & victime

time d'infenfés, dit dans fon Mémoire au Roi, qu'il *faut croire aux témoins qui fe font égorger pour foutenir leurs témoignages.* Si fon livre fubfiftait un jour, & que les autres fuffent perdus, la poftérité croirait que notre fiécle a été un tems de barbarie.

Ces extravagances ont été en France les derniers foupirs d'une Secte, qui n'étant plus foûtenuë par des *Arnauld*, des *Pafcal* & des *Nicole*, & n'ayant plus que des convulfionnaires, eft tombée dans l'aviliffement; on n'entendrait plus parler de ces querelles qui déshonorent la raifon & qui font tort à la Religion, s'il ne fe trouvait de tems en tems quelques efprits remuans qui cherchent dans ces cendres éteintes quelques reftes de feu dont ils effayent de faire un incendie. Si jamais ils y réuffiffent, la difpute du Molinifme & du Janfenifme ne fera plus l'objet des troubles. Ce qui eft devenu ridicule ne peut plus être dangereux. La querelle changera de nature. Les hommes ne manquent pas de prétextes pour fe nuire, quand ils n'en ont plus de caufe.

La Religion peut encor aiguifer les poignards. Il y a toûjours dans la Nation un peuple qui n'a nul commerce avec les honnêtes gens, qui n'eft pas de ce fiécle, qui eft inacceffible au progrès de la raifon & fur qui l'atrocité du fanatifme conferve fon empire comme certaines maladies qui n'attaquent que la plus vile populace.

Les

Ch. XXXVII

Décadence des Jésuites.

Les Jésuites semblèrent entraînés dans la chute du Janſénisme ; leurs armes émouſſées n'avaient plus d'adverſaires à combattre ; ils perdirent à la Cour le crédit dont *le Tellier* avait abuſé ; leur Journal de Trévoux ne leur concilia ni l'eſtime, ni l'amitié des gens de Lettres. Les Evêques ſur leſquels ils avaient dominé, les confondirent avec les autres Religieux ; & ceux-ci ayant été abaiſſés par eux, les rabaiſſèrent à leur tour. Les Parlemens leur firent ſentir plus d'une fois, ce qu'ils penſaient d'eux en condamnant quelques-uns de leurs écrits qu'on aurait pû oublier. L'Univerſité, qui commençait alors à faire de bonnes études dans la Littérature, & à donner une excellente éducation, leur enleva une grande partie de la jeuneſſe ; & ils attendirent pour reprendre leur aſcendant, que le tems leur fournit des hommes de génie, & des conjonctures favorables.

Il ſerait très-utile à ceux qui ſont entêtés de toutes ces diſputes, de jetter les yeux ſur l'hiſtoire générale du Monde ; car en obſervant tant de Nations, tant de mœurs, tant de Religions différentes, on voit le peu de figure que font ſur la Terre un Moliniſte & un Janſeniſte. On rougit alors de ſa frénéſie pour un parti qui ſe perd dans la foule, & dans l'immenſité des choſes.

CHAPITRE TRENTE-HUITIÈME.

DU QUIETISME.

AU milieu des factions du Calvinifme & des querelles du Janfénifme, il y eut encor une divifion en France fur le Quiétifme. C'était une fuite malheureufe des progrès de l'efprit humain dans le fiécle de *Louïs XIV.* que l'on s'efforçât de paffer prefque en tout les bornes prefcrites à nos connaiffances ; ou plutôt, c'était une preuve qu'on n'avait pas fait encor affez de progrès.

La difpute du Quiétifme eft une de ces intempérances d'efprit & de ces fubtilités Théologiques, qui n'auraient laiffé aucune trace dans la mémoire des hommes, fans les noms des deux illuftres rivaux qui combattirent. Une femme, fans crédit, fans véritable efprit, & qui n'avait qu'une imagination échauffée, mit aux mains les deux plus grands hommes qui fuffent alors dans l'Eglife. Son nom était *Bouviéres de la Motte.* Sa famille était originaire de Montargis. Elle avait époufé le fils de *Guion* entrepreneur du canal de Briare. Devenue veuve dans une affez grande jeuneffe, avec du bien, de la beauté & un efprit fait pour le monde, elle s'entêta de ce qu'on appelle *la fpiritualité.* Un Barnabite du pays d'Anne-

Mad. Guion extravagante.

Cн. XXXVIII

La Combe Directeur de la Guion.

d'Anneci, près de Genève, nommé *La-Combe*, fut son Directeur. Cet homme, connu par un mélange assez ordinaire de passions & de Religion, & qui est mort fou, plongea l'esprit de sa pénitente dans les rêveries mystiques, dont elle était déja atteinte. L'envie d'être une *Ste. Thérèse* en France, ne lui permit pas de voir combien le génie Français est opposé au génie Espagnol, & la fit aller beaucoup plus loin que *Ste. Thérèse*. L'ambition d'avoir des disciples, la plus forte peut-être de toutes les ambitions, s'empara toute entière de son cœur.

Son Directeur *La-Combe* la conduisit en Savoie dans son petit pays d'Anneci, où l'Evêque titulaire de Genève fait sa résidence. C'était déja une très-grande indécence à un Moine de conduire une jeune veuve hors de sa patrie; mais c'est ainsi qu'en ont usé presque tous ceux qui ont voulu établir une Secte; ils traînent presque toûjours des femmes avec eux. La jeune veuve se donna d'abord quelque autorité dans Anneci par sa profusion en aumônes. Elle tint des conférences. Elle prêchait le renoncement entier à soi-même, le silence de l'ame, l'anéantissement de toutes ses puissances, le culte intérieur, l'amour pur & désintéressé, qui n'est ni avili par la crainte ni animé de l'espoir des récompenses.

Les imaginations tendres & flexibles, surtout celles des femmes & de quelques jeunes Religieux qui aimaient plus qu'ils ne croyaient la parole de Dieu dans la bouche d'une belle
fem,

femme, furent aisément touchées de cette éloquence de paroles, la seule propre à persuader tout à des esprits préparés. Elle fit des profélites. L'Evêque d'Anneci obtint qu'on la fît sortir du pays, elle & son directeur. Ils s'en allèrent à Grenoble. Elle y répandit un petit livre intitulé *le Moyen court*, & un autre sous le nom des *Torrens*, écrits du stile dont elle parlait ; & fut encor obligée de sortir de Grenoble.

Se flattant déja d'être au rang des Confesseurs, elle eut une vision, & elle prophétisa ; elle envoya sa prophétie au Pére *La-Combe*. *Tout l'Enfer se bandera*, dit-elle, *pour empêcher le progrès de l'intérieur & la formation de* JESUS-CHRIST *dans les ames. La tempéte sera telle, qu'il ne restera pas pierre sur pierre ; & il me semble, que dans toute la Terre il y aura trouble, guerre & renversement. La femme sera enceinte de l'esprit intérieur, & le dragon se tiendra debout devant elle.*

La prophétie se trouva vraye en partie : l'Enfer ne se banda point : mais étant revenüe à Paris conduite par son Directeur, & l'un & l'autre ayant dogmatisé en 1687. l'Archevêque *de Harlai de Chanvallon* obtint un ordre du Roi, pour faire enfermer *La-Combe* comme un séducteur, & pour mettre dans un Couvent Madame *Guion* comme un esprit aliéné qu'il fallait guérir. Mais Madame *Guion*, avant ce coup, s'était fait des protections qui la servirent. Elle avait dans la maison de *St. Cyr*

CH.
XXXVIII

Cyr encor naiffante, une coufine nommée Madame *de la Maifon-Fort*, favorite de Madame de *Maintenon*. Elle s'était infinuée dans l'efprit des Ducheffes de *Chevreufe* & de *Beauvilliers*. Toutes fes amies fe plaignirent hautement, que l'Archevèque de *Harlai*, connu pour aimer trop les femmes, perfécutât une femme, qui ne parlait que de l'amour de DIEU.

La protection toute-puiffante de Madame de *Maintenon* impofa filence à l'Archevèque de Paris, & rendit la liberté à Madame *Guion*. Elle alla à Verfailles, s'introduifit dans St. Cyr, affifta à des conférences dévotes que faifait l'Abbé de *Fénelon*, après avoir dîné en tiers avec Madame de *Maintenon*. La Princeffe d'*Harcourt*, les Ducheffes de *Chevreufe*, de *Beauvilliers* & de *Charòt* étaient de ces myftères.

Fénelon Quiétifte

L'Abbé de *Fénelon*, alors Précepteur des Enfans de France, était l'homme de la Cour le plus féduifant. Né avec un cœur tendre & une imagination douce & brillante, fon efprit était nourri de la fleur des Belles-Lettres. Plein de goût & de graces, il préférait dans la Théologie tout ce qui a l'air touchant & fublime, à ce qu'elle a de fombre & d'épineux. Avec tout cela, il avait je ne fai quoi de romanefque, qui lui infpira, non pas les rèveries de Madame *Guion*, mais un goût de fpiritualité, qui ne s'éloignait pas des idées de cette Dame.

Son imagination s'échauffait par la candeur & par la vertu, comme les autres s'enflamment

ment par leurs passions. Sa passion était d'ai- C**ʜ**.
mer Dieu pour lui-même. Il ne vit dans XXXVIII
Madame *Guion*, qu'une ame pure éprise du
même goût que lui, & se lia sans scrupule
avec elle.

Il était étrange, qu'il fût séduit par une
femme à révélations, à prophéties & à gali-
matias, qui suffoquait de la Grace intérieure,
qu'on était obligé de délacer, & qui se vui-
dait (à ce qu'elle disait) de la surabondance
de Grace, pour en faire enfler le corps de
l'élu qui était assis auprès d'elle. Mais *Fénelon*,
dans l'amitié & dans ses idées mystiques,
était ce qu'on est en amour: il excusait les
défauts, & ne s'attachait qu'à la conformité
du fond des sentimens qui l'avaient charmé.

Madame *Guion*, assurée & fiére d'un tel disciple qu'elle appellait son fils, & comptant
même sur Madame de *Maintenon*, répandit dans
St. Cyr toutes ses idées. L'Evèque de Chartres *Godet*, dans le Diocèse duquel est St. Cyr,
s'en allarma & s'en plaignit. L'Archévèque de
Paris menaça encor de recommencer ses prémiéres poursuites.

Madame de *Maintenon*, qui ne pensait qu'à
faire de St. Cyr un séjour de paix, qui savait combien le Roi était ennemi de toute
nouveauté, qui n'avait pas besoin pour se donner de la considération de se mettre à la tête
d'une espèce de secte, & qui enfin n'avait en
vue que son crédit & son repos, rompit tout
commerce avec Madame *Guion*, & lui défendit
le séjour de St. Cyr.

H. G. *Tom. VII. Suite Tom. II.*   Z   L'Ab-

Ch.
XXXVIII

L'Abbé de *Fénelon* voyait un orage se former, & craignit de manquer les grands postes où il aspirait. Il conseilla à son amie de se mettre elle-même dans les mains du célèbre *Bossuet* Evèque de Meaux, regardé comme un Père de l'Eglise. Elle se soumit aux décisions de ce Prélat, communia de sa main, & lui donna tous ses écrits à examiner.

L'Evèque de Meaux, avec l'agrément du Roi, s'associa pour cet examen l'Evèque de Châlons, qui fut depuis le Cardinal de *Noailles*, & l'Abbé *Tronson* Supérieur de St. Sulpice. Ils s'assemblèrent secrettement au village d'Issi, près de Paris. L'Archévêque de Paris *Chanvallon*, jaloux que d'autres que lui se portassent pour Juges dans son Diocèse, fit afficher une censure publique des livres qu'on examinait. Madame *Guion* se retira dans la ville de Meaux même; elle souscrivit à tout ce que l'Evèque *Bossuet* voulut, & promit de ne plus dogmatiser.

Mad. Guion enfermée à Vincennes.

Cependant *Fénelon* fut élevé à l'Archévêché de Cambrai en 1695. & sacré par l'Evèque de Meaux. Il semblait qu'une affaire assoupie, dans laquelle il n'y avait eu jusques-là que du ridicule, ne devait jamais se réveiller. Mais Madame *Guion*, accusée de dogmatiser toûjours après avoir promis le silence, fut enlevée par ordre du Roi dans la même année 1695. & mise en prison à Vincennes, comme si elle eût été une personne dangereuse dans l'Etat. Elle ne pouvait l'être ; & ses pieuses rèveries ne méritaient pas l'attention du Souverain. Elle composa à Vincennes un gros volume de vers

DU QUIETISME.

vers myſtiques, plus mauvais encor que ſa proſe ; elle parodiait les vers des opéra. Elle chantait ſouvent :

L'Amour pur & parfait va plus loin qu'on ne penſe :
 On ne ſait pas, lorſqu'il commence,
 Tout ce qu'il doit coûter un jour.
Mon cœur n'aurait connu Vincennes ni ſouffrance,
 S'il n'eût connu le pur amour.

Les opinions des hommes dépendent des tems, des lieux & des circonſtances. Tandis qu'on tenait en priſon Madame *Guion*, qui avait épouſé JESUS-CHRIST dans une de ſes extaſes, & qui depuis ce tems-là ne priait plus les Saints, diſant que la maîtreſſe de la maiſon ne devait pas s'adreſſer aux domeſtiques ; dans ce tems-là, dis-je, on ſollicitait à Rome la canoniſation de *Marie d'Agreda*, qui avait eu plus de viſions & de révélations que tous les myſtiques enſemble : & pour mettre le comble aux contradictions dont ce monde eſt plein, on pourſuivait en Sorbonne cette même *d'Agreda* qu'on voulait faire Sainte en Eſpagne. L'Univerſité de Salamanque condamnait la Sorbonne & en était condamnée. Il était difficile de dire de quel côté il y avait le plus d'abſurdité & de folie ; mais c'en eſt ſans doute une très grande d'avoir donné à toutes les extravagances de cette eſpèce le poids qu'elles ont encor quelquefois.

Boſſuet qui s'était longtems regardé comme le père & le maître de *Fénelon*, devenu jaloux

Marie d'Agré- da plus folle que la Guion, regardée comme Sainte.

Ch. XXXVIII

Fénelon persécuté pour aimer Dieu.

loux de la réputation & du crédit de son disciple, & voulant toûjours conserver cet ascendant qu'il avait pris sur tous ses confrères, exigea que le nouvel Archévêque de Cambrai condamnât Madame *Guion* avec lui, & souscrivît à ses instructions pastorales. *Fénelon* ne voulut lui sacrifier ni ses sentimens ni son amie. On proposa des tempéramens ; on donna des promesses : on se plaignit de part & d'autre, qu'on avait manqué de foi. L'Archévêque de Cambrai, en partant pour son Diocèse, fit imprimer à Paris son livre *des Maximes des Saints*; ouvrage dans lequel il crut rectifier tout ce qu'on reprochait à son amie, & déveloper les idées ortodoxes des pieux contemplatifs, qui s'élévent au-dessus des sens, & qui tendent à un état de perfection, où les ames ordinaires n'aspirent guères. L'Evêque de Meaux & ses amis se soûlevèrent contre le livre. On le dénonça au Roi, comme s'il eût été aussi dangereux qu'il était peu intelligible. Le Roi en parla à *Bossuet*, dont il respectait la réputation & les lumiéres. Celui-ci, se jettant aux genoux de son Prince, lui demanda pardon de ne l'avoir pas averti plutôt de la fatale hérésie de Monsieur de Cambrai.

Cet entousiasme ne parut pas sincère aux nombreux amis de *Fénelon*. Les Courtisans pensèrent que c'était un tour de Courtisan. Il était bien difficile qu'au fonds un homme comme *Bossuet* regardât comme une *hérésie* fatale la chimère pieuse d'aimer Dieu pour lui-même. Il se peut qu'il fût de bonne foi dans sa haine

pour

pour cette dévotion myſtique, & encor plus dans ſa haine ſecrette pour *Fénelon*, & que confondant l'une avec l'autre, il portât de bonne foi cette accuſation contre ſon confrére & ſon ancien ami, ſe figurant peut-être que des délations qui deshonoreraient un homme de guerre, honorent un Eccléſiaſtique, & que le zèle de la Religion ſanctifie les mauvais procédés.

C.: XXXVIII
Très mauvais procédé de Boſſuet.

Le Roi & Madame de *Maintenon* conſultent auſſi-tôt le Pére de *la Chaiſe*; le Confeſſeur répond, que le livre de l'Archévêque eſt fort bon, que tous les Jéſuites en ſont édifiés, & qu'il n'y a que les Janſéniſtes qui le deſaprouvent. L'Evêque de Meaux n'était pas Janſéniſte; mais il s'était nourri de leurs bons écrits. Les Jéſuites ne l'aimaient pas, & n'en étaient pas aimés.

La Cour & la Ville furent diviſées; & toute l'attention tournée de ce côté laiſſa reſpirer les Janſéniſtes. *Boſſuet* écrivit contre *Fénelon*. Tous deux envoyèrent leurs ouvrages au Pape *Innocent XII*. & s'en remirent à ſa déciſion. Les circonſtances ne paraiſſaient pas favorables à *Fénelon* : on avait depuis peu condamné violemment à Rome, dans la perſonne de l'Eſpagnol *Molinos*, le Quiétiſme dont on accuſait l'Archevêque de Cambrai. C'était le Cardinal *d'Etrées*, Ambaſſadeur de France à Rome, qui avait pourſuivi *Molinos*. Ce Cardinal *d'Etrées*, que nous avons vû dans ſa vieilleſſe plus occupé des agrémens de la ſociété que de Théologie, avait perſécuté *Molinos*, pour plaire aux ennemis de ce malheureux Prêtre.

Pape Innocent XII. juge cette inintelligible diſpute.

Ch.
XXXVIII

tre. Il avait même engagé le Roi à folliciter à Rome la condamnation, qu'il obtint aifément. De forte que *Louïs XIV.* fe trouvait, fans le favoir, l'ennemi le plus redoutable de l'amour pur des myftiques.

Rien n'eft plus aifé, dans ces matiéres délicates, que de trouver dans un livre qu'on juge, des paffages reffemblans à ceux d'un livre déja profcrit. L'Archevêque de Cambrai avait pour lui les Jéfuites, & le Cardinal de *Bouillon* depuis peu Ambaffadeur de France à Rome. Monfieur de Meaux avait fon grand nom & l'adhéfion des principaux Prélats de France. Il porta au Roi les fignatures de plufieurs Evêques & d'un grand nombre de Docteurs, qui tous s'élevaient contre le livre *des Maximes des Saints*.

Telle était l'autorité de *Boffuet*, que le Pére de *la Chaife* n'ofa foûtenir l'Archevêque de Cambrai auprès du Roi fon pénitent, & que Madame de *Maintenon* abandonna abfolument fon ami. Le Roi écrivit au Pape *Innocent XII.* qu'on lui avait déféré le livre de l'Archevêque de Cambrai comme un ouvrage pernicieux, qu'il l'avait fait remettre aux mains du Nonce, & qu'il preffait Sa Sainteté de juger.

On prétendait, & on difait même publiquement à Rome, & c'eft un bruit qui a encor des partifans, que l'Archevêque de Cambrai n'était ainfi perfécuté, que parce qu'il s'était oppofé à la déclaration du mariage fecret du Roi & de Madame de *Maintenon*. Les inventeurs d'anecdotes prétendaient, que cette Dame a-

vait

vait engagé le Père de *la Chaise* à preffer le Roi de la reconnaître pour Reine; que le Jéfuite avait adroitement remis cette commiffion hazardeufe à l'Abbé de *Fénelon*, & que ce Précepteur des Enfans de France avait préféré l'honneur de la France & de fes difciples à fa fortune; qu'il s'était jetté aux pieds de *Louïs XIV.* pour prévenir un mariage, dont la bizarrerie lui ferait plus de tort dans la poftérité, qu'il n'en recueillerait de douceurs pendant fa vie.

Ch. XXXVIII

Fauffes anecdotes.

Ce conte fe retrouve encor dans l'hiftoire de *Louïs XIV.* imprimée à Avignon. Ceux qui ont approché de ce Monarque & de Madame de *Maintenon*, favent à quel point tout cela eft éloigné de la vérité. Mais il eft très vrai, que *Fénelon* ayant continué l'éducation du Duc de Bourgogne depuis fa nomination à l'Archevêché de Cambrai, le Roi dans cet intervalle avait entendu parler confufément de fes liaifons avec Madame *Guion* & avec Madame de *la Maifon-Fort*: il crut d'ailleurs qu'il infpirait au Duc de Bourgogne des maximes un peu auftères, & des principes de Gouvernement & de Morale qui pouvaient peut-être devenir un jour une cenfure indirecte de cet air de grandeur, de cette avidité de gloire, de ces guerres légérement entreprifes, de ce goût pour les fêtes & pour les plaifirs, qui avaient caractérifé fon régne.

Il voulut avoir une converfation avec le nouvel Archevêque fur fes principes de politique.

Ch. XXXVIII

Louis XIV. peu content des idées de Fénelon sur le Gouvernement.

que. *Fénelon*, plein de ses idées, laissa entrevoir au Roi une partie des maximes, qu'il développa ensuite dans les endroits du *Télémaque* où il traite du Gouvernement; maximes plus approchantes de la République de *Platon*, que de la manière dont il faut gouverner les hommes. Le Roi après la conversation dit, qu'il avait entretenu le plus bel esprit & le plus chimérique de son Royaume. Le Duc de Bourgogne fut instruit de ces paroles du Roi. Il les redit quelque tems après à Monsieur de *Maléfieux*, qui lui enseignait la Géométrie. C'est ce que je tiens de Monsieur de *Maléfieux*, & ce que le Cardinal *de Fleuri* m'a confirmé.

Il est certain, que depuis cette conversation le Roi crut aisément, que *Fénelon* était aussi romanesque en fait de Religion qu'en politique.

Moines de Rome Juges de Fénelon & de Bossuet.

La Congrégation du Saint-Office nomma, pour instruire le procès, un Dominicain, un Jésuite, un Bénédictin, deux Cordeliers, un Feuillant & un Augustin. C'est ce qu'on appelle à Rome les Consulteurs. Les Cardinaux & les Prélats laissent d'ordinaire à ces Moines l'étude de la Théologie, pour se livrer à la politique, à l'intrigue ou aux douceurs de l'oisiveté.

Les Consulteurs examinèrent pendant trente-sept conférences trente-sept propositions, les jugèrent erronées à la pluralité des voix; & le Pape, à la tête d'une Congrégation de Cardinaux, les condamna par un Bref, qui fut publié

publié & affiché dans Rome le 13. Mars 1699.

L'Evèque de Meaux triompha ; mais l'Archevêque de Cambrai tira un plus beau triomphe de fa défaite. Il fe foumit fans reftriction & fans referve. Il monta lui-même en chaire à Cambrai, pour condamner fon propre livre. Il empêcha fes amis de le défendre. Cet exemple unique de la docilité d'un favant qui pouvait fe faire un grand parti par la perfécution même, cette candeur & cette fimplicité, lui gagnèrent tous les cœurs, & firent prefque haïr celui qui avait remporté la victoire. Il vécut toûjours depuis dans fon Diocèfe en digne Archevêque, en homme de lettres. La douceur de fes mœurs, répandue dans fa converfation comme dans fes écrits, lui fit des amis tendres de tous ceux qui le virent. La perfécution & fon *Télémaque* lui attirèrent la vénération de l'Europe. Les Anglais furtout, qui firent la guerre dans fon Diocèfe, s'empreffaient à lui témoigner leur refpect. Le Duc de *Marlboroug* prenait foin qu'on épargnât fes terres. Il fut toûjours cher au Duc de Bourgogne qu'il avait élevé ; & il aurait eu part au Gouvernement, fi ce Prince eût vécu.

Dans fa retraite philofophique & honorable, on voyait combien il eft difficile de fe détacher de la Cour. Il en parlait toûjours avec un goût & un intérêt, qui perçait au travers de fa réfignation. Plufieurs écrits de Philofophie, de Théologie, de Belles-Lettres,

furent

Cʜ. XXXVIII

L'Archevêque de Cambrai fe foumet.

Ch.
XXXVIII furent le fruit de cette retraite. Le Duc d'Orléans, depuis Régent du Royaume, le consulta sur des points épineux, qui intéressent tous les hommes, & auxquels peu d'hommes pensent. Il demandait, si l'on peut démontrer l'existence d'un Dieu, si ce Dieu veut un culte, quel est le culte qu'il approuve, si l'on peut l'offenser en choisissant mal ? Il faisait beaucoup de questions de cette nature, en Philosophe qui cherchait à s'instruire ; & l'Archevêque répondait en Philosophe & en Théologien.

Après avoir été vaincu sur des disputes de l'école, il eût été peut-être plus convenable qu'il ne se mêlat point des querelles du Jansénisme ; cependant il y entra. Le Cardinal de *Noailles* avait pris contre lui autrefois le parti du plus fort : l'Archevêque de Cambrai en usa de même. Il espéra qu'il reviendrait à la Cour, & qu'il y serait consulté ; tant l'esprit humain a de peine à se détacher des affaires, quand une fois elles ont servi d'aliment à son inquiétude. Ses désirs cependant étaient modérés comme ses écrits ; & même sur la fin de sa vie il méprisa enfin toutes les disputes ; semblable en cela seul à l'Evêque d'Avranches *Huet*, l'un des plus savans hommes de l'Europe, qui sur la fin de ses jours reconnut la vanité de la plûpart des Sciences, & celle de l'esprit humain. L'Archevêque de Cambrai (qui le croirait ?) parodia ainsi un air de *Lulli* :

Jeune,

Jeune, j'étais trop sage,
Et voulais trop savoir ;
Je ne veux en partage
  Que badinage,
Et touche au dernier âge,
  Sans rien prévoir.

CH.
XXXVIII

Fénelon détrompé enfin des fotes difputes.

Il fit ces vers en préfence de fon neveu le Marquis de *Fénelon*, depuis Ambaffadeur à la Haye. C'eft de lui que je les tiens. * Je garantis la certitude de ce fait. Il ferait peu important par lui-même, s'il ne prouvait à quel point nous voyons fouvent avec des regards différens, dans la trifte tranquillité de la vieilleffé, ce qui nous a paru fi grand & fi intéreffant dans l'âge où l'efprit plus actif eft le jouet de fes défirs & de fes illufions.

Ces difputes longtems l'objet de l'attention de la France, ainfi que beaucoup d'autres nées de l'oifiveté, fe font évanouïes. On s'étonne aujourd'hui qu'elles ayent produit tant d'animofités. L'efprit philofophique qui gagne de jour en jour, femble affurer la tranquillité publique, & les fanatiques mêmes qui s'élèvent contre les Philofophes, leur doivent la paix dont ils jouïffent & qu'ils cherchent à perdre.

C H A-

---

* Ces vers fe trouvent dans les Poëfies de Madame *Guion*: mais le neveu de Mr. l'Archevêque de Cambrai, m'ayant affuré plus d'une fois qu'ils étaient de fon oncle, & qu'il les lui avait entendu réciter le jour même qu'il les avait faits, on a dû reftituer ces vers à leur véritable Auteur.

CHAPITRE TRENTE-NEUVIEME.

DISPUTES
SUR LES CEREMONIES CHINOISES.

Comment ces querelles contribuèrent à faire proscrire le Christianisme à la Chine.

CE n'était pas assez pour l'inquiétude de nôtre esprit, que nous disputassions au bout de dix-sept cent ans sur des points de nôtre Religion; il falut encor que celle des Chinois entrât dans nos querelles. Cette dispute ne produisit pas de grands mouvemens; mais elle caractérisa, plus qu'aucune autre, cet esprit actif, contentieux & querelleur qui régne dans nos climats.

Le Jésuite *Matthieu Ricci*, sur la fin du dix-septiéme siécle, avait été un des prémiers Missionnaires de la Chine. Les Chinois étaient & sont encor, en Philosophie & en Littérature, à-peu-près ce que nous étions il y a deux cent ans. Le respect pour leurs anciens Maîtres leur prescrit des bornes qu'ils n'osent passer. Le progrès dans les Sciences est l'ouvrage du tems & de la hardiesse de l'esprit. Mais la Morale & la Police étant plus aisées à comprendre que les Sciences, & s'étant perfectionnées chez eux quand les autres Arts ne l'étaient l'étaient pas encore, il est arrivé que les Chinois, demeurés depuis plus de deux mille ans à tous les termes où ils étaient parvenus, sont restés médiocres dans les Sciences, & le prémier Peuple de la Terre dans la Morale & dans la Police, comme le plus ancien.

Ch. XXXIX.

Après *Ricci*, beaucoup d'autres Jésuites pénétrèrent dans ce vaste Empire; & à la faveur des Sciences de l'Europe, ils parvinrent à jetter secrettement quelques semences de la Religion Chrétienne, parmi les enfans du peuple, qu'ils instruisirent comme ils purent. Des Dominicains, qui partageaient la Mission, accusèrent les Jésuites de permettre l'idolatrie en prèchant le Christianisme. La question était délicate, ainsi que la conduite qu'il fallait tenir à la Chine.

Christianisme en Chine.

Les Loix & la tranquillité de ce grand Empire sont fondées sur le droit le plus naturel ensemble & le plus sacré, le respect des enfans pour les péres. A ce respect ils joignent celui qu'ils doivent à leurs prémiers Maîtres de Morale, & surtout à *Con-fut-zée*, nommé par nous *Confucius*, ancien Sage, qui cinq cent ans avant la fondation du Christianisme, leur enseigna la vertu.

Les familles s'assemblent en particulier à certains jours, pour honorer leurs ancêtres, les Lettrés en public, pour honorer *Con-fut-zée*. On se prosterne, suivant leur manière de saluer les supérieurs, ce qui dans toute l'Asie s'appellait autrefois *adorer*. On brûle des bougies

gies & des pastilles. Des Colao, que les Espagnols ont nommé Mandarins, égorgent deux fois l'an, autour de la salle où l'on vénère *Con-fut-zée*, des animaux dont on fait ensuite des repas. Ces cérémonies sont-elles idolatriques ? sont elles purement civiles ? reconnaît-on ses péres & *Con-fut-zée* pour des Dieux ? sont-ils même invoqués seulement comme nos Saints ? est-ce enfin un usage politique, dont quelques Chinois superstitieux abusent ? C'est ce que des étrangers ne pouvaient que difficilement démèler à la Chine, & ce qu'on ne pouvait décider en Europe.

Dominicains contre Jésuites en Chine.

Les Dominicains déférèrent les usages de la Chine à l'Inquisition de Rome en 1645. Le Saint-Office, sur leur exposé, défendit ces cérémonies Chinoises, jusqu'à ce que le Pape en décidât.

Les Jésuites soûtinrent la cause des Chinois & de leurs pratiques, qu'il semblait qu'on ne pouvait proscrire, sans fermer toute entrée à la Religion Chrétienne, dans un Empire si jaloux de ses usages. Ils représentèrent leurs raisons. L'Inquisition en 1656. permit aux Lettrés de révérer *Con-fut-zée*, & aux enfans Chinois d'honorer leurs péres, *en protestant contre la superstition, s'il y en avait.*

L'affaire étant indécise, & les Missionnaires toûjours divisés, le procès fut sollicité à Rome de tems en tems; & cependant les Jésuites qui étaient à Pékin, se rendirent si agréables à l'Empereur *Cambi* en qualité de Mathématiciens,

CH. XXXIX.

Procès de la Chine en Cour de Rome.

ticiens, que ce Prince, célèbre par fa bonté & par fes vertus, leur permit enfin d'être Miffionnaires & d'enfeigner publiquement le Chriftianifme. Il n'eft pas inutile d'obferver, que cet Empereur fi defpotique & petit-fils du Conquérant de la Chine, était cependant foumis par l'ufage aux Loix de l'Empire, qu'il ne put de fa feule autorité permettre le Chriftianifme, qu'il falut s'adreffer à un Tribunal, & qu'il minuta lui-même deux requêtes au nom des Jéfuites. Enfin en 1692. le Chriftianifme fut permis à la Chine, par les foins infatigables & par l'habileté des feuls Jéfuites.

Il y a dans Paris une maifon établie pour les Miffions étrangères. Quelques Prêtres de cette maifon étaient alors à la Chine. Le Pape, qui envoye des Vicaires Apoftoliques dans tous les pays qu'on appelle *les parties des infidèles*, choifit un Prêtre de cette maifon de Paris, nommé *Maigrot*, pour aller préfider en qualité de Vicaire à la Miffion de la Chine, & lui donna l'Evêché de Conon, petite province Chinoife dans le Fokien. Ce Français, Evêque à la Chine, déclara non-feulement les rits obfervés pour les morts, fuperftitieux & idolâtres : mais il déclara les Lettrés Athées. C'était le fentiment de tous les rigoriftes de France. Ces mêmes hommes qui fe font tant recriés contre *Bayle*, qui l'ont tant blâmé d'avoir dit qu'une focieté d'Athées pouvait fubfifter, qui ont tant écrit qu'un tel établiffement eft impoffible, foutenaient froidement que

cet

Ch.
XXXIX.

Contradiction impertinente au sujet de la Chine.

cet établissement florissait à la Chine dans le plus sage des Gouvernemens. Les Jésuites eurent plus alors à combattre les Missionnaires leurs confréres, que les Mandarins & le peuple. Ils représentèrent à Rome, qu'il paraissait assez incompatible que les Chinois fussent à la fois athées & idolâtres. On reprochait aux Lettrés de n'admettre que la matiére; en ce cas il était difficile qu'ils invoquassent les ames de leurs péres & celle de *Con-fut-zée*. Un de ces reproches semble détruire l'autre, à moins qu'on ne prétende qu'à la Chine on admet le contradictoire, comme il arrive souvent parmi nous. Mais il fallait être bien au fait de leur langue & de leurs mœurs, pour démêler ce contradictoire. Le procès de l'Empire de la Chine dura longtems en Cour de Rome. Cependant on attaqua les Jésuites de tous côtés.

Un de leurs savans Missionnaires, le Pére *le Comte*, avait écrit dans ses Mémoires de la Chine, ,, que ce peuple a conservé pendant ,, deux mille ans la connaissance du vrai Dieu; ,, qu'il a sacrifié au Créateur dans le plus an- ,, cien Temple de l'Univers; que la Chine a ,, pratiqué les plus pures leçons de la Morale, ,, tandis que l'Europe était dans l'erreur & ,, dans la corruption.

Nous avons vû que cette Nation remonte, par une histoire autentique, & par une suite de trente-six Eclipses calculées, jusqu'au-delà du tems où nous plaçons d'ordinaire le Déluge universel. Jamais les Lettrés n'ont eu d'autre d'autre Religion que l'adoration d'un Etre Suprême. Leur culte fut la Justice. Ils ne pûrent connaître les loix successives que Dieu donna à *Abraham*, à *Moïse*, & enfin la loi perfectionnée du Messie, inconnue si longtems aux peuples de l'Occident & du Nord. Il est constant que les Gaules, la Germanie, l'Angleterre, tout le Septentrion, étaient plongées dans l'idolâtrie la plus barbare, quand les Tribunaux du vaste Empire de la Chine cultivaient les mœurs & les loix, en reconnaissant un seul Dieu, dont le culte simple n'avait jamais changé parmi eux. Ces vérités évidentes devaient justifier les expressions du Jésuite *Le Comte*. Cependant, comme on pouvait trouver dans ces propositions quelque idée qui choque un peu les idées reçues, on les attaqua en Sorbonne.

L'Abbé *Boileau*, frére de *Despréaux*, non moins critique que son frére, & plus ennemi des Jésuites, dénonça en 1700. cet éloge des Chinois comme un blasphème. L'Abbé *Boileau* était un esprit vif & singulier, qui écrivait comiquement des choses sérieuses & hardies. Il est l'Auteur du livre des *Flagellans*, & de quelques ouvrages de cette espèce. Il disait qu'il les écrivait en Latin, de peur que les Evêques ne le censurassent ; & *Despréaux* son frére disait de lui, *S'il n'avait été Docteur de Sorbonne, il aurait été Docteur de la Comédie Italienne*. Il déclama violemment contre les Jésuites & les Chinois, & commença par dire, que *l'éloge de ces*

CH. XXXIX.

Culte d'un seul Dieu plus ancien à la Chine qu'ailleurs.

Disputes ridicules en Sorbonne sur la Chine.

H.G. Tom. VII. Suite Tom II. A a *peu-*

CH.
XXXIX.

Chine déclarée hérétique par Sorbonne.

peuples avait ébranlé son cerveau Chrétien. Les autres cerveaux de l'Assemblée furent ébranlés aussi. Il y eut quelques débats. Un Docteur nommé *le Sage* opina, qu'on envoyât sur les lieux douze de ses confréres des plus robustes, s'instruire à fond de la cause. La scène fut violente ; mais enfin la Sorbonne déclara les louanges des Chinois, fausses, scandaleuses, téméraires, impies & hérétiques.

Cette querelle, qui fut vive, envenima celle des Cérémonies ; & enfin le Pape *Clément XI.* envoya l'année d'après un Légat à la Chine. Il choisit *Thomas Maillard de Tournon*, Patriarche titulaire d'Antioche. Le Patriarche ne put arriver qu'en 1705. La Cour de Pékin avait ignoré jusques-là, qu'on la jugeait à Rome & à Paris. L'Empereur *Cambi* reçut d'abord le Patriarche *de Tournon* avec beaucoup de bonté. Mais on peut juger quelle fut sa surprise, quand les interprètes de ce Légat lui apprirent que les Chrétiens, qui prêchaient leur Religion dans son Empire, ne s'accordaient point entre eux, & que ce Légat venait pour terminer une querelle dont la Cour de Pékin n'avait jamais entendu parler. Le Légat lui fit entendre que tous les Missionnaires, excepté les Jésuites, condamnaient les anciens usages de l'Empire ; & qu'on soupçonnait même Sa Majesté Chinoise & les Lettrés d'être des Athées, qui n'admettaient que le Ciel matériel. Il ajouta qu'il y avait un savant Evêque de Conon, qui expliquerait tout

tout cela, si Sa Majesté daignait l'entendre. La surprise du Monarque redoubla, en apprenant qu'il y avait des Evêques dans son Empire. Mais celle du lecteur ne doit pas être moindre, en voyant que ce Prince indulgent poussa la bonté jusqu'à permettre à l'Evêque de Conon de venir lui parler contre la Religion, contre les usages de son pays, & contre lui-même. L'Evêque de Conon fut admis à son audience. Il savait très peu de Chinois. L'Empereur lui demanda d'abord l'explication de quatre caractères peints en or au-dessus de son Trône. *Maigrot* n'en put lire que deux : mais il soûtint que les mots *king-tien*, que l'Empereur avait écrits lui-même sur des tablettes, ne signifiaient pas *Adorez le Seigneur du Ciel*. L'Empereur eut la patience de lui expliquer, que c'était précisément le sens de ces mots. Il daigna entrer dans un long examen. Il justifia les honneurs qu'on rendait aux morts. L'Evêque fut inflexible. On peut croire, que les Jésuites avaient plus de crédit à la Cour que lui. L'Empereur, qui par les Loix pouvait le faire punir de mort, se contenta de le bannir. Il ordonna, que tous les Européans, qui voudraient rester dans le sein de l'Empire, viendraient désormais prendre de lui des Lettres-patentes, & subir un examen.

Pour le Légat *de Tournon*, il eut ordre de sortir de la Capitale. Dès qu'il fut à Nankin, il y donna un Mandement, qui condamnait absolument les rits de la Chine à l'égard des morts,

Ch. XXXIX.

Un Maigret nommé Evêque d'une Province Chinoise, critique l'Empereur.

morts, & qui défendait qu'on se servît du mot dont s'était servi l'Empereur, pour signifier *le Dieu du Ciel.*

Tournon Légat à la Chine, renvoyé.

Alors le Légat fut relégué à Macao, dont les Chinois sont toûjours les Maîtres, quoiqu'ils permettent aux Portugais d'y avoir un Gouverneur. Tandis que le Légat était confiné à Macao, le Pape lui envoyait la barrette ; mais elle ne lui servit qu'à le faire mourir Cardinal. Il finit sa vie en 1710. Les ennemis des Jésuites leur imputèrent sa mort. Ils pouvaient se contenter de leur imputer son exil.

Ces divisions, parmi les étrangers qui venaient instruire l'Empire, décréditèrent la Religion qu'ils annonçaient. Elle fut encor plus décriée, lorsque la Cour, ayant apporté plus d'attention à connaître les Européans, sut que non seulement les Missionnaires étaient ainsi divisés, mais que parmi les Négocians qui abordaient à Canton, il y avait plusieurs Sectes ennemies jurées l'une de l'autre.

L'Empereur *Cambi* mourut en 1724. C'était un Prince amateur de tous les arts de l'Europe. On lui avait envoyé des Jésuites très éclairés, qui par leurs services méritèrent son affection, & qui obtinrent de lui, comme on l'a déja dit, la permission d'exercer & d'enseigner publiquement le Christianisme.

Son quatriéme fils *Yontching*, nommé par lui à l'Empire au préjudice de ses ainés, prit possession du Trône sans que ces ainés murmurasmuraſſent. La pieté filiale, qui eſt la baſe de cet Empire, fait que dans toutes les conditions c'eſt un crime & un opprobre de ſe plaindre des derniéres volontés d'un pére.

CH. XXXIX.

Le nouvel Empereur *Yontching* ſurpaſſa ſon pére dans l'amour des loix & du bien public. Aucun Empereur n'encouragea plus l'agriculture. Il porta ſon attention ſur ce prémier des arts néceſſaires, juſqu'à élever au grade de Mandarin du huitiéme ordre, dans chaque Province, celui des laboureurs qui ſerait jugé, par les Magiſtrats de ſon canton, le plus diligent, le plus induſtrieux & le plus honnête homme; non que ce laboureur dût abandonner un métier où il avait réuſſi, pour exercer les fonctions de la Judicature qu'il n'aurait pas connués; il reſtait laboureur avec le titre de Mandarin; il avait le droit de s'aſſeoir chez le Viceroi de la Province, & de manger avec lui. Son nom était écrit en lettres d'or dans une ſalle publique. On dit que ce réglement ſi éloigné de nos mœurs, & qui peut-être les condamne, ſubſiſte encore.

L'Empereur Yontching le meilleur des Princes.

Ce Prince ordonna que dans toute l'étendue de l'Empire on n'exécutat perſonne à mort avant que le procès criminel lui eût été envoyé, & même préſenté trois fois. Deux raiſons qui motivent cet Edit ſont auſſi reſpectables que l'Edit même. L'une eſt le cas qu'on doit faire de la vie de l'homme, l'autre la tendreſſe qu'un Roi doit à ſon peuple.

Il fit établir de grands magazins de ris dans cha-

Ch.
XXXIX.
───
Belles actions de Yont-ching.

Il proscrit poliment la Religion Chrétienne.

chaque Province avec une économie qui ne pouvait être à charge au peuple, & qui prévenait pour jamais les difettes. Toutes les Provinces faifaient éclater leur joye par de nouveaux fpectacles, & leur reconnaiffance en lui érigeant des arcs de triomphe. Il exhorta par un Edit à ceffer ces fpectacles qui ruinaient l'économie qu'il avait recommandée, & défendit qu'on lui élevât des monumens. *Quand j'ai accordé des graces*, dit-il dans fon refcript aux Mandarins, *ce n'eft pas pour avoir une vaine réputation, je veux que le peuple foit heureux, je veux qu'il foit meilleur, qu'il rempliffe tous fes devoirs : voilà les feuls monumens que j'accepte.*

Tel était cet Empereur, & malheureufement ce fut lui qui profcrivit la Religion Chrétienne. Les Jéfuites avaient déja plufieurs Eglifes publiques, & même quelques Princes du Sang Impérial avaient reçû le batême : on commençait à craindre des innovations funeftes dans l'Empire. Les malheurs arrivés au Japon faifaient plus d'impreffion fur les efprits, que la pureté du Chriftianifme trop généralement méconnu n'en pouvait faire. On fut que précifément en ce tems-là les difputes qui aigriffaient les Miffionnaires de différens ordres les uns contre les autres avaient produit l'extirpation de la Religion Chrétienne dans le Tonquin ; & ces mêmes difputes qui éclataient encor plus à la Chine, indifpofèrent tous les Tribunaux contre ceux qui venant prêcher leur loi n'étaient pas d'accord entre eux fur cette
loi

loi même. Enfin on apprit qu'à Canton il y avait des Hollandais, des Suédois, des Danois, des Anglais, qui quoique Chrétiens ne passaient pas pour être de la Religion des Chrétiens de Macao.

Missionnaires chassés poliment.

Toutes ces réflexions réunies déterminèrent enfin le suprême Tribunal des Rites à défendre l'exercice du Christianisme. L'Arrêt fut porté le 10. Janvier 1724., mais sans aucune flétrissure, sans décerner de peines rigoureuses, sans le moindre mot offensant contre les Missionnaires : l'Arrêt même invitait l'Empereur à conserver à Pékin ceux qui pourraient être utiles dans les Mathématiques. L'Empereur confirma l'arrêt, & ordonna par son Edit qu'on renvoyât les Missionnaires à Macao, accompagnés d'un Mandarin, pour avoir soin d'eux dans le chemin, & pour les garantir de toute insulte. Ce sont les propres mots de l'Edit.

Il en garda quelques-uns auprès de lui, entr'autres le Jésuite nommé *Parennin*, dont j'ai déja fait l'éloge, homme célèbre par ses connaissances & par la sagesse de son caractère, qui parlait très bien le Chinois & le Tartare. Il était nécessaire, non-seulement comme interprète, mais comme bon Mathématicien. C'est lui qui est principalement connu parmi nous, par les réponses sages & instructives sur les sciences de la Chine, aux difficultés savantes d'un de nos meilleurs Philosophes. Ce Religieux avait eu la faveur de l'Empereur *Cambi*, & conservait encor celle de *Yontching*. Si quelqu'un avait pû sauver la Religion Chrétienne, c'était lui. Il obtint, avec deux autres Jésuites, audience du Prince frére de l'Empereur, chargé d'examiner l'Arrêt & d'en faire le rapport. *Parennin* raporte avec candeur ce qui leur fut répondu. Le Prince qui les protégeait leur dit : *Vos affaires m'embarrassent ; j'ai lû les accusations portées contre vous : Vos querelles continuelles avec les autres Européans sur les rites de la Chine vous ont nui infiniment : Que diriez-vous si nous transportant dans l'Europe nous y tenions la même conduite que vous tenez ici ? en bonne foi le souffririez-vous ?* Il était difficile de repliquer à ce discours. Cependant ils obtinrent que ce Prince parlât à l'Empereur en leur faveur ; & lorsqu'ils furent admis aux pieds du Trône, l'Empereur leur déclara qu'il renvoyait enfin tous ceux qui se disaient Missionnaires.

Nous avons déja raporté ces paroles, *Si vous avez sçû tromper mon pére, n'espérez pas me tromper de même.*

Malgré les ordres sages de l'Empereur, quelques Jésuites revinrent depuis secrettement dans les Provinces sous le Successeur du célèbre *Yontching* ; ils furent condamnés à la mort, pour avoir violé manifestement les loix de l'Empire. C'est ainsi que nous faisons exécuter en France les Prédicans Huguenots qui viennent faire des attroupemens malgré les ordres du Roi. Cette fureur de faire des prosélites, est une maladie particuliére à nos climats, ainsi qu'on qu'on l'a déja remarqué; elle a toûjours été inconnue dans la haute Afie. Jamais ces peuples n'ont envoyé de Miffionnaires en Europe, & nos Nations font les feules qui ayent voulu porter leurs opinions comme leur commerce aux deux extrémités du Globe.

^{CH.} XXXIX.

Sageffe des Afiatiques en un point.

Les Jéfuites mêmes attirèrent la mort à plufieurs Chinois, & furtout à deux Princes du Sang qui les favorifaient. N'étaient-ils pas bien malheureux de venir du bout du Monde mettre le trouble dans la famille Impériale, & faire périr deux Princes par le dernier fupplice ? Ils crurent rendre leur miffion refpectable en Europe, en prétendant que Dieu fe déclarait pour eux, & qu'il avait fait paraître quatre croix dans les nuées fur l'horifon de la Chine. Ils firent graver les figures de ces croix dans leurs *Lettres édifiantes & curieufes* ; mais fi Dieu avait voulu que la Chine fût Chrétienne, fe ferait-il contenté de mettre des croix dans l'air, ne les aurait-il pas mifes dans le cœur des Chinois ?

Miracle ridicule.

Fin du Tome feptiéme.

A'a 5   TABLE

TABLE
DES CHAPITRES

contenus dans ce septiéme Volume.

CH. XXII. Louis XIV. *continue à demander la paix, & à se défendre. Le Duc de Vendôme affermit le Roi d'Espagne sur le Trône.* page 1.

CH. XXIII. *Victoire du Maréchal de Villars à Denain. Rétablissement des affaires. Paix générale.* 16.

CH. XXIV. *Tableau de l'Europe, depuis la paix d'Utrecht jusqu'à la mort de* Louis XIV. 33.

CH. XXV. *Particularités & Anecdotes du Régne de* Louis XIV. 37.

CH. XXVI. *Suite des particularités & anecdotes.* 76.

CH. XXVII. *Suite des particularités & anecdotes.* 99.

CH. XXVIII. *Suite des Anecdotes.* 126.

CH.

Ch. XXIX. *Gouvernement intérieur : Commerce : Police : Loix : Discipline militaire : Marine*, &c. p. 154.
Ch. XXX. *Finances.* 185.
Ch. XXXI. *Des Sciences.* 203.
Ch. XXXII. *Des Beaux-Arts.* 212.
Ch. XXXIII. *Suite des Arts.* 238.
Ch. XXXIV. *Des Beaux-Arts en Europe, du tems de* Louis XIV. 244.
Ch. XXXV. *Affaires Ecclésiastiques : Disputes mémorables.* 255.
Ch. XXXVI. *Du Calvinisme, du tems de* Louis XIV. 273.
Ch. XXXVII. *Du Jansénisme.* 310.
Ch. XXXVIII. *Du Quiétisme.* 349.
Ch. XXXIX. *Disputes sur les Cérémonies Chinoises. Comment ces querelles contribuèrent à faire proscrire le Christianisme à la Chine.* 364.

ERRATA.

Tome septiéme.

Pag. 24. *lig.* 21. retenu , *mettez* , détenu.
Pag. 250. *lig.* 25. le seul Loke serait un grand exemple , *mettez* , Loke serait seul un grand exemple.
Pag. 274. *lig.* 29. l'autorité des Empereurs Romains , *mettez* , les loix de quelques Empereurs Romains.
Pag. 288. *lig.* 4. un moyen assez efficace , *mettez* , un moyen souvent efficace.

www.ingramcontent.com/pod-product-compliance
Lightning Source LLC
Chambersburg PA
CBHW070435170426
43201CB00010B/1096